JN012210

保育園
幼稚園

実例でわかる

実習の日誌&指導案

作成マニュアル

監修
矢野 真
上月智晴
松崎行代

成美堂出版

はじめに

　実習日誌を書くのに、学生が苦労している話はよく耳にします。では、なぜ日誌作りが大変なのかというと、大方の人が「何を書けばいいのか」とか「書き方が分からない」と言います。実習では、その日の「ねらい」を正確に理解し、保育で何を学ぶのかをしっかりと認識することが大切です。そして実習園で子ども達の姿に注目し、つぶさに観察することが最大のポイントです。また、先輩保育者の子ども達への接し方や指導法を、しっかりと覚えることも重要です。

　指導計画（本書では指導案と表記）は、子ども達が様々な環境と関わり、望ましい育ちへと導くための「設計書」です。子ども達を楽しくワクワクさせるための大切な指導案作りですが、実習生の創造力が試される難関と言えます。

　本書に掲載された実習日誌と指導案は、実習で担当した子ども達の記録をすぐに執筆できるように、実際に提出された実例をもとに年齢別に構成されています。日誌は、基本的に観察、参加、責任と実習の段階順に並べられ、さらに参加・責任実習は指導計画とリンクしていますから、実際の実習全体の流れを自分なりに構築するのに役立つと思います。

　また、日誌と指導案の実例では、文章の書き方のポイントとまとめ方を、具体的な添削文例と共に解説しています。

　実習生は、実習期間中、体力的にも精神的にも厳しい毎日が続きます。心身共に疲れた後に日誌を書く作業は大変ですが、本書が少しでも日誌作りの一助となれば幸いです。子ども達の成長を見守る素晴らしい保育士、幼稚園教諭になられることを、心から願っています。

矢野　真・上月智晴・松崎行代

もくじ

第4章 『施設別』実習のポイントと日誌例 ……………… 129

第5章 いつでも使える季節の遊びとおもちゃ ……………… 145

本書の特長と見方

初めて実習日誌・指導案を書く実習生でも、胸を張って実習園と学校に提出できる日誌を作成することができます。

✿特長と使い方✿

1 まず、基本を再確認!

はじめに「第1章／実習日誌と指導案の基本を知ろう」で、仕組みとねらいを再確認してください。「実習日誌の構成」(P16)で全体像がつかめます。

2 文章表現のコツがわかる!

「第2章／伝わる実習日誌の書き方」では、伝わる文章表現のコツを紹介。記録から日誌を起こすポイントから、項目ごとのコツまで分かります。

3 担当する子どもの事例を見つける!

「第3章／『年齢別』実習日誌と指導案の実例集」は、0歳・1歳・2歳・3歳・4歳・5歳の年齢ごとに、豊富な実際の日誌を掲載。それぞれ参加実習・部分実習などの日誌例と指導案例ごとに添削文を掲載しています。

4 福祉施設での日誌例を見る!

「第4章／『施設別』実習のポイントと日誌例」では、保育園・幼稚園以外の施設での実際の実習日誌とその添削例を掲載しています。

5 一年中使える季節の遊びを紹介!

「第5章／いつでも使える季節の遊びとおもちゃ」は、季節別・年齢別に分け、年間を通して使える楽しいおもちゃと、遊びを紹介しています。

6 練習用フォーマットが使える!

下書き用にコピーして使える、実習日誌(P.158)と、指導案(P.159)の各フォーマットがあります。

✿本書の見方✿

事例のクラスデータなど。

日誌当日のテーマ。実習生の活動のねらいとなる。

下線番号で示した文章をよりよい表現に添削し、それぞれの文例を別に掲載。

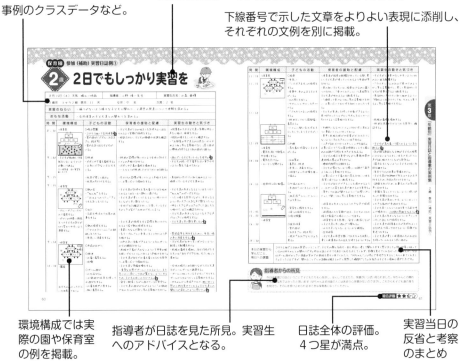

環境構成では実際の園や保育室の例を掲載。

指導者が日誌を見た所見。実習生へのアドバイスとなる。

日誌全体の評価。4つ星が満点。

実習当日の反省と考察のまとめ

[添削文例]
・日誌中の下線番号を添削。より伝わる文章例として応用できる改善例も添付。
・「Point!」で、実例日誌の中で最も重要なものを解説。

第1章
実習日誌と指導案の基本を知ろう

初めて実習日誌を書く時は、何をどうまとめるか、どこから書き始めるのか迷うもの。ここでは、実習日誌の基本と各項目の内容とポイントが分かります。

実習日誌、指導案とは？

保育士、または幼稚園教諭をめざして養成校に通っている人にとって、保育所での保育実習や幼稚園での教育実習は、欠かせない必修科目です。そして、実習に欠かせないのが「実習日誌」と「指導案」です。

実習を振り返るための「日誌」

実習は、養成校で学んだ学習をもとに、実際の現場で子どもとふれ合い、先輩である保育者とともに保育を体験できる大変意義のあるカリキュラムです。そして、実習で感じたことや課題を日々の記録とともにつづるのが「実習日誌」です。

実習のおおまかなスケジュールは、右の表のようになります。実習日誌は、オリエンテーションの日から毎日つけ、実習が始まったら担当の保育者に見てもらい、助言と印をもらいます。そして、実習終了後にまとめて養成校に提出します。

責任実習に必須！「指導案」

一方、「指導案」は、実習に入った日から毎日作成するわけではありません。実習の後半に行われる「責任実習（部分実習、全日実習）」の際に必要となります（3歳未満児クラスでは作らない場合もあります）。いわば、保育の計画書です。

書くことで見えてくる

保育実習を行いながら毎日日誌を書くのは、大変な作業です。しかし、現場で学んだ多くのことを振り返り、自分の言葉で記録することで、より実習経験を自分の糧にすることができます。またとない経験からより多くのことが得られるように、自分が再学習する気持ちで書きましょう。

保育実習の流れ

1 申し込み
本人が園に電話で申し込む。受入期間などを相談。公立園は地方自治体が受け付けている所もある。

2 依頼状の発送、承諾書の受領
養成校から、園または地方自治体へ提出。園からの承諾書を受領して正式に決定。

3 オリエンテーション（実習園にて）
園の概要、注意事項、日程、保育目標などの説明会。通常実習の1か月〜1週間前までに行われる。

4 観察（見学）実習
園での保育の様子を見学し、1日の流れや保育者の動きを学ぶ。

5 参加（補助）実習
保育者の補助として保育に参加する。園によっては実習初日から参加実習を行う所もある。

6 責任（部分、全日）実習
実習生が指導案を考え、実際に保育を担当する。1日のうちの部分を担当するもの（部分実習）と、全日担当するもの（全日実習）がある。各日数は実習先によって様々。

幼稚園実習と保育実習の違い

幼稚園は文部科学省、保育所は厚生労働省と、管轄する官庁が異なるため、幼稚園教諭と保育士では、免許や資格の区分も異なります。

幼稚園教諭の免許を取得するために行われるのが幼稚園実習で、実習はすべて幼稚園で行われます。一方、保育士の免許を取得するために行われるのが保育実習ですが、保育士の資格は保育所だけでなく、児童養護施設などの児童福祉施設でも働くことが可能なため、保育所以外の施設での実習も、必修科目になっています。実習を行う幼稚園・保育所は、ともに認可幼稚園・保育所に限ります。また、幼稚園と保育所の双方の側面を持つ「認定こども園」での実習は、幼稚園実習、保育実習を同一の実習先では行わないなど、制約がありますので、事前に養成校へ確認しておきましょう。

実習の日数と実習先

幼稚園実習 ‥‥‥‥‥‥‥‥‥‥‥‥‥
○幼稚園実習Ⅰ、Ⅱに分かれ、合計4週間（18日以上）。
○一般的には観察実習（見学実習）と本実習に分けられ、観察実習が1週間、本実習が3週間あるいは2週間ずつ（養成校によって異なる）。
○短期大学の場合1年次、2年次に分けられ、四年制大学の場合は3年次以降に行われることが多い。

保育実習 ‥‥‥‥‥‥‥‥‥‥‥‥‥‥
○保育実習Ⅰ、Ⅱ、Ⅲに分かれ、合計30日以上（10日以上×3回）。
○実習Ⅰは必修で、「保育所」・「幼保連携型認定こども園」・「小規模保育A・B型及び事業所内保育事業」のいずれかでの実習2単位と、それ以外の福祉施設での実習2単位が必要。
○実習ⅡとⅢはどちらかを選択。Ⅱは「保育所」・「こども園」・「小規模保育A・B型及び事業所内保育事業」のいずれかでの実習、Ⅲはそれ以外の福祉施設での実習。

福祉施設での実習

保育士をめざす人で、保育所以外の福祉施設での実習が必修であることに、とまどう人も少なくありません。しかしそれほど、保育士に対する社会のニーズが多様化しており、社会で求められている人材なのです。

実習で施設を訪れることで、施設保育士として働くことの苦労や喜びを実感することは、保育士としてさらに大きく成長するチャンスです。実習に臨む際には、施設の理念や仕事の内容について、事前に把握しておきましょう。施設の実習も毎日日誌をつけ、担当職員に見てもらいます。

福祉施設実習の対象となる主な施設

養護系施設
子どもの養育に対応
・乳児院
・母子生活支援施設
・児童養護施設

療育・療護系施設
子どもと大人の障害に対応
・障害児入所施設
・児童発達支援センター
・障害者支援施設
・指定障害福祉サービス事業所など

健全育成系施設
児童の健全育成に対応
・児童厚生施設（児童館など）
・児童家庭支援センター

その他の児童福祉施設
子どもの非行や情緒的な問題に対応
・児童自立支援施設
・情緒障害児短期治療施設
＊保育実習Ⅲのみ

＊いずれも実習生を指導できる保育士が所属していることが前提。

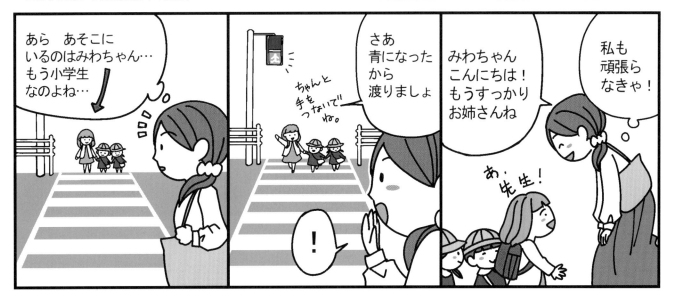

用紙フォーマットを見てみよう

実習日誌と指導案の用紙フォーマットを見てみましょう。用紙は養成校と実習先で異なることもあります。できれば事前訪問の際に、実習先のフォーマットを確認しておきましょう。

実習日誌のフォーマット例

記載する項目や名称は、フォーマットごとに少し違いはありますが、内容の大筋にちがいはありません。1日の流れに沿って子どもの活動と保育者の援助、そして体験を通して実習生が感じたこと、考えたことを書きます。

❶月日、天気、氏名を記す

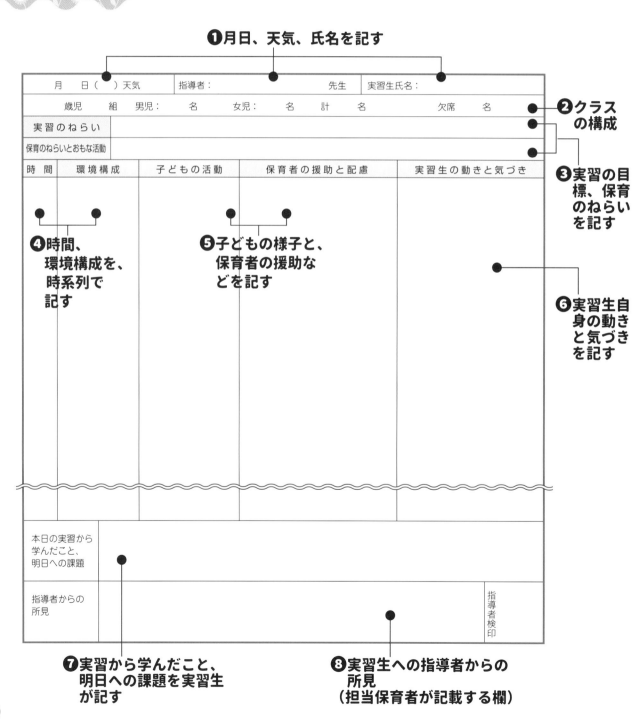

❷クラスの構成

❸実習の目標、保育のねらいを記す

❹時間、環境構成を、時系列で記す

❺子どもの様子と、保育者の援助などを記す

❻実習生自身の動きと気づきを記す

❼実習から学んだこと、明日への課題を実習生が記す

❽実習生への指導者からの所見（担当保育者が記載する欄）

❶月日、天気、氏名 ・・

実習日の月日と天気を記します。天候は1日のプログラムにも影響するので、記録しておきましょう。指導していただく先生の氏名と自分（実習生）の名前は、フルネームで書きます。

❷クラスの構成 ・・・

その日に実習したクラス名と子どもの構成、欠席人数を記します。3歳未満児クラスでは、発達の進度が月齢で異なるため、月齢別に記しておくのが理想的ですが、人数が多い場合は別紙にまとめておくとよいでしょう。

> 全員の正確な月齢を記録するのが大変な場合は、おおむねに区分した人数を記録しておくのもいいでしょう。

❸実習のねらい、保育のねらいとおもな活動 ・・・・・・・・・・・・・・・・・・・・・

「実習のねらい」の欄には、今日の実習での実習生の目標を書きます。

「保育のねらいとおもな活動」は、保育所保育指針、幼稚園教育要領、幼保連携型認定こども園教育・保育要領ねらいの5領域（健康・人間関係・環境・言葉・表現）を基に、子ども達に達成してもらいたい願いと、そのメインとなる活動を書きます。観察・参加実習では、担当保育者に聞いて書きましょう。また、責任実習では、指導案で設定した「保育のねらい」を書くようにします。

❹時間、環境構成 ・・・・・・・・・・・・・・・・・・・・・・・・・・・・・・・・・・・・・・

「時間」の欄には、1日の流れに沿って、区切りになった時刻を記入します。

「環境構成」には、場面ごとのテーブルやいすの配置、子どものあそびの位置などの簡単な見取り図を描いたり、準備したものを箇条書きしたりします。フォーマットによってはこの欄がないこともあり、その場合は「子どもの活動」や「保育者の援助と配慮」に適宜、教室の見取り図や配置図などを組み込むといいでしょう。

❺子どもの活動、保育者の援助と配慮・・・・・・・・・・・・・・・・・・・・・・・・・・・

「子どもの活動」の欄には保育のプログラムに沿って、子ども達の行いを記録します。どこまで細かく書けばいいのかとまどいますが、まず、「○順次登園する」や「○給食を食べる」といった大項目を書き、その下に「・挨拶をする」「・ロッカーに持ち物を入れる」といった子どもの細かい動きを記録すると、分かりやすいでしょう。

「保育者の援助と配慮」の項目には、子どもの活動に伴う保育者の援助を記録します。どの活動に対応しているのかが分かるように、子どもの活動欄と横をそろえて書くようにするといいでしょう。

子どもの活動に対して行われる保育者の援助を、つぶさに観察し、学ぶことは、実習期間中最も大切なことです。保育者の援助には、子どもがよりよく育ち、成長するための様々な意図があります。表面的な行動だけを記録するだけでなく、その意図も合わせて書くようにすると、大変勉強になります。

❻実習生の動きと気づき・・・・・・・・・・・・・・・・・・・・・・・・・・

　実習日誌で最も重要な項目が、この欄と、次の❼の欄といえるでしょう。もちろん、1日の中での子どもの動きや保育者の援助・配慮をよく観察し、記録することも重要ですが、日誌が日々の出来事の羅列だけに終わらないようにするためには、この欄に、そのときどきで実習生が心掛けたことや、感じたことを自分の言葉で書くことが重要です。

　「実習生の動き」は、「そのときに自分がどのようなことを心掛けて、何をしたか」を書きます。また、「実習生の気づき」は、「自分のしたことや、子どもの活動、保育者の援助と配慮から、気づいたこと（保育に関係すること）」を書きます。動きと気づきで、箇条書きのマークを変えるなど区別して記載してもいいでしょう。

　ただし、フォーマットによってはこの欄がなく、その分、❼の欄が大きく設けられている場合もあります。

❼本日の実習から学んだこと、明日への課題・・・・・・・・・・・・・・・・・・・

　この欄は、1日のまとめの部分です。まずは❸の「実習のねらい」が達成できたかについて書きましょう。達成できなかった場合は、今後どうすればいいのかを考察します。悪かった面ばかりではなく、うまくいった部分も書き、自分を評価してもいいでしょう。また、その他に1日の実習を通して印象に残ったこと、子どもの様子や保育者の援助から学んだこと、実習生の言葉掛けや行動への子どもの反応から学んだことなどを書き、明日への課題でしめくくります。批判的な文章で終わるのではなく、建設的な意見を書くように心掛けましょう。

❽指導者からの所見・・・・・・・・・・・・・・・・・・・・・・・・・・・・・・

　この欄は、実習先に日誌を提出した後に、指導していただく先生に所見を書いてもらう欄です。実習日誌は、一般的には実習日の翌朝に実習先へ提出し、その日の夕方か翌日には返却されます。アドバイスしてもらったことを、次の実習に生かすように心掛けましょう。

◆エピソード記録とは？◆　column

エピソードを通じてより深く　実習日誌の書き方の形式の一つに「エピソード記録」という形式があります。これは、日誌が1日の出来事の羅列だけで終わらないように、その日起こった印象的な出来事を取り上げ、会話なども含めてエピソード風に記録することで、子どもと保育のあり方をより具体的に考察しようというものです。

記録様式は様々　日誌にエピソード記録を取り入れる場合、用紙のフォーマットは、P10のような時間に沿って書く欄に加えて、エピソードを書く欄が設けられているものや、「子どもの活動」と「保育者の援助と配慮」の欄が合体し、そこにエピソードを書き、「実習生の動きと気づき」に、エピソードについての実習生の考察を書くものなど、様々な様式があります。

　P31からの実習日誌の実例集に、エピソード記録形式の例もいくつか紹介しましたので、参考にしてください。

段階で様式をかえることも　エピソード記録の様式は、子ども一人ひとりへの理解や、保育についての考え方を深めるのには適しているものの、1日の流れや保育者の細かな動きを記録し、学ぶのには適していません。そのため、実習の初期は、時間に沿った日誌で流れと保育者の動きを把握し、後期でエピソード記録方式を取り入れる所もあります。

指導案のフォーマット例

次に、指導案のフォーマットを見てみましょう。指導案も実習日誌と同様、養成校や実習先によってフォーマットに少し違いがありますが、内容の大筋に違いはありません。

指導案はいわば計画書なので、実際は計画通りにいかなかったということはよくあります。指導案を振り返り、課題を見出して次の実習につなげることが大切です。

❶月日、氏名などを記す

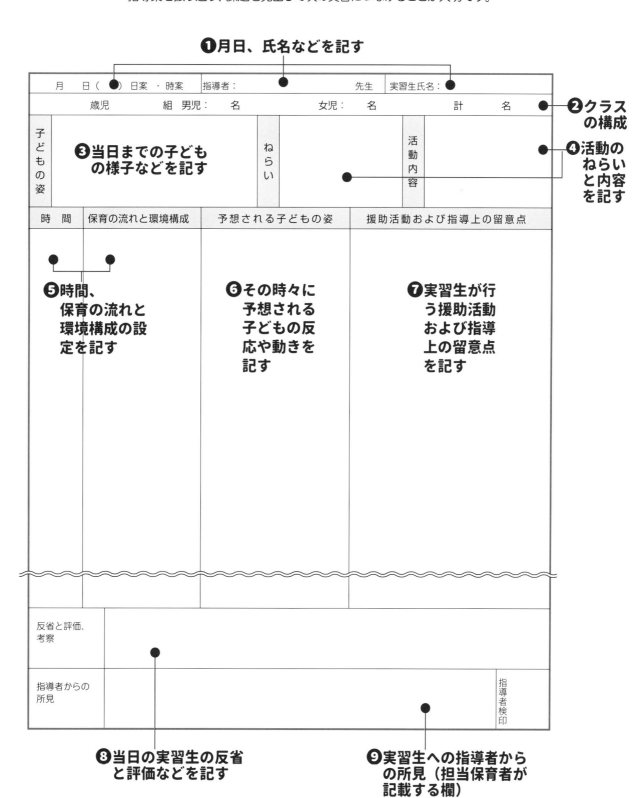

月　日（　●　）日案・時案		指導者：　　　　●　　　　　先生		実習生氏名：　●		
歳児　　　組　男児：　名			女児：　名		計　　名	
子どもの姿	**❸当日までの子どもの様子などを記す**	ね ら い			活動内容	
時　間	保育の流れと環境構成	予想される子どもの姿		援助活動および指導上の留意点		

❷クラスの構成

❹活動のねらいと内容を記す

❺時間、保育の流れと環境構成の設定を記す

❻その時々に予想される子どもの反応や動きを記す

❼実習生が行う援助活動および指導上の留意点を記す

反省と評価、考察			
指導者からの所見			指導者検印

❽当日の実習生の反省と評価などを記す

❾実習生への指導者からの所見（担当保育者が記載する欄）

❶月日、氏名など・・・・・・・・・・・・・・・・・・・・・・・・・・・・・・・・・・・・・

　実習予定日の月日と、全日実習の場合は「日案」、部分実習の場合は「時案」に○をします。指導していただく先生の氏名と自分（実習生）の名前は、フルネームで書きます。

❷クラスの構成・・・・・・・・・・・・・・・・・・・・・・・・・・・・・・・・・・・・・

　実習する予定のクラス名と子どもの構成を書きます。実習日誌同様、3歳未満児クラスでは月齢別に人数を書いておくと、より子ども達の発達段階を把握できますが、3歳未満児のクラスでの実習では、指導案を作成しない場合もありますので、作成の有無をあらかじめ確認しておきましょう。

❸子どもの姿・・・・・・・・・・・・・・・・・・・・・・・・・・・・・・・・・・・・・

　責任実習までに子ども達の姿をよく観察し、クラスの様子や好きな遊び、保育者と子どもの交流の様子などを把握し、記録します。指導案が必要になるのは、保育実習の後半にあたる責任実習においてですが、実習先によっては、事前訪問の際に、実習の初日までに指導案を準備するように指導する所もあります。責任実習をするクラスが決まったら、なるべく早くクラスの様子を把握しておくようにしましょう。

❹ねらいと活動内容・・・・・・・・・・・・・・・・・・・・・・・・・・・・・・・・・

　「ねらい」には、子ども達にどうあってほしいのかという「保育のねらい」を書きます。「～を楽しむ」「～しようとする」「～を味わう」など、子どもの心情、意欲、態度の育ちの側面から子どもの視点で設定します。
　「活動内容」には、その日（またはその時間）のおもな活動の内容を書きます。

❺時間、保育の流れと環境構成・・・・・・・・・・・・・・・・・・・・・・・・・・・

　「時間」の欄には、1日の流れに沿って、区切りになる時刻を記入します。
　「保育の流れと環境構成」には、保育活動の大項目（「登園する」など）と、準備するものなどの箇条書き、場面ごとのテーブルや椅子、子どもの位置などの見取り図を書きます。フォーマットによってはこの欄が「環境構成」のみの場合もあるので、その場合は❻の「予想される子どもの姿」に、活動の大項目を記入します。

❻予想される子どもの姿 ・・・・・・・・・・・・・・・・・・・・・・・・・・・・・・

　この欄には、指導案に書かれた活動において、子ども達にどのような姿であってほしいか、期待される姿を書きます。この欄を書いてみて「できない子どもがたくさんいそうだな」と感じるような活動は、年齢や発達にそぐわないプランであることになりますので、見直しが必要です。

　また、計画した活動について、子ども達がただ「〜して楽しむ」とだけ書いて終わらせずに、想像力を働かせ、子どもの具体的な姿をいくつか思い浮かべて書いてみましょう。

❼援助活動および指導上の留意点 ・・・・・・・・・・・・・・・・・・・・・・・

　この欄には、子ども達の活動がより充実し、活動が円滑に進むために保育者が行うべきことを書きます。対象は子どもだけでなく、ときには保護者や保育者同士の連携などもあるでしょう。

　クラス全体で行う活動については、導入から始まり、時間配分を考慮しながら、次の展開へ移行するタイミング、声掛けなどを、実際にリハーサルするように思い描いて書いてみましょう。「指導上の留意点」としては、楽しいだけでなく、安全面や、配慮の必要な子どもへの対応など、当日忘れてはならないポイントを書いておきます。

❽反省と評価、考察 ・・・・・・・・・・・・・・・・・・・・・・・・・・・・・・・・・

　この欄は、指導案に基づいて実際に実習を行った後に書きます。当日の流れを振り返りながら、良かった点、改善が必要な点を、書き出してみましょう。指導案のフォーマットの中には、この欄を設けず、日誌の方にまとめて、反省と評価を書く場合もあります。

　反省点については、今後につなげていくために、原因を考え、どうすればいいかという考察も書くようにします。

❾指導者からの所見 ・・・・・・・・・・・・・・・・・・・・・・・・・・・・・・・・・

　指導案は、責任実習前に指導者に見せて、チェックしてもらう必要があります。事前にチェックし、所見をいただく場合と、❽の反省と評価、考察を書いた後に、所見をいただく場合がありますので、実習園で流れを確認しておきましょう。

実習日誌の構成

実習日誌は、実習終了後にまとめ、養成校に提出します。日々の日誌だけでなく、事前のオリエンテーションで学んだ実習園の状況や、実習予定表、終了後に書く実習全体のまとめと反省なども合わせて提出します。

表紙

実習日誌提出期限
令和 1 年 9 月 30 日(月)

※実習終了から1ヶ月以内

保育実習日誌
（保育実習Ⅱ）

実習期間　　自 令和 1 年 8 月 19 日(月)
　　　　　　至 令和 1 年 8 月 30 日(金)

実習園		
保育所(園)名	学校法人　白鳥学園　すみれ保育園	
所(園)長	杉浦 光 先生	指導者　佐藤 郁子 先生
所在地	〒577-0012　大阪市東城区旭町南1丁目5番13	

○○大学教育学部児童学科　3 年　　学籍番号 02-15384

実習生氏名印　小林結花⑪　　〒577-0014　住所 大阪市東城区小町北3丁目2-202

▶表紙には、実習園の名称、所在地、園長（所長）と指導の先生の氏名などを書き、実習生の氏名と学籍番号を書いて、押印します。

実習園の状況

実 習 園 の 状 況

実習園の環境、特色など

「子ども達の笑顔があふれる保育園」をモットーに、子ども一人ひとりが自分らしく、素直にのびのびとくらせる環境作りを実践している。子どもが自発的にやろうとする気持ちを大切にし、保育者はそれを最大限援助し、できる喜びを分かち合うことを心掛けている。

保育者が早番、遅番を決めて入り、早朝（7時～）からタ方（～19時）まで保育が行われている。

昼食は、パン、白いご飯などの主食を家庭から持ってきている。昼食の副食やおやつは園内の給食室で作られており、離乳食などにも対応している。衛生面に配慮され、保護者には毎日のメニューをプリントして配布している。

毎週水曜日には「なかよし広場」という縦割り保育が実施されており、異年齢の子どもたちが一緒に食事をしたり、ダンスを楽しむ行事が行われている。

事前指導（注意事項など）

・風邪、下痢など体調の悪いときは、子どもへの感染を考慮し、必ず連絡をし、無理をしない。
・熱中症に十分注意し、子どもたちも自分もこまめに水分をとる。
・外で遊ぶときはぼうしをかぶるように促す。
・水を使って遊ぶときは靴下と靴を脱ぐように、遊具で遊ぶときは靴をはくように促す。
・プール遊びやどろんこ遊びで服が汚れることがあるので、着替えの服を用意し、清潔を心掛ける。
・分からないこと、気になることがあったら、勝手に判断せず、報告、連絡、相談を心掛ける。
・まずは子ども自身の力で行うことを見守り、状況に応じて援助する。
・子どもの動きと保育士の援助と言葉掛けをよく観察し、自らの学びにつなげる。

［職員数］30 名　［園児数］80 名
［配属クラス］
きりん 組　男児 8 名　　ぞう 組　男児 12 名
［年齢］3歳児クラス 女児 9 名 計17名　［年齢］4歳児クラス 女児 8名 計20名

▲オリエンテーション時に聞いた、実習にあたっての注意事項や、実習園の環境や特色、職員数や園児数、配属クラスなどを書きます。フォーマットはさまざまで、園の見取り図などが入る場合もあります。

実習予定表

実 習 予 定 表

月　日	曜	事　　　　　　　　　項
8月19日	月	3歳児クラス（きりん）にて実習　プール毎日あり
8月20日	火	4歳児クラス（ぞう）にて実習
8月21日	水	3歳児クラス（きりん）にて実習、責任実習指導案提出
8月22日	木	4歳児クラス（ぞう）にて実習、　サッカー教室　責任実習指導案改訂版提出
8月23日	金	3歳児クラス（きりん）にて実習
8月24日	土	土曜保育
8月26日	月	4歳児クラス（ぞう）責任実習（部分実習）
8月27日	火	4歳児クラス（ぞう）責任実習（全日実習）
8月28日	水	人形劇鑑賞会
8月29日	木	3歳児クラス（きりん）責任実習（部分実習）
8月30日	金	3歳児クラス（きりん）責任実習（全日実習）
備考		

◀約2週間におよぶ実習中の予定を、日ごとに書きます。一般的にはオリエンテーション時に実習園からスケジュールが示されますので、それに基づいて書くようにします。責任実習の予定と、指導案の提出期限をあらかじめ聞いて記入しておきましょう。また、実習に関することに限らず、園の行事なども職員室などの行事予定表を見せてもらい確認し、書いておきましょう。

指導案

責任（部分、全日）実習の際に作成し、指導者にチェックしてもらったものを、実習日誌に綴じて提出します（内容や書き方の例は、P13～およびP31～を参照してください）。

※紹介したものは一例で、実習日誌のフォーマットには様々なものがあります。また、保育所、幼稚園、福祉施設など、実習先によっても、項目は少しずつ異なります。

毎日の日誌

◀実習はP8の表にあるように、「観察（見学）実習」「参加（補助）実習」「責任（部分、全日）実習」の3つに分かれます。その全てにおいて、自分の行動を日誌に記録します。書き方の例をP31～に掲載しましたので、参考にしてください。

保育実習日誌

| 8月 29日（木） | 天気　晴れ | 指導者　佐藤　陽子　先生 | 実習生氏名　小林　結花 |

| きりん組（3歳児クラス） | 男児：8名 | 女児：5名 | 欠席　4名 |

| 実習のねらい | 園生活の1日の流れを把握し、保育者の援助の仕方を学ぶ。 |
| 保育のねらいと主な活動 | 友達や保育士と一緒に楽しく、新聞紙をちぎって遊ぶ。 |

時間	環境構成	子どもの活動	保育者の援助と配慮	実習生の動きと気づき

実習生氏名　小林　結花

―実習期間のまとめと反省―

今回、初めての全日実習を経験させていただき、また、3、4歳児と多く関わらせていただき、たくさんのことを学ぶことができました。

3、4歳は子どもの自立心が形成されていく時期で、周囲のさまざまなことに興味を持ち、何でも自分でやってみたくなる時期でもあり、それゆえに、じっと座って長い時間集中することがむずかしい時期でもあります。そのことについての認識がやや不十分でした。ついつい、子どもたちへの話が長くなってしまいがちでした。今回、そのことを途中で先生からご指摘いただき、子どもがあきないようにするために、途中で手遊びを入れてみては、というアドバイスをいただき、大変助かりました。今後は、子どもの年齢や成長に応じた対応を心掛けたいと思います。

また、保育には個々を見る目と、全体を見る目の双方が必要であることも実感しました。全体の流れや動きを把握しながら、一人ひとりの子どもの活動を支えていく、その切り替えは、とても難しいということを感じました。具体的には、園庭で子どもたちが遊んでいるとき、どうしても、すみっこでうまくなかまに入れず、ちゅうちょしている数人かの子どもが気になり、全体を見る目がおろそかになり、その子ども達のことばかり、見てしまいました。

本来であれば、全体を見て、子どもたちの安全、怪我やトラブルに注意を払うことを最優先とし、その上で、余裕ができたときに、仲間にうまく入れずにいる子どもに声掛けをするという順序で進めていかなければならないと思います。万が一怪我やトラブルがあったときに、すぐ対応できるような立ち位置と目の配りかたを、常に意識するように心掛けたいです。

子ども達が、積極的に話し掛けてくれたのは、本当にうれしかった。

全体のまとめ

▲実習期間終了後、全体の反省とまとめを書き、指導者の所見と印鑑をもらいます。短いと書き直しになることもあるので、紙面をいっぱいに使って書きましょう。

です。一人ひとりのことをもっと詳しく知り、たくさん話をして、仲良くなりたいと思いました。

他にもまだ反省点は多くあり、自分では気づけていない問題点もたくさんあると思います。問題点を解決するためには、私が子ども達と関わる機会をこれからも増やし、経験を積むことが大切だと感じました。また、実習の中であらためて、子ども達をよく見て、信頼関係を築くことが、とても大切なことであると感じました。自由遊びや排泄のときもそうですが、食事の時の援助は、一人ひとりの子どもをよく見て、理解していないとできないことだと思います。一人ひとりが食べられる量を把握することは、意識して見ていないとできないことで、子どもは先生が自分を見ていてくれると思うからこそ、がんばって食べようと思えるのだと感じました。

たった2週間の実習では、子ども達の一部分しか知ることができなかったですが、今回の実習で得た経験と反省を生かし、これからも保育の勉強に励もうと思います。

| 指導者からの所見 | 実習おつかれさまでした。12日間の実習で、子どもたちと積極的に遊び、丁寧に関わっていく姿は、とてもよかったと思います。今回の実習で反省することもたくさんあったかと思いますが、その反省をプラスにしてこれから先も頑張ってください。　保育をする中で、全体に目を配ることはとても大切なことです。またその中で、一人ひとりの子ども達が何をしているのかを把握するのは難しいことですが、こちらも大切です。先のことを考え、子ども達の動きを予想し、配慮を行っていますが、こちらの予想通りに動いてくれないのが子どもです。その自身の動きや、子ども達の様子を見て、関わる中で学んでいます。ときには子ども達からの発言や動きに助けられることもあります。そんなときは、子ども達の行いをうまくほめることを何より心掛けています。これからも子どもと関わる中でたくさんのことを吸収していってください。 | 佐藤 |

17

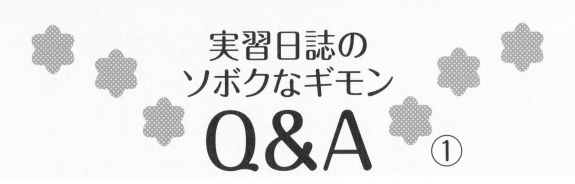

実習日誌の ソボクなギモン Q&A ①

Q.1 日誌に子どもの名前を入れていいの？

A． プライバシー保護の観点から、実習日誌には利用者個人の実名を入れず、Aさん、B君、Cちゃんなどとして記録するのが一般的です。ただし実習先によっては他に見せないという条件のもと、実名を使用する場合もありますので確認しておきましょう。

Q.2 日誌の管理の注意点は？

A． 実習日誌には、実習現場の様子が詳細に書かれていますので、実習先で、子ども達や施設利用者の目にふれないように気をつけることが必要です。また、家に持ち帰って書く場合は、誤って電車の中などに置き忘れないよう、十分注意しましょう。日誌とともに管理に注意が必要なのは、実習中にとるメモです。子どもの前でメモをとったり、うっかり放置しないように注意しましょう（メモをとることを禁止している実習先もあります）。

Q.3 日誌はシャープペンシルで書いてもいいの？

A． 実習日誌は自分だけのものではなく、実習先の指導者に見てもらい、養成校に提出する正式なレポートです。下書きにシャープペンシルや鉛筆を使うのはかまいませんが、清書は黒ボールペンやサインペンを使用します。

Q.4 日誌作成にパソコンを使ってもいいの？

A． パソコンでの実習日誌の作成は、よしとしている実習先・養成校と、提出するものは手書きのみとしている所とがありますので、事前に確認しましょう。手書きでの提出の場合でも、下書きの段階では修正が容易なパソコンのワープロソフトなどを使い、内容が固まったら用紙に書くという方法もあります。自分のやりやすい方法で仕上げましょう。

Q.5 日誌は最終的にどこで保管されるの？

A． 実習期間中は、実習日誌を毎翌朝に実習先に提出し、指導者に確認の印をもらいます。実習期間終了後、日々の日誌に加えて、期間全体のまとめと反省を書き、実習先の指導者に提出し、その後個人に返却されます。そして、一般的には実習終了後1か月以内に、養成校へ提出します。

日誌は成績評価に使用された後、養成校から個人に返却されます。日誌は保育士や幼稚園教諭になった後、初心にもどることができる大切な記録なので、大事に保管しておきましょう。

第2章

伝わる実習日誌の書き方

実習日誌は単なる記録ではありません。実習生の保育に対する姿勢が判断される重要な資料である日誌の書き方を項目ごとにまとめました。

メモから実習日誌を書く

実習中は、毎日がめまぐるしく、なかなかゆっくり記録をとることができません。メモはとりたいけれど、そんな余裕はないし、子どもとのふれあいが先決だし……と悩む場面も多いことと思います。

実習中にメモをとるのはNG？

実習中に思ったことをメモにとり、日誌に生かせるといいのですが、実習先によっては、子どもとの関わりを優先するために、活動中のメモを禁止している所もあります。オリエンテーション時に確認しておきましょう。

メモがOKの場合は、エプロンなどのポケットにメモとペンを入れておき、活動の合間などに出来事や感じたことを手短に書きとめておきましょう。日誌をまとめるときの手助けになります。ただし、子どもが抱きついてきたりしたときに、ペン先がささることのないような配慮が必要です。

また、活動中のメモが禁止の場合は、お弁当の時間やお昼寝の時間などを利用して簡単にメモをしておきましょう。

最初は流れをつかむことから！

実習の初日〜2日目は、まず園の1日の流れをつかむことが大切です。「8:00順次登園、自由に遊ぶ。10:30〜片付け…」といったように、活動の区切りと時間だけでもメモしておきます。その中で余裕があれば、保育者の動きや声掛け、子どもの活動で特に印象に残ったこと、気づいたことを書くか、あるいは記憶しておいて、後で記録しておくようにしましょう。

3日目以降は、1日の流れをだいぶ把握できるようになっていることと思います。活動の流れは、それまでと違う部分だけを適宜メモしておくようにします。また、初日や2日目の日誌が、指導の先生から返ってくるので、その添削やアドバイスを参考に、日誌の内容を軌道修正していきましょう。

記録する4つのことがら

日誌に必要な情報は、「子どもの活動」と、それに伴う「保育者の動き」と「実習生の動き」、そして、実習生が「気づいたこと」の4つに分けることができます。

先の3つは、なるべく具体的に（例えば室内遊びなら遊びの内容などを）記録することが原則ですが、かといって、全ての活動、全ての保育者の動きを見て記録することは不可能です。クラス全体の大きな活動の流れを把握したら、後はばくぜんと見るのではなく、自分の中で着眼点を決め、目的意識を持って見るようにしましょう。そうすることで、4番目の「気づいたこと」も、自然に思い浮かぶようになります。

わからないことは聞いてみよう

子どもへの保育者の援助には、必ず何らかの意図があります。実習中、なぜ？　と意図がわからないことがあったら、積極的に聞いてみましょう。その場合、ただ質問するのではなく、「○○だからでしょうか？」と自分なりの分析を投げ掛けるようになると、よりいいでしょう。子ども達を見る保育者の目を学ぶ、いいきっかけにもなります。

日誌に役立つ！ 記録のとり方6つのポイント

実習中は、以下のようなことに着目して保育を行い、記録をとることで、日誌を書く助けになります。

子どもの「しようとする姿」を見つける

子どもを見るとき、つい「○○ができない」とできないことに注目しがちになりますが、注目すべきなのは、子どもの「しようとする姿」です。できないことを乗り越えようとする姿と、それをサポートする保育者の姿を見つけたら、記録するか、その様子をしっかり記憶しておきましょう。日誌を書くことは、将来保育士になったときの、子どもを肯定的に見る目を育てる訓練でもあるのです。

全体を見る目と個々を見る目を持つ

保育を行うためには、全体を見る目と個々を見る目の両方が必要です。しかし、いくつものことを同時に把握しようとしても限界があります。この言葉の意味は、そういう意識を持とう、ということです。個々（子ども一人ひとり）と全体はつねにつながっています。個々を見るときも集団の中の一人としてとらえ、全体もとらえることで、より個々の個性や個々同士のつながりにも目がいくようになります。

子どもの発達を比較しない

「AくんはできたけどBちゃんはできなかった」と子どもの発達を比較して見てしまいがちですが、発達の過程は個々で異なり、保育者は子どもを安易に比較しないように注意しています。ただし、その歳の一般的な発達傾向を把握しておくことは重要で、その知識をもとに、個々の子どもの発達の道筋を把握し、援助します。担当クラスが決まったら、その歳の子どもの一般的な発達傾向を把握しておきましょう。

保育者の動きや言葉の意図を知る

保育者の動きや言葉を、ただそのまま書くのではなく、どういう意図を持っているのかを合わせて考えるようにしましょう。例えば給食の時間に、保育者が子どもにメニューを紹介したとします。そのことを「子どもにメニューを伝える」とだけ書くのではなく、「子どもに、自分が食べるものが何なのかを知ってもらうために、メニューを伝える」と書くことで、その意図と効果を知ることができます。

子どものサインを受けとめる

「今日はどろだんご作りをして、みんな楽しそうだった」。このように書けば簡単で、何も問題ないように感じられますが、はたして本当でしょうか。大人でも自分の気持ちを言葉に出すのは難しいように、子どもは自分の気持ちをうまく言葉に表せないのが普通です。表情や何気ないしぐさなど、子どもは全身でサインを送ります。それを見逃さず、見守ることで、子どもの心の動きが見えてくるようになります。

今日のねらいを頭に入れて

日誌には毎日、「実習のねらい」を書く欄があります。その日のねらいは、当日までに決めておかなくてはなりません。そして実習中はこの「ねらい」をつねに頭に入れておくようにしましょう（ねらいのたて方の具体例はP22〜を参考にしてください）。そして、そのねらいに沿って、自分と子どもとの関わりで、最も心に残った場面は、忘れずに記録しておきましょう。

項目ごとの書き方例とポイント

次に、実習日誌の中の「実習のねらい」「保育のねらい」「実習生の動きと気づき」「本日の実習から学んだこと、明日への課題」の欄について、実際に書かれている文例をもとに、ポイントを紹介します。

〜「実習のねらい」文例集〜

「実習のねらい」に記載するその日のねらいは、1つ、多くても2つで十分です。前日のうちに担任の先生に1日の予定を確認したら、なるべく具体的なねらいを決めておきましょう。

point
初日〜2日目は全体の流れや子どもの名前を覚えるので精一杯でしょう。園の雰囲気をつかみましょう。

実習初日〜2日目

- ・1日の流れをつかむ。
- ・子どもの名前と顔を覚える。
- ・（0歳児の）姿と発達を理解する。
- ・（0歳児の）月齢による違いを把握する。
- ・（2歳児の）遊びの様子や友だちとの関わり方を知る。
- ・園環境の配慮や工夫について学ぶ。

point
実習に少しなれたら、積極的に言葉掛けも行いましょう。保育者の言葉掛けも、よく覚えておきましょう。

言葉掛け

- ・積極的に言葉掛けを行う。
- ・子どもにわかりやすい言葉掛けをする。
- ・保育者の言葉掛けの仕方を学ぶ。
- ・臨機応変に言葉掛けを行う。
- ・言葉の使い方を意識する。
- ・子どもの意欲につながる言葉掛けをする。
- ・乳児への保育者の言葉掛けを学ぶ。

point
クラスの子ども達と積極的に関わるのは、実習で最も大切なこと。なるべく具体的な目標を立てましょう。

子どもとの関わり

- ・積極的にコミュニケーションをとる。
- ・子どもの頑張る姿を見つけ、認める。
- ・子どものあそびに積極的に加わる。
- ・子ども同士の関わり合いをよく見る。
- ・製作活動を見守り、必要な部分を援助する。
- ・これまで関わりのうすかった子どもと積極的に関わってみる。

point
個を見る目と全体を見る目は切り替えのタイミングが重要。保育者の行動をよく観察し、そのすべを学びましょう。

全体の流れ

- ・全体の活動を見て行動する。
- ・全体の活動を意識して援助を行う。
- ・自分の立ち位置を意識する。
- ・立ち位置や目の配り方を意識する。
- ・保護者の前での子ども達の様子を知る。（家庭参観の場合）
- ・土曜日の流れを知る。

責任実習のねらい

- ・(2歳児の)発達に合った手遊びを子どもと一緒に楽しむ。
- ・分かりやすい読み方を意識して、絵本の読み聞かせを行う。
- ・子どもが遊びを自分達で発展させていけるような援助を行う。
- ・縦割り保育の時間には子ども同士の助け合いを見守る。
- ・子どもが集中できる読み聞かせ方を考える。
- ・トラブルなどの仲立ちの様子を見守り、必要な援助を行う。
- ・個々の子どもの思いを理解し、見守っているよというサインをおくる。

point
実習後半に行われる責任実習では、より具体的な内容をねらいにするといいでしょう。

〜「保育のねらい」文例集〜

責任実習（部分実習、全日実習）では、「実習のねらい」の他に、「保育のねらい」も設定する必要があります。
子どもの発達に必要な5領域、それぞれのねらいから作成します。

point
その日（またはその時間）に、子どもにどうあってほしいかを考えて設定します。

歌、お話などの言葉

- ・ごっこ遊びで思ったことを動きや、言葉にして、友だちとやり取りする楽しさを知る。
- ・お話の世界を親しみ、感じたことを伝える。
- ・皆で元気に歌をうたって、歌詞の面白さやその世界の楽しさに気づく。
- ・友だちの話を聞き、自分の気持ちを伝える。

工作など表現

- ・はさみや筆などの安全な使い方を理解する。
- ・材料を自分で選んだり、工夫するなどしながら、イメージを実現する。
- ・絵画を通して、思いがけない色や形の変化を楽しみ、創造力を高める。
- ・タンポ遊びで、色彩と感触の違いを知る。

友だちと人間関係

- ・先生や友だちと仲よく遊び関わりを深める。
- ・ルールのある遊びを理解し、皆と一緒に喜び、楽しむ態度を養う。
- ・友だちと競い合ったり、教え合うなどから、友だち一人ひとりのよさに気づく。
- ・異年齢児と遊ぶなど、外への関係を広げる。

運動などの健康・環境

- ・目標を定めて活動に取り組み、楽しみと満足感を得られるようにする。
- ・先生や友だちと一緒に様々な動きを楽しみながら、元気よく体を動かす心地よさを知る。
- ・秋の自然物を集め季節へ興味・関心を持つ。
- ・片付けなど見通しを持ち、自ら進んで行う。

～「実習生の動きと気づき」文例集～

「実習生の動きと気づき」の欄は、左側の「子どもの活動」と「保育者の援助と配慮」を受けて書く形になります。「実習生の動き」はそのときの行動を、「気づき」はそのときに気づいたことを書きます。

登園・降園

point 実習生の「動き」と「気づき」は、欄が別になっている場合もあります。同じ場合は「気づき」のマークを変えるなどして区別しておくとわかりやすいでしょう。

子どもの活動

- ○登園する
- ・持ち物をロッカーに入れる。
- ・連絡帳にシールを貼る。
- ・カラー帽をかぶり、外で自由に遊ぶ。

保育者の援助と配慮

- ・園児の登園を出迎える。
- ・一人ひとりに挨拶をする。
- ・持ち物をロッカーに入れるように呼び掛ける。
- ・子どもの遊びに参加する。

実習生の動きと気づき

- ・園児の登園を出迎える。
- ＊一人ひとりの顔を見て挨拶することは、子どもの健康状態を把握する上でも大切だと感じた。
- ・子どもの遊びに参加する。

子どもの活動

- ○帰りの会をする
- ・お当番さんは前に出る。
- ・先生から明日の予定を聞く。
- ・「おかえりのうた」を歌う。
- ・帰りの挨拶をする。
- ○降園する

保育者の援助と配慮

- ・お当番さんに前へ出るように促す。
- ・明日の予定を話す。
- ・「おかえりのうた」を伴奏し、歌う。
- ・忘れものがないか確認する。
- ・元気に声を掛けて見送る。

実習生の動きと気づき

- ・「おかえりのうた」を一緒に歌う。
- ・Aさんがそわそわと落ち着かないので、聞いてみると、トイレに行きたいのをがまんしていた。先生に伝え、一緒にトイレへ行った。
- ・声を掛けて見送る。

point 実習生の「気づき」とは、子どもの動きや保育者の援助から「感じたこと」以外に、実習生が現場で気づき、行動したこと、すなわち、行動前に実習生が「気づいたこと」と、その行動について書くこともあります。それによって、なぜその行動をしたのかが、読み手に伝わります。

point

気づきは、「うれしかった」と感想で終わるのではなく、簡単でも、それについて自分なりに考えたこと（考察）も書くようにしましょう。

子どもの活動

○室内遊びをする
・ブロック、積み木、カルタなど。
・Bさん、Cさんはブロック遊び。Bさんがブロックを持ってきて私に一緒に遊ぼうと誘ってくれる。

保育者の援助と配慮

・子どもと一緒に遊びながら、全体に目を配り、ケガやトラブルを防ぐ。
・遊びにうまく入れずにいる子どもに声を掛ける。

実習生の動きと気づき

・子どもと一緒に遊びながら、なるべく多くの子どもと会話をするよう努める。
＊Bさんが遊びに誘ってくれたことをうれしく思い、ありがとうと伝えた。Bさんが友だちに人気があるのがうなずける。

point

心に残ったエピソードを日誌に入れることで、そのとき実習生がどう感じたのかが伝わる日誌になります。自分が感じたことの元になった行動は、子どもの場合は「子どもの動き」に、保育者の場合は「保育者の援助と配慮」の欄に書いてもいいでしょう。

子どもの活動

○昼食の準備をする
・班ごとに割り当てられた役割りをてきぱきこなす。
・各自が自分の器に盛りつけ、運ぶ。
○昼食
・班ごとにテーブルにつき、「いただきます」をする。

保育者の援助と配慮

・子どもと一緒に給食をテーブルに運ぶ。
・熱いものは扱いを注意するように子どもに伝える。
・「いただきます」の挨拶をする。
・食欲のない子や嫌いなものがあって困っている子がいないか全員に配慮する。

実習生の動きと気づき

・子どもと一緒に給食をテーブルに運ぶ。
＊先生はクラス全員の食べ物の好き嫌いを把握されていた。子どもに無理強いをせず、気持ちを理解しながら、食べられるようになる工夫を一緒に考える姿がすばらしいと思った。

point

子どもに対する保育者の援助と配慮には、経験で培ったたくさんの思いとノウハウがつまっています。じっくり観察し、感銘を受けたことも記録に書いておきましょう。将来どんな保育者になりたいのかが、実習を通して見えてくるでしょう。

散歩

point
園外保育で最も重要な安全面に、どのような配慮がされているのかという視点を持って実習に参加することで、保育者のさまざまな配慮が見えてきます。

子どもの活動	保育者の援助と配慮	実習生の動きと気づき
○散歩（徒歩10分程の公園へ） ・帽子、お散歩かばんを持って園庭に並ぶ。 ・2人1組になって手をつなぐ。好きな友だちとペアになれず嫌がる子がいる。 ・先生の合図で出発。	・全員いるか確認し、歩幅などを考慮し、安全に歩けるようにペアと並び順を考えておき、子どもに伝える。 ・嫌がる子の気持ちは受けとめるが、ペアは変えない。 ・散歩に行くときの約束を、子ども自身が考えられるように応答で確認する。 ・出発の合図を掛ける。	＊散歩のペアには安全面などさまざまな考慮がされていることを知った。 ・園児が全員そろっているかを保育者とともに確認する。 ・嫌がる子には「嫌がられたら悲しいよ、みんなで楽しいお散歩にしようね」と相手の気持ちになって考えるように伝えてみた。

point
子どもの主張に、保育者がどう対処しているのか、よく見ています。また、それについて自分はどう考え対応したかも書かれています。

午睡

子どもの活動	保育者の援助と配慮	実習生の動きと気づき
○午睡 ・トイレから戻ってきた子どもから、パジャマに着替える。 ・自分の布団に入り、保育者に見守られながら入眠する。 ・Mさんが夢を見て急に「ママー!」と泣き出した。保育者に抱かれ、安心する。	・カーテンを閉め、温度調整に気を配る ・パジャマに順次着替え、ふとんに入るように促す。 ・泣き出したMさんをすぐに抱っこし、「大丈夫だよ」と優しく声を掛ける。	・パジャマに着替える子どもたちを見守る。ボタンなどに手こずっている子がいても、手を出し過ぎないように注意する。 ・寝付かれない子どもに添い寝し、ゆっくり体をたたいて落ち着くように促す。

point
子どもの自主性を重んじることは、保育の上で大切なことです。実習の中でもつねに頭の中に入れておき、どのように自主性を促したかを記録しておきましょう。

～「本日の実習から学んだこと、明日への課題」文例集～

1日の実習のまとめの部分です。その日の実習のねらいに対しての取り組みと学んだことに焦点をあてて書くようにしましょう。また反省点は、明日に向けての改善する点など、前向きな意見でまとめます。

実習初日

point
1日目の日誌は、全体の流れをつかむのに精一杯だと思いますが、1つだけでも着目点を持ち、保育を観察することで、翌日からの課題が見えてきます。

> 実習1日目、ご指導ありがとうございました。今日は1日目ということで、園生活の流れと子どもたちの様子を中心に、観察実習させていただきました。2歳という時期の特徴である「自分で」「自分が」という自己主張の気持ちを受けとめ、大切にしながら関わることを意識しました。着替えや片付けなどでは、自分でしたいという気持ちと、したいけれどできないかもしれないという不安、甘えたい気持ちなど、子どもの心の中に、さまざまな葛藤があることに気づきました。明日は子どもたちの「自分でしたい」という気持ちと「できないかもしれない」という不安な気持ちに着目して、保育者としての言葉掛けや援助を学びたいと思います。

部分実習

point
部分実習を行った日は、参加実習のとき以上に、たくさんのとまどいや反省点が出てきます。その思いを率直に伝え、次への課題を考えて書くようにしましょう。

> 今日は、ぞう組さんの実習最終日で、設定保育をさせていただきました。準備の段階で、テーブルにガムテープでビニールシートを貼っていると、子どもたちが集まってきて、手伝ってくれる子もいました。気持ちがうれしく、断りきれず手伝ってもらったのですが、きちんと貼るのが子どもにはまだ難しく、シートがよれて使いづらくなってしまいました。子どもの気持ちを理解し、受けとめながらも、みんなが楽しく保育が円滑に進むようにしなければならないと感じました。次の設定保育では、全体がスムーズに進むことを意識したいと思います。

全日実習

point
全日実習は多くが実習後半に部分実習を経て行われます。何を意識して実習にのぞみ、実際はどうだったのか、ありのままを記し、課題につなげます。

> 今日は、全日実習をさせていただきました。昨日の部分実習の反省を生かしたいと思い、早く終わった子ども達に次の活動を伝えようとしたのですが、言葉掛けのタイミングを間違い、片付けが終わらないうちにトイレに行かせてしまい、前の活動がまだ終わらずにいる子どもと、次の活動にうつっている子どもがいて、クラスがバラバラになってしまいました。今後は、時間のあまった子どもにあらかじめやってほしいことを設定するなどして、皆が同じ流れで進めるように考えたいと思います。

文章表現、文法上の注意点6か条

実習中の動きや感じたこと、考えたことを日誌にまとめる際には、文章表現や文法上の注意点も確認しておく必要があります。わかりやすく、情景が目に浮かぶような文章を心掛けましょう。

1条 文章は具体的かつポイントを絞って

「園庭で楽しそうに遊んでいる」と書くだけでは、子どもが何をどう楽しんでいるのかがわかりません。ただし、遊びの内容をただ羅列するのではなく、着目したポイントを絞って書きましょう。

記入例

（子どもの活動の部分）
園庭でおにごっこ、鉄棒、のぼり棒、砂遊びなどみんなそれぞれ好きな遊びをしている。AさんとCさんは縄跳びをしていた。

改善例

園庭で年少クラスの子がおにごっこをしている。AさんとCさんは縄跳び。縄が年少さんにぶつからないように、周囲を注意する姿が見られた。

2条 同じ言葉を繰り返し使わない

同じ言葉を繰り返し使うと、意図が伝わりにくく、読みにくい文章になります。別な表現や言い方に変えることで、スッキリと読みやすい文章になります。

記入例

（実習生の動きと気づきの部分）
着替えの援助をする。パジャマのボタンをうまくはめることができず、泣き出したSさんにゆっくりやってごらん、と告げると、1つずつゆっくりと行い、うまくいき、笑顔が戻った。

改善例

着替えの援助をする。パジャマのボタンをうまくはめることができず、泣き出したSさんに、ゆっくりやってごらん、と告げる。Sさんは1つずつあせらずにはめていき、笑顔が戻った。

3条 「〜させる」、「〜してあげる」は禁句

「〜させる」という表現は、子どもの主体性が見えてきません。また、援助を行ったことを「〜してあげる」と書くのも、子どもの立場に立った書き方とはいえません。これは、障害者施設などでの実習でも同様です。あくまで子どもや利用者主体の文章にします。

記入例

（実習生の動きと気づきの部分）
室内遊びの時間、K君が一人でさびしそうにしていたので、絵本を読んであげた。「ぼく字読めるよ」と言うので、2度目はK君に絵本を読ませ、聞き役になった。

改善例

室内遊びの時間、K君が一人でさびしそうにしていたので、絵本の読み聞かせをした。「ぼく字読めるよ」と言うので、2度目はK君が絵本を読み、私は聞き役になった。

4条 否定・断定はしない

独断による否定的、断定的な言い方に気をつけましょう。子どもは自分に好意を持ち、温かい目で見守ってくれる大人の中で初めて安心します。できないことは、これから育ちつつある面ととらえ、記述するようにします。

記入例

（子どもの活動の部分）
園庭から部屋に入るとき、S君は靴を急いで脱ぐと廊下を走って遊戯室にかけこんだ。友達にぶつかってもおかまいなしで、あたって痛がっている友達を思いやる気持ちもない。

▶

改善例

園庭から部屋に入るとき、S君は靴を急いで脱ぐと廊下を走って遊戯室にかけこんだ。ぶつかって痛がる友達にあやまる様子はなく、先生にしかられても、うつむいたままだった。

5条 主語、述語の関係をチェック

1つの文章を書いたとき、主語と述語がきちんと対応しているかをチェックしましょう。文章はなるべく短く、主語と述語をはっきりさせると、よりわかりやすくなります。

記入例

（本日のまとめの部分）
初めての実習で感じたことは、5歳児の子どもは意外にできることが多いと思いました。ウサギの世話は当番でしていますが、みんなで協力し合っていて楽しそうでした。

▶

改善例

初めての実習で感じたことは、5歳児の子どもは意外にできることが多いということです。もも組ではウサギの世話を当番でしていますが、みんなで協力し合い、楽しんで行っていました。

6条 書き言葉を使おう

メールなど、相手に話すように書く文章が社会に広がったことで、「でも」「たぶん」などの話し言葉が文章の中にあふれるようになりました。話し言葉が交じっていると、文章が幼稚になってしまいます。できるだけ書き言葉で書くようにしましょう。なお、会話文の中に話し言葉が入るのは問題ありません。

記入例

（実習生の動きと気づきの部分）
工作の時間、セロテープを上手にはれなくて泣いちゃう子どもがいた。のりは上手に使っていたので、たぶん、のりを使って貼りたいんだろうなと思った。でもKさんは全然問題なくセロテープを使っているみたいだったので、「ちょっとお手伝いしてもらってもいい?」と聞いたところ、喜んでセロテープをちぎる役目を引き受けてくれた。

▶

改善例

工作の時間、セロテープを上手に貼れなくて泣いてしまう子どもがいた。のりは上手に使っていたので、おそらく、のりを使ってはりたいのだろうと思った。しかし、Kさんは全く問題なくセロテープを使っているようだったので、「ちょっとお手伝いしてもらってもいい?」と聞いたところ、喜んでセロテープをちぎる役目を引き受けてくれた。

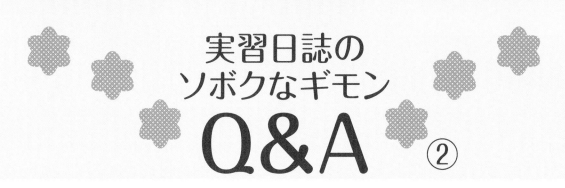

実習日誌の ソボクなギモン Q&A ②

Q.1 指導案をそのまま日誌に利用してもいいの?

A. 指導案をそのまま実習日誌に使用することが認められる場合もありますが、指導案はいわば「計画書」、日誌は「結果報告書」なので、計画と実際が食い違うことは多々あります。指導案をそのまま日誌に使用する場合は、当日変更された部分を修正しながら日誌にしていくことになります。修正が多くなると読みにくいので、できれば指導案を参考に、日誌を別途作成したほうがいいでしょう。

Q.2 書ききれない場合、紙を増やしていいの?

A. 日誌に1日の流れをあまり細かく書いてしまうと、用紙に収まりきれなくなります。分量の多い日誌は、熱意は伝わりますが、担当保育者の読む負担も大きいので、決められたスペースに収める練習と考え、多くても3ページくらいに収まるようにまとめましょう。

ただし、園によっても方針に違いがあるので、実習先に、あらかじめ確認するようにしましょう。

Q.3 話し言葉と書き言葉は、どうやって見分けるの?

A. 話し言葉と書き言葉の見分け方に明確なルールはありませんが、一般的にはやわらかい表現が話し言葉、硬い表現が書き言葉です(以下に話し言葉→書き言葉の例を挙げました)。
あんまり→あまり、いっぱい→沢山、じゃあ→では、すごく→とても、たぶん→おそらく、ちょっと→少し、でも→けれども・しかし、みたいだ→ようだ、やっぱり→やはり　など。

Q.4 字が下手なことも日誌の評価に関係するの?

A. 字のうまい下手が日誌の評価につながることはありませんが、「字をていねいに書いているか」は評価の一つのポイントになります。読む相手のことを考え、読みやすい字を書くようにしましょう。また、書いたら誤字・脱字がないか、読み直しを必ず行いましょう。

Q.5 漢字はなるべく使ったほうがいいの?

A. 漢字を適度に使用したほうが、内容がスムーズに読み手に伝わります。一般的に漢字で表記されている言葉は、なるべく漢字を使うようにしましょう。「連携」「廊下」「配膳」など、日誌には比較的画数の多い漢字も出てくると思いますが、「連けい」「ろうか」「配ぜん」などと書かず、わからない漢字は、この際覚えるくらいの気持ちで、辞書を手元において日誌を書きましょう。また、漢字は略字ではなく、正確に書くように心掛けましょう。

Q.6 「〜たいです」の「タラちゃん言葉」はOK?

A. 「考えたいです」「心掛けたいです」など、文末が「〜たいです」と終わる、いわゆる「タラちゃん言葉」は、話し言葉で使う分には特に問題ありませんが、文章にする場合は注意しましょう。「考えたいです」→「考えようと思います」、「心掛けたいです」→「心掛けたいと思います」などと書くようにしましょう。

第3章

『年齢別』
実習日誌と指導案の実例集

0歳児から5歳児までの日誌例を、参加実習、部分実習、全日実習に分けて指導案と合わせて実例で紹介。実例添削により書き方のポイントがつかめます。

発達のめやすと保育のポイント

0歳児は、月齢によって発達の度合いが著しく異なり、日中のおむつ替えや授乳が頻繁に行われ、一人ひとりの成長に合った保育が行われます。生後6か月前までは仰向けでいる時間が多いですが、6か月を過ぎる頃から寝返りやお座りをし始め、活動範囲が広がっていきます。

0歳の生活面・運動面の発達のめやす

【生活面、精神面】
- 眠りと目覚めを繰り返す（～6か月頃）。
- おむつを替えるなど心地よいと手足を動かす（～6か月頃）。
- 保育者がほほえむとほほえみ返す（3～4か月頃）。
- 人見知りをする（5～10か月頃）。

【運動面】
- 首がすわる、音の鳴るものに興味を持つ（3～4か月頃）。
- 寝返りをうつ、支えるとお座りができる（6か月頃）。
- 一人で座る、ハイハイを始める（7～10か月頃）。
- つかまり立ちをする（7～10か月頃）。

◆「保育所保育指針」より◆

「乳児保育に関わるねらい及び内容」より抜粋
- 保育士等の愛情豊かな受容の下で、生理的・心理的欲求を満たし、心地よく生活をする。
- 一人一人の発育に応じて、はう、立つ、歩くなど、十分に体を動かす。
- 個人差に応じて授乳を行い、離乳を進めていく中で、様々な食品に少しずつ慣れ、食べることを楽しむ。
- おむつ交換や衣服の着脱などを通じて、清潔になることの心地よさを感じる。
- 子どもからの働きかけを踏まえた、応答的な触れ合いや言葉がけによって、欲求が満たされ、安定感をもって過ごす。
- 体の動きや表情、発声、喃語等を優しく受け止めてもらい、保育士等とのやり取りを楽しむ。
- 生活や遊びの中で、自分の身近な人の存在に気付き、親しみの気持ちを表す。
- 保育士等による語りかけや歌いかけ、発声や喃語等への応答を通じて、言葉の理解や発語の意欲が育つ。

保育のポイント ▶▶▶▶▶▶▶▶▶▶▶▶▶▶▶▶▶▶▶▶▶▶▶▶▶▶▶▶▶▶▶▶▶▶

◆積極的に話し掛けよう
子どもの目を見ながら、やさしくゆっくり話し掛けましょう。安心感が生まれ、コミュニケーションの意欲が育ちます。

◆スキンシップを大切に
手をにぎったり、おむつ替えの際に足をさするなど、スキンシップを大切にしましょう。だっこはゆすり過ぎに注意し、首がすわっていない場合は必ず後頭部を支えます。

◆安全面に配慮して
子どもは何でも口に入れようとします。ボタンやアクセサリーなどは注意が必要です。また、ハイハイやつかまり立ちを始めた子どもは、転倒や誤飲に十分注意します。

◆眠っているときの注意点
眠っているときに嘔吐すると、気管をふさいでしまう恐れがあります。嘔吐していないか気をつけましょう。また室内温度が適温かを子どもの汗の状態でチェックし、調整します。

遊びのポイント ▶▶▶▶▶▶▶▶▶▶▶▶▶▶▶▶▶▶▶▶▶▶▶▶▶▶▶▶▶▶▶▶▶▶

◆成長に応じて
個々の成長に合わせた遊びが最も要求されるのが、0歳児でしょう。月齢が数か月違うだけで、子どもの活動範囲は様々です。

◆6か月未満の乳児は音やふれあいで
自分で十分動くことができない乳児には寝ころがった状態または保育者によりかかるように座った状態で、手足をゆっくり動かす赤ちゃん体操などがおすすめです。歌や音の出るおもちゃを組み合わせて楽しみます。

◆6か月以上の子どもは動きのある遊び
自分でお座りができるようになった子どもには、ボールを使ったり、高く抱き上げる飛行機遊び、積み木を積んだりくずしたりなど、動きのある遊びがおすすめです。また、絵と文章がシンプルな幼児向けの絵本の読み聞かせも喜びます。自分でも繰り返しめくって楽しむようになります。

> 具体的な0歳児の遊びの例は、「ボウリング遊び」（P37）や「ふれあい遊び」（P41）などがあります。

0歳　0歳児の発達を学ぶ

8月22日（金）天気 晴れのち曇り	指導者：河合 さち子先生	実習生氏名：大久保 秒代子

0歳児　ひよこ組　男児：6 名	女児：6 名 ①	計12 名	欠席：0 名

実習のねらい	・0歳児の発達についての理解を深める。危険箇所の把握と安全管理を意識して過ごす。
保育のねらいとおもな活動	・プール遊びを通して、水の感触を確かめ、楽しみながら涼む。

時　間	環境構成	子どもの活動	保育者の援助と配慮	実習生の動きと気づき
8：30	・保育室 水道 入口 ベビーベット ロッカー ○＝保育者 ◎＝実習生 ●＝子ども ④ ・保育室	○順次登園。 ② ○朝寝をする。 ○室内遊びをする（絵本、人形遊び、ブロック遊び等）。 ・おもちゃを投げる子ども、泣き出す子どもがいる。	・子ども達や保護者の方が1日を気持ちよく迎えることができるように、笑顔と明るい声で挨拶を行う。 ・保護者から子どもの体調や様子など、申し送り事項を共有。③ 子どもの健康状態を把握する。連絡帳に目を通す。 ・泣きやまない子どもには抱っこなど行い、スキンシップを多めに行う。 ・早起きした子どもや昨夜、あまり眠れなかった子どもは、睡眠不足を防ぐために寝る時間をとる。 ・保育室全体を見渡せる位置に座りながら、危険があれば即座に動けるようにしておく。 ・「投げたらあぶないよ、めめちゃんだよ」と怒った表情でしてはいけないことを伝える。 ・泣いている子どもには落ち着きを取り戻すように抱っこして話し掛ける。	・笑顔と明るく元気な声を心掛ける、子ども達と保護者の方に挨拶をする。 ・子ども達が親しみやすいように、笑顔で積極的に話し掛ける。 ・泣きやまないSちゃんに対し、Mくんが頭をなでてくれる。Mくんに「やさしいね。ありがとね」と声を掛ける。 ・保育室全体を見渡せる位置に座りながら、近くの子どもたちの遊びが広がるように、「このくまさんはどこへ行くのかな？」などと積極的に声を掛ける。 ・してはいけないことは、その場ですぐにしっかり、伝えることが大事だと感じた。⑤
9：00	・片付け用のかごを用意する。 ・保育室	○玩具を片付ける。 ○おむつを替える。 ○排泄	・「おもちゃないないの時間ですよ」と呼び掛け、必要以上に手を出さずに見守る。 ・子どもが清潔に気持ちよく過ごせるようにおむつ替えを行う。 ・排泄の自立ができるように、おまるに子どもを座らせて便が出るのを見守る。	・子どもが意欲的に片付けに取り組めるように、片付けができたら「上手にお片付けできたね！」と笑顔と拍手で褒める。 ・おむつ替えの順番待ちをしている子どもが転倒や怪我をしないように見守る。
9：30	・保育室 配膳台 落下防止のため、椅子に滑り止めシートを敷く ⑥	○朝の会 ・「にこにこいっぱい」をうたう。 ・朝の挨拶をする。 ○午前のおやつ（クッキーと牛乳）を食べる。 ・口の周りと手をタオルで拭く。	・振り付けをしながらうたい、子どもが真似て自分から体を動かすように促す。 ・うたったりおどったりすることを十分に褒めて、頑張りを認める。 ・子どもが挨拶の習慣を身に付けられるように、皆でそろって挨拶をする。 ・日中、元気に活動できるように水分とともに間食をとる。 ・濡れタオルを用意し、口や手の汚れを拭く。	・子どもが真似をしやすいように、大きな身振り手振りで振り付けをしながらうたう。 ・子どもの見本になるように、大きな声で挨拶をする。 ・子どもがおやつを楽しめるように、「今日はクッキーだよ。おいしそうだね」等と声を掛ける。 ・濡れタオルで汚れた口や手を拭く。
10：00	・屋外 保育室 ビニールプール	○プール遊び ・水着に着替える。 ・プールに入り、水遊びをする。	・水着に着替える際に、便の確認、視診を行う。 ・子どもがスムーズにプール遊びに入れるように、事前にプールの用意をしておく。 ・子どもが水に親しみ、水の心地よさを感じられるように、「気持ちいいね。プール楽しいね」と声を掛ける。	・子どもがスムーズにプール遊びに入れるように、着替えを手伝う。 ・プールの外から子どもが安全に楽しく遊んでいるかを見守る。 ・水にうかぶおもちゃなどを使って、子どもが水に親しみを持つように遊びを展開する。

時　間	環境構成	子どもの活動	保育者の援助と配慮	実習生の動きと気づき
10：20		・プールから上がる。 ・服に着替える。	・子どもの体が冷え過ぎないように15〜20分で水遊びを終了し、体の水分を拭き取る。 ・子どもが気分よく着替えができるように、話し掛けたりしながら素早く衣服を着せる。	・子どもの体が冷えないように、素早くタオルで水分を取り除き、服を着せる。 ・プールの後の着替えは特に手際よく行う必要があることを学んだ。
10：30	・保育室  配膳台 机 一つの机に一人の保育者がつき、食事の援助を行う。	○給食 ・椅子に座る。 ・手を濡れタオルで拭く。 ・エプロンを着ける。 ・給食を食べる。 ・口から食べ物を出す子がいる。 ・口の周りと手を拭く。	・子どもが安全に手づかみで食事できるように、手を濡れタオルで拭き、消毒のスプレーをする。 ・衣服の汚れを心配せずに食べられるように、子どもにエプロンを着せる。 ・好き嫌いなく食べる習慣が身に付くように、細かくくだいたり、ご飯にまぜるなど、食べ方を工夫する。	・清潔な手で食事の援助ができるように手を洗い、消毒する。 ・子ども達の手の平を濡れタオルで拭き、エプロンを着ける。 ・食べやすい量を考慮して、給食をまんべんなく子どもの口へ運ぶ。 ・食事が嫌いにならないように、ある程度食べることができたら、必要以上に食事の時間を長引かせず、切り上げる。 ・床に落ちた食べこぼしを拾い、机の上を拭いて手早く片付ける。
	・ベビーベッドに寝かせておむつ替えを行う。	○おむつを替える。 ○排泄	・子どもが驚かないように「今からおむつ替えるよ」と話し掛けながら、下着を脱がせたり、おむつを交換する。	・おむつが濡れていない場合はおまるにまたがらせ、便が出るのをしばらく待つ。
11：30	・保育室 	○午睡 ・泣き出す子どもがいる。 ・なかなか寝付けない子どもがいる。	・子どもが安心して眠りにつけるように体をさすったり、リズムよくトントンとなでたりする。 ・寝苦しさを解消するためにうちわで涼しい風を送る。泣き止まない場合はベビーベッドにのせて揺らすなどする。	・子どもが安心して眠りにつけるように、体をさすったり、ほほえみかけたりする。 ・なかなか寝付けない子どもには体をさすったり、布団などで温度調整し、眠るまで近くで見守る。 ・ペープサート作りをしながら、子ども達の様子を見守る。
14：30 14：45	・電気をつけ、カーテンを開ける。	・お目覚め。 ・おむつを替える。 ・椅子に座り、おやつの準備をする。 ○午後のおやつ。 ・口の周りと手を拭く。	・必要に応じて下着を取り替え、体を清潔に保てるよう配慮する。 ・椅子に座らせて、手を拭いてエプロンを着ける。 ・子どもの食欲を尊重し、自ら食べるのを見守ると共に、必要に応じて口に運んだりする。	・おやつの準備のため、椅子を設置し、座る所に滑り止めシートを貼る。 ・椅子に座らせ、手を拭き、エプロンを着けるのを援助する。 ・食べきれた子どもを褒める。
15：15 16：00	・保育室 	○手遊び「糸まきまき」、「かっぱの親子」をする。 ○絵本「もぐもぐごっくん」を見る。 ○室内遊び（ボール、絵本、おもちゃに触る） ○順次降園	・子どもが楽しく体を動かせるように手遊びをする。 ・子どもが絵本に興味を持つように、問い掛けをしながら物語りを進める。 ・お迎えに来られた保護者の方に、1日の様子や出来事を伝え、笑顔と明るい声でお見送りをする。	・保育者を真似て共に手遊びを行う。 ・集中していない子どもに声を掛けたり、前を向けるように姿勢を正したりする。 ・保護者の方や子ども達に笑顔で明るく元気な声を心掛けて挨拶をする。
本日の実習から学んだこと、明日への課題		今日は0歳児2日目ということで、子どもの顔と名前も一致し、昨日より0歳児の園での生活と関わり方が少し分かってきたように思います。身の回りの危険については、子どもが勝手に引き出しを開けないように、また押し入れなどに指をはさまないように等様々な配慮がされていることを学びました。0歳児に関わるのは初めてで、関わり方に自信がなかったのですが、子どもとの距離感についてうれしい言葉をいただき、少し自信が持てるようになりました。今日もご指導ありがとうございました。		

指導者からの所見

今日1日、実習ごくろうさまでした。2日目ということで、1日の流れなどわかってきたように思います。子ども達が昨日以上に慣れていましたね。保育室で子ども達に接している先生の姿を見ていると、本当に穏やかな笑顔で、落ち着いていたように見えました。人見知りの激しい子どもも、先生の周りに集まるのが納得できました。明日の実習も頑張ってくださいね。

総合評価 ★★☆☆

1 0歳児はできれば月齢を記入

月齢によって成長の度合いが大きく異なる0歳児は、できれば日誌に各子どもの月齢を記録しておきましょう。どの位の月齢の子どもを保育したのかが、日誌を読む側に伝わると、実習の様子がイメージしやすくなります。また、後に、指導案などを作るときにも参考にもなります。

改善例

男児：6名（8か月2名、9か月2名、13か月2名）　女児：6名（9か月1名、10か月3名、14か月2名）

2 空白はなるべく埋めよう

欄にぎっしりと文字をつめこむ必要はありませんが、空欄が目立つところには、そのときの子どもの様子を思い出して、追加するようにしましょう。

改善例

昨日お休みだったSちゃんが元気に登園する。検温して熱のないことを確認すると、ほほえみかけてくれた。

3 主語・述語の関係をチェック！

文章を書いた後、「誰が、何を、どうした」の主語と述語の関係が間違っていないか、確認しましょう。

改善例

（保育者が）保護者から子どもの体調や様子などの申し送り事項を聞き、情報を共有する。

4 見取り図はマークを使って区別

環境構成の見取り図には、保育者と実習生、子どもの配置を入れます。三者をマークで区別して表すと、わかりやすい図になります。

Point!

5 そのとき学んだことを入れる

「実習生の動きと気づき」の欄には、おもに実習生が行った行動を書きますが、そのとき行われた保育者の援助や配慮から感じたことや、子どもとの関わりで気がついたことなども、できるだけ入れるようにしましょう。最後に実習で学んだことをまとめる際に役立ちます。

6 二つ目以降の見取り図はある程度省略してもOK

日誌の最初に出る見取り図には、ロッカーの位置などを名称も入れて描くようにしましょう。ただし、同じ環境が続く場合、二つ目の図は、新たに配置したもの以外は名称などをある程度省略してもかまいません。

7 自発的に行ったことは特に詳しく書く

自分で考えて自発的に行った言葉掛けや援助は、どう考えて行ったのか、また、具体的な言葉掛けなど、詳しく書くようにしましょう。その意図や様子をわかるように書くことで、日誌の評価がいっそう上がります。

改善例

食べきれたことに達成感や喜びを感じられるように「きれいに食べられたね」と笑顔で褒める。

8 まとめはねらいと関連させて

まとめには、今日のねらいとして挙げたことについて、どのように取り組み、考察したのかを必ず入れるようにしましょう。

ボウリング遊び

10月　23日（月）　日案・時案	指導者：　河合　さち子　先生	実習生氏名：大久保　紗代子

0歳児　ひよこ組　男児：6名(10か月2名、11か月2名、14か月2名)　女児：6名(11か月1名、13か月3名、14か月2名)　計12名

子どもの姿	・発達に個人差がある。❶ ・音の鳴るおもちゃで楽しんで遊ぶ。 ・指差しで自分の意志を伝えようとする。	ねらい	・ボールを使った遊びを通して、人との関わり合いを楽しむ。❷ ・ボールの感触や動きを見て自分なりの遊びを楽しむ。	活動内容	・ボールを触ったりたたいたりして感触を楽しむ。 ・ボールが転がり、ピンを倒すさまを見て楽しむ。

時　間	保育の流れと環境構成	予想される子どもの姿	援助活動および指導上の留意点
10:00 10:20	準備するもの ・ボール5〜6個❸ ・ペットボトル6本（ふたをしっかりしめておく） ・かご 押し入れにしまっておく。 入口 かごに入れたボール／ペットボトル／トイレ／水道 お互いがぶつからないように部屋を広くして行う。／ロッカー ◎=実習生　●=子ども❹ ○=保育者	・保育者の呼び掛けで道具の方に集まってくる。 ・かごに入ったボールやペットボトルを興味深く眺めたり、触ったりする。 ・ボールを投げようとする子どもがいる。 ・ペットボトルをなめたり、投げたりする子どもがいる。 ・保育者にペットボトルをどうぞと渡す。 ・ペットボトルを並べる様子を見ている。 ・手や足でペットボトルを倒そうとする子どもがいる。❺ ・保育士がボールを転がしてピンを倒す様子を眺める。 ・真似をしてボールを転がそうとする子どもと、関心を示さない子どもがいる。 ・ボールを転がすのが難しい子どもは、ボールやペットボトルが転がるのを見て楽しむ。 ・かごにボールをしまうのを手伝う。	・押し入れに入れておいたかごに入ったボールとペットボトルを出す。 ・子ども達の注目を集めるように元気な声で「さあ、みんなでボール遊びするよ〜」と声を掛ける。 ・子ども達がボールやペットボトルの感触を楽しんでいるときは、危険がないように見守る。 ・ボールを触っている子どもには「ぷにゅぷにゅだね」とやわらかさを楽しむような声掛けをする。 ・ペットボトルを触っている子どもには「かたいね」「ジュースは入っていないよ」と声掛けをする。 ・しばらく感触を楽しんだら、ペットボトルを持っている子どもに「先生にどうぞしてください」とやさしく呼び掛けて回収する。（全部回収できなくても、ある程度できたら始める） ・「ペットボトル並べるよ〜」と声を掛け、❻回収したペットボトルをボウリングのピンのように並べる。 ・倒そうとする子どもには、「〇ちゃん、ボールで倒す遊びをするから、ちょっと待っててね」と語り掛け、ペットボトルから離す。 ・並べ終わったら、「ほら、ボールコロコロして倒すよ」と声掛けをしながらボールを転がしてペットボトルを倒してみせる。 ・積極的にしようとする子どもには順番に「いいよ」と声を掛け、ボールをピンにあてる遊びを楽しむ。 ・うまく倒れたら拍手し「〇ちゃんやったー！」と褒める。 ・一通りみんなボールで遊べたら、かごを持ってきて「お片付けするよ」と声を掛け、片付けを始める。

反省と評価、考察	初めての部分実習で緊張しましたが、ボールとペットボトルを出したときの子ども達の笑顔で緊張がほぐれました。思い思いにボールやペットボトルで遊ぶ時間が長くなってしまい、ピンを倒す遊びになかなか入れませんでしたが、ボールやペットボトルの感触をゆっくり楽しむことができたのはよかったと思います。

指導者からの所見

初めての0歳児での部分実習、大変お疲れ様でした。子ども達が先生の所に自然に集まり、楽しんでいる様子がうかがえました。0歳児はまだまだ集団での遊びは難しいので、それぞれが成長に合わせて思い思いにボールやピンの動きを楽しむことができてよかったと思います。明日も頑張ってください。

総合評価　★★☆☆

Point!

1 発達の様子は詳しく

「発達に個人差がある」だけではなく、もう少し詳しく、それぞれの子どもの発達の様子を確認し、記録しておきましょう。

改善例

お座りは全員が安定している。歩行については個人差がある。つかまり立ちまでの子どもと、数歩なら歩ける子ども、歩いて移動可能な子どもがいる。

2 ねらいにはめざす子どもの姿を

「ねらい」の欄には、具体的な遊びの方法や到達点などを書くのではなく、その時間を過ごすことで子どもに何を伝えたいか、どうあってほしいかについて書きましょう。

3 準備物は注意した点も含めて

準備するものは環境構成の欄に書いてOKですが、ただ「ボール」と書くだけでなく、どんなボールを用意するべきなのかなど、注意した点も書くようにすることで、保育への配慮が読み取れる指導案になります。

改善例

ボール5〜6個：子どもが口に入れないように大きめで軟らかいボールを選ぶ。なめてもいいように洗えるものにする。

4 見取り図には実習生と子どもの位置を

指導案の環境図には、実習生の立ち位置と子どものおおよその配置の予想図を書きます。保育士の立ち位置については、特に入れる必要はありませんが、場面ごとに必要に応じて入れるようにします。

5 予想される困った事態と、その対応も考えておこう

実際は、指導案の通りにことが運ばれることはありません。予想していなかったことが起きることが普通ですが、指導案の時点で予想できる子どもの動きがあれば書いておき、それについてどのように対応するかも書いておきましょう。

6 遊びに興味がわく声掛けを

遊びの始めの声掛けは、子どもの興味を引くような内容を心掛けましょう。

改善例

「ペットボトル並べるよ。みんな見ててね。1本、2本、……さあ、何が始まるのかな？」と声を掛け、子ども達の興味を引く。

0歳児遊び例

＜ボウリング遊び＞　●所用時間：15分　●準備するもの：ボール数個（口に入らないくらいの大きさで軟らかいもの）、空のペットボトル5〜6本（ふたはしっかりしめる）

遊び方

①空のペットボトルをボウリングのピンに見立て、並べる。

②保育者がボールを持ち、転がしてピンを倒す様子を見せる。

③子どもにボールを渡し、思い思いの距離からボールを転がし、ピンを倒して遊ぶ（まだボールを投げるのが難しい子どもは、倒すのを見て楽しむ）。

0歳　発達に応じた援助を心掛ける

10月23日（月）天気　曇り一時雨		指導者：河合　さち子先生	実習生氏名：大久保　秒代子

0歳児　ひよこ組　男児：5名(10か月2人、11か月1人、14か月2人) 女児：5名(11か月1人、13か月2人、14か月2人) 計10名欠席：2名

実習のねらい	・一人ひとりの発達に応じた援助を心掛け、設定保育を通して子ども達と親交を深める。
保育のねらいとおもな活動	・ボウリング遊びを通して人との関わりや、ボールの動きや感触を楽しむ。

時　間	環境構成	子どもの活動	保育者の援助と配慮	実習生の動きと気づき
10:00	・保育室 入口 かごに入れたボール ペットボトル トイレ 水道 ロッカー ○=保育者　◎=実習生 ●=子ども	○設定保育 ・小グループに分かれ、保育者と絵本を読んでいる。 ・実習生の呼び掛けに振り向き、ボールに興味を示す子どももいるが、絵本に夢中で振り向かない子どももいる。 ・歩ける子どもは自分から近づいてくる。 ・保育士に抱っこされて近くに来る子どももいる。 ・ボールの感触を楽しみ、たたいたり、なめたり、転がしたりして思い思いに遊ぶ。 ・近くに来ない子どももいる。❶ ・気分がすぐれず、泣き出す子どもがいる。	・実習生の準備が整うまで、子ども達に絵本の読み聞かせをしている。 ・子ども達に、実習生のほうに注目するように、「あ、大久保先生が何か持っているよ、見て見て」と子どもに誘いを掛けてくださる。 ・歩ける子どもには「行ってみよう」と誘いを掛け、自主的に動くことを促す。 ・子ども達がボールとペットボトルで思い思いに遊ぶのを安全を確認しながら見守る。 ・まだ自分で移動できない子どもには、ペットボトルやボールを使って「どうぞ」と渡したり、「ありがとう」ともらったりする遊びを行う。 ・泣き出した子どもをだっこしてあやし、様子を見る。	・保育者が絵本の読み聞かせを行っている間に、ボールとペットボトルを押し入れから出し、子ども達に見える位置に立つ。 ・皆でボールを使って遊ぶことを伝える。 ・声が小さいせいか、最初はなかなか興味を示さない子どももいる。 ・一番乗りで近づいてきたMちゃんにボールを渡すと、ほほえみ返してくれた。 ・ボールを触って楽しんでいる子どもに「ぷにゅぷにゅだね、気持ちいいね」と声を掛ける。 ・しばらく、子どもがボールとペットボトルを使って思い思いに遊ぶのを安全を確認しながら見守る。 ・触りたいけど手を伸ばせない子どもにボールを差し出してみる。 ・子どもの動きが活発になるにつれて、ボールを踏んでの転倒や誤飲、噛みちぎりなどの事故がおきないよう、十分に注意して見守る。
10:10	ボウリングをやって見せる （図）	・実習生の呼び掛けに注目する子どもとそのまま遊んでいる子どもがいる。 ・実習生の所へボールやペットボトルを持ってくる。 ・実習生の側に集まり、ピンを倒す様子を見る。 ・保育士に誘われて実習生の周りに集まる。 ・倒れたピンを指差して喜ぶ。 ・保育者につられて拍手する。	・「ボール先生の所にないないしようね」といったんボールとペットボトルを実習生の所へ集めるように子どもを促す。 ・自分で持っていけない子どもには「先生にどうぞしようね」と受け渡しを促し、道具をいったん回収する。 ・子ども達に実習生の側に集まるように促す。自分で移動できない子どもは抱っこなどして側に座らせる。❷ ・実習生に合わせて拍手して「倒れたね、すごいね」と子どもにも拍手を促す。	・いったん道具をかごに集めるように呼び掛ける。 ・自分で持って来られない子どもには「〇ちゃん、ごめんね、どうぞしてね」と声を掛けながらペットボトルを回収する。 ・回収したペットボトルをボウリングのピンのように立てる。「さあ、今から何をするのかな〜」と子どもが注目するように声を掛けをする。 ・声を掛けながら、ペットボトルをボールで倒してみる。 ・「倒れたら拍手だよ」と喜びながら拍手をし、❸子ども達にもボールでピンを倒してみるようにすすめる。

時　間	環境構成	子どもの活動	保育者の援助と配慮	実習生の動きと気づき
10:25	 ・ボールとペットボトルをかごにのせ、押し入れにしまう。	・Mちゃんが最初にボールを転がし、うまく1つのピンにあたった。みんなで拍手をしたらとてもうれしそうに笑った。 ・思い思いの距離から、順番にボールを転がす。 ・自分でボールを転がすことができない子どもは、ボールが転がってピンを倒す様子を見て楽しむ。 ・片付けを手伝う。	・ボールを転がすときに、反動で後ろに倒れないようにそばで見守る。 ・「〇ちゃんも先生と一緒にやってみようか」と一人ひとりに声を掛ける。 ・他の子どもが転がしたボールにつまずいて転倒しないように注意深く見守る。 ・まだ自分でボールを転がすことができない子どもには、他の子どもが転がす様子を一緒に楽しむ。 ・片付けのお手伝いを子どもに呼び掛ける。	・Mちゃんに「やったね！1に倒れたね！」と褒め、拍手をする。 ・ボールにつまずいたり、他の子どもとぶつかって転倒しないように見守る。 ・他の子どもにも「ボールころんしてみようか」と促す。 ・やり方がよく分からなそうにしている子どもには「先生と一緒にやってみようか」と言って膝に座らせ、「せーの」とタイミングを合わせてピンに向かってボールを投げる。 ・一通り楽しんだら、「そろそろないないするよー」と片付けを始める。

本日の実習から学んだこと、明日への課題	今日は初めて設定保育での部分実習をさせていただきました。今日の目標である「発達に応じた援助」というのは、特に発達の度合いが個々で違う0歳児の保育においてとても大切であることを実感しました。先生方の援助で、それぞれの成長に応じた遊び方を楽しめたように思います。どうもありがとうございました。時間も少しオーバーしてしまい、必ずしも予定通りにはいきませんでしたが、遊びを通して子どもたちとまた親しくなれたように思います。

 指導者からの所見

初めての部分実習、大変お疲れ様でした。なかなか計画通りにはいかないこともあったかと思いますが、それも経験を積んで学んでいけばいいことなので、これからもぜひ頑張ってください。0歳児は特に、転倒や誤飲による事故がないように、つねに注意することが必要です。遊びの流れも、ゆったりと時間を組むことで、保育者側にも余裕ができます。明日も頑張りましょう。

総合評価 ★★★☆

Point!

1 子どもの気持ちを読み取ろう

子どもが予想したような反応をしない場合、ただその事象だけを記録するのではなく、どういう気持ちでいるのか、表情やしぐさなどから考察してみるようにしましょう。

（改善例）

こちらをじっと見て関心はあるようだが、近くに来ない子どももいる。

2 乳児は「〜させる」もOK

日誌の表現で「〜させる」は、子どもの主体性が見えてこないため、本来NGです。しかし、自分ではまだ身の回りのことができない乳児については、「〜させる」と受け身の表現にしても問題ありません。

3 行動の意図を書くようにしよう

その行動は、子どもに何を伝えたかったのか、その意図もあわせて書くようにしましょう。

（改善例）

子ども達が、ピンが倒れたりボールが転がる様子を楽しみ、友だちと楽しさを共感できるように、「倒れたら拍手だよ」と喜びながら拍手をする。

4 まとめでは部分実習に触れる

部分実習を行った日の日誌のまとめには、部分実習に必ず触れるようにしましょう。主体的な立場で実習を行うことで、参加実習とは異なる新たな発見があるはずです。

ふれあい遊び

6月 8日（水） 日案・(時案)	指導者： 三井 純 先生		実習生氏名：川村 玲奈

0歳児 もも組 男児：4名（4か月1名、5か月2名、6か月1名） 女児：5名（4か月1名、5か月2名、6か月2名） 計9名

子どもの姿	・保育所生活にも慣れ、生活のリズムもついてきた。 ・全員首がすわり、月齢の高い子どもは寝返りができるようになってきている。	ねらい	・保育者との触れあいを通して、全身を動かす心地よさを楽しむ。 ・いないいないばあの遊びを楽しむ。	活動内容	・マットに横になり、音楽に合わせて手足を動かす。 ・いないいないばあを楽しむ。

時　間	保育の流れと環境構成	予想される子どもの姿	援助活動および指導上の留意点
10：00 10：20	準備するもの ・マット（子ども全員が寝転べる分） ・CDプレーヤー ・バンダナ2枚 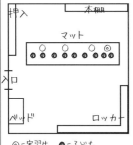 押入　本棚 マット 〇〇〇〇◎ ◎〇〇〇〇〇〇〇 入口 ベッド　ロッカー ◎＝実習生　●＝子ども 〇＝保育者	・実習生がマットを敷くまで、保育者に見守られながら待つ。❶ ・保育者に抱かれてマットに一列に横になる。 ・音楽に喜んで、自分からも積極的に手足をばたばたさせたり、足を上に上げたりして喜ぶ。 ・保育者にかわりばんこにふれあい遊びをしてもらう。 ・「くまさんくまさん」の歌に合わせ、体をゆらゆら動かしたり、ほっぺをぽんぽんされたりする。 ・気持ちよくて、眠たくなる子どももいる。 ・眠いけれどうまく寝れなくてぐずる子どもがいる。 ・おむつが濡れている子どもはベッドで替えてもらう。 ・2～3名でグループになって、「いないいないばあ」を楽しむ。 ・他の子どもがやっているのを見て、一緒に楽しむ。 ・保育者同士の掛け合いを見て楽しみ、一緒に参加する。 ・バンダナを自ら手を出してとろうとする。❸	・マットを押し入れから出し、床に一列に寝転ぶことができるように敷く。 ・童謡集のCDをかける。 ・子どもを一列に寝転ばせ、実習生、保育者計4名で各自2-3名ずつ受け持つ。 ・音楽に合わせ、腕や足をやさしくリズミカルに動かす。❷ ・一人ひとりと目を合わせながら、リズムに合わせ、ほっぺをやさしく触る。 ・CDが一通り終わるまで音楽に合わせて、足をさすったり、顔を近づけたり離したり、ふれあい遊びを続ける。 ・「くまさんくまさん」をうたいながら、あらかじめ考えておいた仕草を全員で行う。 ・全員が何回かできるように、繰り返し行う。 ・次は皆で「いないいないばあするよ」と遊びを切り替える声掛けをする。 ・ぐずる子どもは、抱っこしたり、ベッドへ移動させるなどしておむつが濡れていないか確認する。 ・「いないいない」と顔を手でかくし、子どもの顔に保育者の顔を近づけて、笑顔で「ばあ」と言う。 ・保育者、実習生も場所を替えて、全員が何回かできるように、繰り返し行う。 ・保育者、実習生が2名ペアになり、一人がバンダナで顔をかくし、もう一人が「○○先生いないね、どこに行ったかな」と子ども達に問い掛ける。しばらくしたらバンダナをさっととって、笑顔で「ここだよー」と言う。 ・顔のバンダナを子どもにとらせてしばらく遊ぶ。 ・「そろそろ終わるよ」と声を掛け、片付ける。

反省と評価、考察	子ども達の機嫌がよく、比較的スムーズに進めることができました。気持ちよくて眠くなる子どもも何名かいて、リラックスできたと思います。最後にバンダナを顔からとる遊びは、あえて保育者から提示せず、子どもが自分から手を出してくるのを待ち、うれしそうに遊びを発展させてくれたので、よかったと思います。

 ### 指導者からの所見

0歳児での部分実習、お疲れ様でした。「くまさんくまさん」の歌にあわせたふれあい遊びは子どもたちに大人気でしたね。「いないいないばあ」では、子どもと保育者の1対1から始め、グループでの遊びなど、展開が見られ、子どもを飽きさせない工夫が見られました。明日も頑張ってください。

総合評価 ★★☆☆

具体的な様子を想定してみよう

子どもがどんな様子で待っているのか、もう少し具体的に想像してみましょう。

改善例

実習生がマットを敷く様子を興味深く見ている子ども、ガラガラで遊ぶ子ども、保育者に抱っこされて眠たそうにしている子どもなどがいる。

2 遊びの始めには声掛けと、気持ちの切り替えを

特に幼児は、自分の周りの環境の変化に敏感です。遊びを始めるときには、相手が乳児であっても、やさしい口調で声掛けを行い、これから楽しい遊びをする雰囲気作りをしましょう。

改善例

「これからいっちに、いっちにって体操するよ」と子どもに声を掛け、音楽に合わせて体を動かして遊ぶことを伝えながら、腕や足をやさしくリズミカルに動かす。

Point!
3 子どもの自発的な行動を引き寄せる

遊びは、子ども自身の手で自発的に展開していく姿が理想です。そのため、設定した遊びに対して子どもがどう反応し、自分から発展させていくかを考え、設定してみましょう。

0歳児遊び例

＜ふれあい遊び・くまさんくまさん＞

●所用時間：15分　●準備するもの：特になし

遊び方

歌を歌いながら、リズムに合わせて子どもの手足をやさしく動かします。

くまさん　くまさん　りょうてを　あげて　くまさん　くまさん　りょうてを　あげて
くまさん　くまさん　りょうあし　あげて　くまさん　くまさん　こんにち　は！（さ よう な ら！）

わらべ歌

左右の腕を交互に上げる

①くまさん、くまさん

両方の腕を上げる

②りょうてをあげて（①、②を繰り返す）

左右の足を交互に上げる

③くまさん、くまさん

両方の足を上げる

④りょうあしあげて

左右の足を交互に上げる

⑤くまさん、くまさん

顔を近づける

⑥こんにちは！

手をふる

⑥さようなら！

または

0歳 乳児の五感をはぐくむ

6月8日（水）天気 晴れ一時雨	指導者：三井 純 先生	実習生氏名：川村 玲奈

0歳児 もも組 男児：3名(4か月1名、5か月1名、6か月1名) 女児：5名(4か月1名、5か月2名、6か月2名) 計8名 欠席：1名

実習のねらい	・音楽やスキンシップを通じて乳児の五感を刺激し、心地よい空間を作る。
保育のねらいとおもな活動	・保育者とのふれあいを通して全身を動かす心地よさを楽しむ。いないいないばあの遊びを楽しむ。

時　間	環境構成	子どもの活動	保育者の援助と配慮	実習生の動きと気づき
10:00 10:10	・保育室 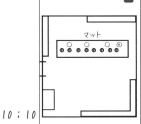 ◎＝実習生 ●＝子ども ○＝保育者 ・CDプレーヤーは本棚の上に置く。 ・バンダナはあらかじめ近くに置いておく。	○設定保育 ・ボールやガラガラなどで思い思いに遊んでいる。 ・実習生の呼び掛けに興味を示す。 ・マットを指でさしたり、声を出したりして喜ぶ。 ・保育者に抱っこされて、マットに寝転ぶ。 ・マットをたたいたり、足をばたばたさせている。 ・保育者に手足を動かしてもらって気持ちよさそうに笑う。 ・音楽に合わせ、一緒にうたうように声を出す子どもがいる。 ・つられて、大きな声を出してうたう子どもがいる。 ・Sくんが泣き出す。 ・CDの音楽が終わり、きょろきょろしている。 ・Sくんが泣き止まず、しばらく抱っこで外に出て気分転換する。 ・「くまさんくまさん」を保育者にしてもらい、気持ちよさそうに喜んでいる。 ・「こんにちは」の所でうれしそうに笑う子どもが多い。 ・両足を上げておしりを上げるしぐさが気持ちいいようで、皆声を上げて喜ぶ。 ・Sくんが泣きやみ、保育室に戻ってくる。	・保育室全体の様子を確認できるような位置で、おもちゃで遊ぶ子どもをアクシデントのないように見守る。 ・実習生の呼び掛けで、子どもを順次マットに寝転ばせる。 ・ぐずる子どもに対応する。 ・保育者一人につき、子ども2名の割合で受け持ち、音楽に合わせて子どもの手足をやさしく動かす。 ・受け持った子どもたちの状態を注意深く見守りながら、音楽に合わせ、歌をうたいながら笑顔で子どもに対応する。 ・うたうように声を出すKちゃんに「お歌上手だね～」とほめる。 ・「皆もお歌、うたえるかな」と他の子どもを促す。 ・Sくんが泣き出したので、抱っこしてマットから離れてあやす。 ・保育者が一人抜けたので、その分受け持ちの子どもが増えて、実習生と共に受け持ちをすぐに打ち合わせする。 ・受け持つ子どもが決まり、順々に「くまさんくまさん」を行う。 ・行うときは、子どもと目を合わせ、やさしくほほえみながら行う。 ・両方の足を上げるところで、おむつの状態を確認し、おしっこがたまっていそうな子どもには「終わったら取り替えようね」と声を掛ける。 ・こんにちは、の所でほっぺたに手を合わせるなど、アレンジを考えてくださる。 ・実習生に「くまさんくまさん、みんな終わったよ」と伝える。 ・Sくんを抱っこして戻ってくる。	・設定保育の全体の流れを保育者の各先生方にお伝えする。 ・あらかじめ用意しておいたマットを敷き、音楽用のCDプレーヤーをセットする。 ・音楽を流しながら、「みんなでごろんするよ」と声を掛ける。 ・音楽に合わせて、機嫌よく寝転んでいる子どもの腕や足をリズミカルに動かす。 ・手、足だけでなく、顔を手のひらでつつみこんだり、ほっぺをつんつんするなど、子どもが喜びそうなことをアレンジしてふれあいを楽しむ。 ・歌を歌い始めたKちゃんに保育者と一緒に「上手だね」と褒める。 ・Kちゃんにつられて声を出し始めた子どもにも「上手だね」と褒め、一緒に声を合わせてうたう。 ・泣き出したSくんに「Sくんどうしたかな。ねむねむかな」と声を掛け、保育者に対応をお願いする。 ・CDの終了と共に、次の遊びである「くまさんくまさん」について「次はくまさんくまさんやるよ」と声掛けをする。 ・Sくんと保育者が外に出たことで、3名で7名の子どもを見ることになり、受け持ち担当を打ち合わせする。 ・自分の受け持ちの子ども達に「くまさんくまさん」を行う。 ・他の子どもが行っている間、他の子どもは退屈しないかと思っていたが、意外に他の子どもの様子を見ているだけでも楽しいようで、退屈して泣き出す子どもはいなかった。 ・子ども一人3回ずつくらい、ゆっくり行ったところで、バンダナを用意し、「いないいないばあ」に入る。

時　間	環境構成	子どもの活動	保育者の援助と配慮	実習生の動きと気づき
		・Sくんが「くまさんくまさん」を行うのを見ている子どももいる。	・戻ってきたSくんに「おかえりー」と声を掛けて喜ぶ。 ・「Sくんのくまさんくまさん上手だねー」と同囲の子どもに声を掛け、一緒にうたう。	・Sくんに「くまさんくまさんやろうか」と声を掛け、行う。 ・Sくんは皆に見られながら一人だけ「くまさんくまさん」を行い、うれしそうに笑ってくれた。気分が乗らないときは無理強いをせず、しばらく気分転換を行うことが大切だと思った。
10:25	・マット、CDプレーヤーをしまう。	・「いないいないばあ」を保育者にしてもらい、喜ぶ。 ・手を出して、保育者の顔のバンダナをとろうとする ・保育者に抱っこされて、マットの外に出る。	・「いないいないばあ」を受け持ちの子どもと楽しむ。 ・バンダナで顔をかくし、「先生どこかな〜」と声を掛けて子どもの自発的な行動を促す。 ・実習生の終わりの合図と共に、子どもをマットの外へ移動させる。	・時間が押してしまったが、「最後にいないいないばあするよ」と声を掛け、受け持ちの子どもに「いないいないばあ」をして見せる。 ・「楽しかったね」と声を掛け、片付けを始める。

本日の実習から学んだこと、明日への課題	今日1日、ご指導ありがとうございました。設定保育のふれあい遊びでは、想定していたよりもくまさんくまさんの時間が多くなり、いないいないばあにあまり時間がかけられませんでした。ただ、泣き止まなかったSくんが帰ってきたときに、泣き止んだことを先生方がほめて皆で喜んでいたのはとても印象的でした。時間通りにプログラムをこなすことより、一人ひとりの子どもの気持ちを大切にすることに共感しました。音楽に乗って楽しく、子ども達の五感を刺激できたと思います。

指導者からの所見

部分実習、大変お疲れ様でした。いないいないばあは、あまり時間がなくなってしまいましたが、保育園では予定通りにいかないことが日常茶飯事です。そのときどきで子どもの様子を見ながら、対応していけばいいので、問題ありません。子どもの気持ちを第一に考えることに共感してくれて、うれしく思いました。明日も頑張ってください。

総合評価 ★★★☆

Point!

1 保育者とのコミュニケーションは綿密に

忙しい保育士さんに話し掛けるのは気が引けるかもしれませんが、日々の保育に関することであれば、遠慮せず、積極的に声を掛けてアドバイスをもらいましょう。そして日誌にもそのことを記録しておきましょう。

2 保育者の援助は具体的に

保育者が行った援助は、なるべく具体的に記録しておきましょう。後に読み返したときに、参考になります。

改善例

抱っこからマットにおろされて泣き出す子どもを、再び抱っこするなどしてあやす。泣いた子どもにつられて泣き出しそうにしている子どもには、「何が始まるかな」と言葉掛けを行い、様子を見る。

3 開始の声掛けと個人への言葉掛け

遊びなどの開始のときに全体に呼び掛ける「声掛け」と、個々の子どもに行う「言葉掛け」があります。日誌にはできるだけ、どちらも記録しておきましょう。

改善例

機嫌よく寝転んでいる子どもには、音楽に合わせて、腕や足をリズミカルに動かしながら「○ちゃん、足を動かすよ」と名前を入れて言葉掛けをする。

4 「環境構成」はコメントもOK

環境構成の欄には、見取り図の他に、そのときに準備したものなど、環境に関することを文字で記入してもOKです。

発達のめやすと保育のポイント

歩き始め、行動範囲がぐんと広がります。大人の使っている道具に興味を持ち、真似をして道具を使うようになり、食事ではスプーンを使って自分で食事ができるようになります。また、自分の要求を大人に分かってもらいたい気持ちが強くなり、指差しや身振り、片言で伝えようとします。

1歳の生活面・運動面の発達のめやす

【生活面】
- ●指先が発達し、簡単な道具を使えるようになる。
- ●自己中心的だが、他者への興味、関心が出てくる。
- ●睡眠、食事、排泄がある程度一定になる。
- ●何でも一人でやり始めようとする。
- ●簡単な言葉が出始める。

【運動面】
- ●歩くことができ、行動範囲が広がる。
- ●物をちぎったり、たたいたりできるようになる。
- ●階段や椅子などをよじ上る。
- ●物を押したり、引いたりできるようになる。

◆「保育所保育指針」より◆

「1歳以上3歳未満児の保育に関わるねらい及び内容」より抜粋
- ●保育士等の愛情豊かな受容の下で、安定感をもって生活をする。
- ●食事や午睡、遊びと休息など、保育所における生活のリズムが形成される。
- ●保育士等や周囲の子ども等との安定した関係の中で、共に過ごす心地よさを感じる。
- ●保育士等の受容的・応答的な関わりの中で、欲求を適切に満たし、安定感をもって過ごす。
- ●安全で活動しやすい環境での探索活動等を通して、見る、聞く、触れる、嗅ぐ、味わう などの感覚の働きを豊かにする。
- ●玩具、絵本、遊具などに興味をもち、それらを使った遊びを楽しむ。
- ●保育士等の応答的な関わりや話しかけにより、自ら言葉を使おうとする。
- ●生活に必要な簡単な言葉に気付き、聞き分ける。
- ●親しみをもって日常の挨拶に応じる。
- ●水、砂、土、紙、粘土など様々な素材に触れて楽しむ。
- ●音楽、リズムやそれに合わせた体の動きを楽しむ。
- ●生活の中で様々な音、形、色、手触り、動き、味、香りなどに気付いたり、感じたりして楽しむ。

保育のポイント ▶▶▶▶▶▶▶▶▶▶▶▶▶▶▶▶▶▶▶▶▶▶▶▶▶▶▶▶▶▶▶▶▶▶▶▶

◆個人差を比べないで
早くに歩き始める子どももいれば、なかなか歩かない子どももいたり、言葉についても同様に、この時期の子どもは、発達に大きな個人差があります。発達の度合いを比べて問題視せず、個々の成長にあった保育を心掛けるようにしましょう。

◆自己主張を受け入れよう
思い通りにならないと、かんしゃくを起こすなど、自己主張が見られるようになります。ほうっておくのではなく、そうねそうね、と怒る気持ちを理解してあげることが大切です。

◆ゆっくり見守り、手助けを
様々なことに興味を持ち、何でも自分でやってみたくなりますが、うまくいかず、時間がかかることも。すぐに手をさしのべるのではなく、ゆっくり見守り、声を掛けてからサポートするようにしましょう。

遊びの指導・チェックポイント ▶▶▶▶▶▶▶▶▶▶▶▶▶▶▶▶▶▶▶▶▶▶▶▶▶▶▶▶▶

◆全身遊びを取り入れよう
自分で動くことが楽しい時期なので、マットレスや段ボールなど、身近なものを使ってかんたんなアスレチックコースを作り、体全身を使う遊びをしましょう。

◆何でも口に入れるので注意
積み木やブロックを積んだり、紙をちぎるなど、指を使う遊びは脳の刺激にもなり、おすすめですが、1歳の子どもは食べ物でないものも口に入れてしまうので、十分に注意しましょう。

◆積極的に野外へ
好奇心がどんどん広がる時期。積極的に外にも出かけるようにしましょう。夏は水遊び、秋は枯れ葉など、自然のもので感触も楽しめるものを使った遊びを取り入れましょう。

具体的な1歳児の遊びの例は、「小麦粘土遊び」(P49)や「新聞紙ちぎり」(P53)などがあります。

1歳 一人ひとりに合った関わり方を

7月31日（水） 天気 晴れ	指導者：田中 美枝先生	実習生氏名：二階堂 瞳

1歳児 ほし組 男児：6名（1歳4か月2名、1歳5か月1名、1歳8か月2名、1歳11か月1名）女児：6名（1歳5か月3名、1歳7か月1名、1歳10か月2名）計12名　欠席：0名

実習のねらい	・一人ひとりの子どもに合った関わり方をする。
保育のねらいとおもな活動	・水遊び、リズム遊びを楽しむ。

時 間	環境構成	子どもの活動	保育者の援助と配慮	実習生の動きと気づき
9：00	・保育室 ○＝保育者　○＝実習生 ◎＝子ども	○順次登園する。 ・荷物をフックにかけ、ロッカーに入れる。 ○自由に遊ぶ。 ・たたき合ったり、押し合ったりする子どもが何名か見られた。**2** ○おもちゃ、絵本の片付け。 ・切り替えができずに遊び続ける子どももいる。	・保護者と子どもに笑顔で挨拶する。 ・子どものその日の機嫌や体調について、保護者に確認をする。 ・連絡帳に目を通す。 ・朝の支度をしないで遊んでいる子どもには、するように促す。 ・危険のないように見守りながら、一緒に遊ぶ。 ・見通しが持てるように、おやつを食べるから片付けをすることを伝え、**4** 一緒に片付ける。	・一人ひとりと目を合わせながら、笑顔で挨拶する。 ・保護者の方と家庭での子どもの様子や家族構成について伺う。**1** ・泣きやまない子どもには抱っこなどでスキンシップを行う。 ・連絡帳に目を通す。 ・朝の支度をしないで遊んでいる子どもには支度をするように促す。**3** ・危険のないように見守りながら、一緒に遊ぶ。 ・遊びを続けているY君に「Y君、ないないできるかな。」とやさしく声を掛けて片付けを促す。
9：30		○おやつ （牛乳、おかき） ・皆そろったらいただきますをする。 ・おかきの袋をうまく開けられず、いらいらしている子どももいる。 ・袋をうまく開けられなかった子どもは先生に補助してもらい、食べる。 ・片付けをする。 ○排泄する。 ○手洗いする。	・お手拭きタオルを準備する。 ・おやつの準備。 ・「いただきます」の挨拶をする。 ・指先の発達を促すため、おかきは袋から出さずに、そのまま渡す。 ・全員そろったらいただきますの合図をする。 ・皆元気に食べているか、状態を確認。 ・うまく開けられずに困っている子どもの補助をし、皆おやつを食べたことを確認してごちそうさまをする。 ・片付けをする。 ・トイレトレーニング。トイレで排泄ができた子どもには「上手にできたね。気持ちよかったね」と褒める。トイレでできなかった子どもには無理強いはしない。 ・必要な子どもはオムツ交換。 ・手洗いの確認。	・お手拭きタオルを準備する。 ・おやつ、牛乳の配布を手伝う。 ・テーブルにつき、声を合わせて「いただきます」をする。 ・いらいらしている子どもに手助けしたほうがいいのか、手を出さないほうがいいのかまよった。**5** ・声をそろえてごちそうさまをする。 ・片付けをする。 ・トイレトレーニングを補助する。トイレに行きたがらない子どもには「先生と一緒に行くだけ行ってみようよ」と誘う。 ・オムツ交換を手伝う。 ・手洗いの確認。
10：00		○絵本「パンツのはきかた」を見る。 ・最後まで集中して見ている子ども、絵本にさわろうとする子ども、立ち歩く子どもがいる。 ・立ち歩く子どもは保育者に声を掛けられ、促されてみんなの座っている位置に戻る。	・絵本の導入部分は、子どもがわくわくするような問い掛けをする。 ・子どもとの関わりを大切にしながら読み進める。**6** ・立ち歩く子どもについて歩き、小声で話し掛け、もとの位置に戻るように促す。 ・絵本のほうに関心が行くように、読み手の保育者の応答に子どもと一緒に答え、子どもの関心と集中を促す。	・子どもが絵本に集中できるような場の雰囲気作りを学ぶ。 ・保育者の応答に対して、子どもがより関心を持つように、一緒に応答を楽しむ。 ・保育者と共に、立ち歩く子どもについて歩き、皆と一緒に絵本を見ようと誘う。 ・関心が絵本に向かうように、絵本のほうを指差したり、見に行ってみようと手をつないで誘ったりする。

時　間	環境構成	子どもの活動	保育者の援助と配慮	実習生の動きと気づき
10:30	・2階テラス　柵 たらい （図）	○水遊びをする。 ・ズボンを脱ぎ、2階のテラスに行き、たらいの中の水とおもちゃで自由に遊ぶ。 ・おもちゃの貸し借りをする。 ・もう一つのグループと交代。着替えた子どもから自由に遊ぶ。	・事故防止のため、ゆっくり遊べるように2つのグループに分けて水遊びをする。 ・涼しく遊べるように頭に水をかけてあげたりしながら、一緒に遊ぶ。 ・水遊びを終えて階段を降りるときは、安全な降り方を伝えて事故を防ぐ。 ・熱中症予防のため給水を促す。	・子どもを見守りながら、一緒に水遊びを楽しむ。 ・水遊びを終えた子ども達が、座って他の子どもを待っていられることに驚く。 ・最初のグループと共に保育室に戻り、給水、着替えの援助をする。
11:10	・保育室 ピアノ （図）	・給水する。 ○リズム遊びをする。 ・ピアノに合わせて体を動かしながら、いろいろな生き物（ゴリラ、すいか、ワニなど）になりきる。	・全員部屋に入ったことを確認する。 ・子ども達をしっかり見ながらピアノを弾く。 ・子ども達の手本になるように、大きな声で歌をうたいながら、子ども達に次になるものを指示する。	・Kちゃんが少し眠たそうにしていたので、給食前なので一緒に外に出るなどして、気分転換する。 ・保育室に戻り、一緒にリズム遊びを楽しむ。 ・楽しく体を動かせるように、自分自身も楽しみながら笑顔で遊びに加わる。
11:30	テーブル （図）	○給食（切り干し大根、南蛮づけ、ご飯、お味噌汁） ・手を濡れタオルで拭き、エプロンを着ける。 ・給食を食べる。 ・スプーンがうまく使えず、イライラしている子どもがいる。 ・口の周りと手を拭く。	・給食の配膳。おかず→ご飯の順に配る。 ・全員そろって、いただきますの挨拶をする。 ・各テーブルに一人ついて食事の援助をする。 ・食べ終わる頃、器の中のご飯を集めて、食べやすいようにする。 ・うまく食べられなくても、自分で食べようとする気持ちを尊重する。 ・お茶を飲んだか、口の周りと手を拭いたかを確認する。	・お手拭きタオルの用意。 ・保育者の食事の援助の仕方を学ぶ。 ・うまく食べられずにいる子どもにも、すぐに手をさしのべず、しばらく見守り、自分でやろうとする気持ちを尊重する。 ・食べ終わった子どもを褒めて、自信が持てるようにする。 ・手が食べ物で汚れている子どもは「おててきれいにしようね」と言葉掛けをしながら手を拭く。
12:10	（図） 布団 ベッド	○排泄、手洗い ○午睡 ・保育者に見守られながら入眠。 ・なかなか寝付けないKくんはベッドで眠る。	・トイレトレーニング、オムツ交換。 ・カーテンを閉め、午睡の準備 ・食事の片付けと午睡の見守りを連携しながら行う。 ・落ち着いた雰囲気の中で眠りにつけるように、体をさすったり、トントンしたりする。 ・全員入眠してから食事をとる。	・食事の片付け、午睡の準備 ・テーブルを拭く、布団を敷く。 ・食事の片付けと掃除、洗濯物を干す。 ・昼食をとる。
15:00	・おやつは給食と同じテーブルの配置。	・目覚めた子どもから着替えて、おやつを食べる。 ・水分補給をする。 ・食べ終わった子どもから室内で自由に遊ぶ。	・カーテンを開け、気持ちが切り替わるようにする。 ・オムツのチェック、着替えが必要な子どもの援助をする。 ・牛乳を上手に飲むことができたら褒める。	・着替えが必要な子どもの着替えの援助をする。 ・おやつの後片付け、テーブルをきれいに拭く。
15:30		○順次降園 ・元気よく園庭で走り回って遊ぶ。 ・保護者がお迎えに来た子どもから順次降園。	・安全を見守りながら、お迎えに来た保護者に挨拶し、子どもの様子を伝える。	・保護者の方や子ども達に笑顔で明るく元気な声を心掛けて挨拶をする。 ・保育者の保護者への対応の様子を学ぶ。

本日の実習から学んだこと、明日への課題	今日は一人ひとりに合った関わり方をすることを目標にしましたが、実際はなかなか、子ども一人ひとりにていねいな対応をする気持ちの余裕がなく、1日が過ぎてしまいました。集団の中ではどうしても他の子どもに合わせた行動を要求してしまいがちですが、よく考えるとそれは大人の都合で子どもにはその必要性が感じられないのだと思いました。子ども自身が集団で気持ちを共有し合うことの楽しさを味わうことで、自然に集団行動を楽しむことができるようになるのだと思いました。

指導者からの所見

集団行動の中で、個々の自由な行動をどれだけ尊重するかは、とても難しい課題ですね。まずはすべての子どもに、私たち大人が温かい目を持って見守っていることを感じられる保育をすることで、子ども達が安心してのびのびと個性をのばしていけるのだと思います。押し付けるのではなく、一緒に行動する楽しさを自然に実感できるのが理想ですね。明日も頑張ってください。

総合評価　★★☆☆

保護者との関わりは慎重に

保護者の方と、家庭での子どもの様子について情報交換することは大切ですが、プライバシーに関わる問題も関係してくるので、質問などする場合は、内容を慎重に考える必要があります。また、保護者とのコミュニケーションについて日誌に書くときには、保育に関係することについてのみ内容を記録しておくようにしましょう。

改善例

Sくんは今日おばあちゃんがお見送りで、両親の仕事が忙しく、昨晩は就寝が遅くなってしまったので、寝不足になっている可能性があるとのこと。保育者にもその旨を伝え、様子を見ることにした。

 いざこざは理由も入れて

子ども同士のいざこざは、その理由もわかる範囲で書くようにしましょう。

改善例

おもちゃの取り合いがきっかけで、たたき合ったり、押し合ったりする子どもが何名か見られた。

3 個々への言葉掛けを書こう

この場合、全体への声掛けの内容は、保育者の援助と配慮の部分に書かれていますので、一人ひとりへの具体的な言葉掛けを記すことで、よりよい日誌になります。

改善例

「Dくん、バッグがまだここにあるよ。上手にお支度できるかな」と支度が済んでいない子どもに個々に言葉掛けを行う。

Point!
4 保育者の声掛けはその意図も記録するとよりgood!

保育者が子ども全員に向かって行う声掛けは、子どもに何を伝えるためなのかも合わせて記録しましょう。今後、自分で声掛けを行うときの参考になります。

5 判断にまよったことはできる限りその日に解決

子どもをどのように援助したのか、判断にまよう場面は多々あるかと思います。まよったことはなるべくその日のうちに、指導いただく先生に意見を聞き、その旨も日誌に合わせて書くようにしましょう。

改善例

イライラしている子どもに手助けしたほうがいいのか、手を出さないほうがいいのかまよった。後で先生に伺った所、すぐには手を出さず様子を見て、どうしてもできないようなら援助するように、とのことだった。

6 保育士の学ぶべき声掛けは具体的に紹介

絵本を読む前の、子どもをわくわくさせるような声掛けや、子どもの集中力を引き付けるような応答の声掛けは、具体的にどんな内容だったのか、合わせて記録しておくと、参考になります。

改善例

・絵本の導入部分では、「あれ？ これなーんだ？ さあ、どんなお話かな？ 読んでみようか」と、子どもが絵本を開くことにわくわくするような問い掛けをする。
・「ブタさん、何やっているのかな？」と子どもと会話をするように応答を楽しみながら読み進める。

 子どもの成長の姿を見逃さない

子どもが見せた予想以上の成長の姿は、日誌にも記録しておきましょう。また、それに対して言葉掛けを行った場合は、そのことも記録しておきましょう。

改善例

水遊びを終えた子ども達が、座って他の子どもを待っていられることに驚く。「みんなえらいね。座ってお友だち待っていられるんだね」と褒める。

小麦粘土で遊ぼう

| 8月　2日（金）　日案・⊂時案⊃ | 指導者：　田中　美枝　先生 | 実習生氏名：二階堂　瞳 |

1歳児　ほし組　男児：6名（1歳4か月2人、1歳5か月1人、1歳8か月2人、1歳11か月1人）女児：6名（1歳5か月3人、1歳7か月1人、1歳10か月2人）計12名

| 子どもの姿 | ・一人遊びが主体で、友だちと協調性を持つことができない。①
・たたく、つまむなどの手や指を使う遊びを楽しむ。 | ねらい | ・小麦粘土の感触を楽しみ、手指を使って粘土の形を様々に変えることで、指先の運動機能を高める。 | 活動内容 | ・小麦粘土を使って、ちぎったり丸めたりして遊ぶ。 |

時　間	保育の流れと環境構成	予想される子どもの姿	援助活動および指導上の留意点
10:00 10:30	準備するもの ・小麦粘土（小麦粉、塩、水、サラダ油、食紅（黄、赤）。 ＊小麦粘土はあらかじめ作っておく。 ・画用紙（茶色）1枚 ・ビニールシート3枚 ・トレイ、器各3つ ・お手拭きタオル ［見取り図：押入／本棚／ピアノ／子ども／テーブル／ベッド／ロッカー　◎＝実習生］ ［大きなアイスクリームの図：小麦粘土／画用紙］③	○実習生の話を聞く ・大きなアイスクリームに興味を持つ。 ・小麦粘土に触りに来る子どもがいる。 ・あまり興味を示さない子どももいる。 ○テーブルの方に移動する② ・興味を示さず、他の遊びをしたい子どももいる。 ・保育者の持っているアイスクリームをちぎって、口に入れようとする子どもがいる。 ・トレイの上の小麦粘土に手を出し、不思議な感触や形が変わる楽しさを感じる。 ・触ろうとしない子どももいる。 ・保育者の真似をして、トレイの小麦粘土に触る。 ・小麦粘土をちぎり、プラスチックの器やトレイに入れては出すの遊びを楽しむ。 ・ちぎったりのばしたり、それぞれ思い思いに小麦粘土を触って楽しむ。 ・自分でイメージをふくらませて、いろいろな形にする。 ・遊び終わった子どもから遊んでいた粘土をトレイに戻し、手を拭く。	・小麦粘土に興味を持ってもらうために、始めに大きなアイスクリームを見せる。 ・アイスクリームの部分（小麦粘土）をのばしたりちぎったりして見せる。 ・興味を示さない子どもには名前を呼び、楽しいことをしていることが分かるように言葉掛けをする。 ・「一緒にアイスクリーム作ろうよ」と誘う。 ・興味を示さず、他の遊びをしている子どもには、強要をせずに待ち、楽しいことをしていることが分かるような言葉掛けを行う。 ・粘土を口に入れてはいけないことを伝える。 ・各テーブルに、あらかじめ作っておいた小麦粘土をのせたトレイを置く。 ・自分から触ろうとしない子どもには、保育者が適当な量をちぎって渡す。 ・器にちぎって入れたり出したりの遊びが気に入った子どもが多い場合は、器の数を増やす。 ・口に入れないように気をつけながら見守る。 ・一人ひとりの子どもの発見やつぶやきにていねいに共感する。④ ・たくさんの擬態語を使って、子ども達に分かりやすく小麦粘土の感触を伝える。 ・子どもが飽きてきた様子を見計らって、トレイを粘土に戻すように伝え、手を拭く。

| 反省と評価、考察 | 今日はほし組で初めての小麦粘土遊びで、子ども達がどんな反応をするか、楽しみにしていました。導入の部分で、最初から粘土を触らせず、子ども達の「やってみたい」という気持ちを高めようと思ったのですが、子ども達は何が始まるのか落ち着きがなく、かえって最初から小麦粘土を触れる態勢にしておいたほうが、よかったのかもしれません。 |

指導者からの所見

初めての小麦粘土に、子ども達は興味津々でしたね。指導案通りに進めることはほとんどできないので、その場の流れで、早く子どもに粘土を触らせたほうがいいと思ったら設定を変えることは問題ありません。子ども達は飽きることなく楽しく遊んでいたので、遊びの幅が広がり、よい実習になったと思います。お疲れ様でした。

総合評価 ★★☆☆

Point!

1 子どもの姿は肯定的に

「子どもの姿」は、子どもの様子をできるだけ肯定的にとらえ、書くようにしましょう。

改善例

> 身の回りのものに興味を持ち、それぞれが一人遊びを楽しんでいる。

2 遊びの途中での移動は考慮して

子どもの気分転換のための移動はかまいませんが、特に低年齢の子どもは、場所を移動するのは難しく、集中力が途切れることもあります。途中での移動はなるべく減らすように設定しましょう。

改善例

> ○（最初に）テーブルに座り、保育者の話を聞く。

3 環境構成には工作仕上がり図も入れてOK

工作などを予定している場合は、指導案の環境構成に、簡単な仕上がりのイメージ図を入れると、指導者の先生にも具体的なイメージが伝わります。

4 流れだけでなく、試みたい援助の内容も盛り込もう

指導案は、全体の進行の仕方を追うことに終始してしまいがちですが、進行の仕方以外に、実習を通して子ども達に伝えたいことや大切にしたいことなども、盛り込んでおきましょう。当日、意識して実習に臨むことで、子どもの気持ちに寄り添うことができるでしょう。

1歳児遊び例

＜小麦粘土遊び＞

遊び方

●所用時間：30分
●準備するもの：小麦粘土（小麦粉、塩、水、サラダ油、食紅（黄、赤など））、画用紙（茶色）、ビニールシート、ボール、器、お手拭きタオル
＊小麦アレルギーに注意すること

①ボールに小麦粉に少量の塩とサラダ油を入れ、水を少しずつそそいで好みのかたさにする。

②粘土に色素を混ぜ込み、よくこねて完成（ここまでを子どもに見せるようにして行ってもいい）。

③テーブルにビニールシートを敷き、小麦粘土の感触や形の変化をじっくり楽しむ。

④小麦粘土をアイスクリームに見立て、画用紙につつんで大きなアイスクリームを作る。

⑤小麦粘土でイメージをふくらませてさまざまな形を作り、作ったものを見立てて遊ぶ。

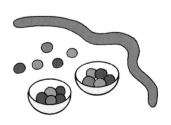

⑥その他、小さくちぎって器に入れたりして遊んだり、へびのように長くして長さを競い合うなど、月齢に応じた遊びをする。

1歳 子どもの新たな一面を発見する

8月2日（金）天気 曇り一時雨	指導者：田中 美枝 先生	実習生氏名：二階堂 瞳

1歳児 ほし 組　　男児：5名(1歳4か月2名、1歳8か月2名、1歳11か月1名) 女児：6名(1歳5か月3名、1歳7か月1名、1歳10か月2名) 計11名 欠席：1名

実習のねらい	・子どものイメージが広がる言葉掛けを行い、子どもの新たな一面を発見する。
保育のねらいとおもな活動	・小麦粘土の感触を楽しみ、手指を使って粘土の形を様々に変えることで、指先の運動機能を高める。

時 間	環境構成	子どもの活動	保育者の援助と配慮	実習生の動きと気づき
10:00	・保育室 [保育室の見取り図] 押入、本棚、ピアノ、ベッド、テーブル、ロッカー ○=保育者　◎=実習生 ●=子ども	○設定保育 ・準備が終わるまで、保育者と絵本を読んだり、おもちゃで遊んでいる。 ・実習生がビニールシートをテーブルに貼っていることに興味を持ち、何人か集まってくる。 ・絵本やおもちゃに夢中で、注目しない子どももいる。 ・Hちゃんが実習生の真似をしてテープを貼りたいとテープを取ろうとする。 ・他の子どももテープを貼りたいと取り合いになる。 ・保育士に促されて準備ができるまで、他のおもちゃで遊ぶ。	・実習生の準備が整うまで、子ども達に絵本の読み聞かせや、おもちゃを使って子どもたちと遊んでいる。 ・実習生のほうに興味を持って側に行く子も、興味を持ちながらも絵本を見ている子もなど、子どもがばらけたので、連携をとりながら、安全を確認して見守る。 ・しばらく実習生と子どものやり取りを見守ってくださっていたが、子ども同士がテープの取り合いでたたき合いのケンカになったので、間に入ってくださる。 ・「これは先生が使うものだから、先生に返そうね」と子どもを納得させてテープを返すように促す。 ・準備が整うまで、子ども達の関心が実習生に向かわないように、分担しておもちゃや絵本などで遊ぶ。	・保育者が絵本の読み聞かせやおもちゃでの遊びを行っている間に、テーブルにビニールシートを敷き、ガムテープでとめる。 ・何人か集まって、興味深そうに見ている子どもに「何が始まるのかな？」と言葉掛けをする。 ・テープ貼りを手伝おうとテープをほしがる子どもに渡してしまう。❶ ・テープを何人かで取り合いになり、たたき合いになったので、テープを取り上げ、たたいた子どもをしかる。 ・ケンカがおさまった所で、「お手伝いしてくれてありがとう。❷みんなにはまだちょっと難しいから、先生がやるね」と子ども達に説明する。 ・テープが曲がるなどして、シートがうまく貼れず、しわができてしまったが、無事貼り終え、子ども達に声掛けをして、集まってもらう。 ・「皆、これ何だろう？」と小麦粘土で作った大きなアイスクリームを見せる。 ・小麦粘土の部分をちぎって見せて、のばしたりれめたりする。 ・バットの上に入れた小麦粘土を各テーブルごとに配る。 ・子どもの様子を見ながら、遊び方が分からないようにしている子どもと一緒に粘土に触れる。 ・子どもが小麦粘土の感触を楽しめるように、ぺたぺた、むにゅむにゅ、びよーんなど様々な擬態語を使って表現する。
10:10	[保育室の見取り図] 押入、本棚、ピアノ、ベッド、ロッカー	・実習生の呼び掛けに振り向き、テーブルのほうに向かって来る。 ・アイスクリームの形の小麦粘土に興味を持つ。 ・歩ける子どもは自分から近づいて来る。 ・保育士に抱っこされて近くに来る子どももいる。 ・小麦粘土をじっと見ているが、触ろうとしない。❸ ・小麦粘土に触れる。ちょんちょん触ったり、指でつまんだり、引っぱったり、ぺたぺたたたいたりする。 ・全員が夢中になって粘土遊びを楽しんでいる。	・子どもが安全に移動できるように見守り、歩行がおぼつかない子どもは手をつなぐなどしてテーブルのほうに誘導する。 ・子ども達を均等にテーブルに座らせる。 ・子どもの反応を見守り、つぶやきにていねいに共感する。 ・子どもと一緒に小麦粘土がよくのびることに驚く。 ・自主性を引き出すために、子どもが小麦粘土に自ら触ってみようとするのを見守り、強要はしない。 ・感触をより楽しめるように、子どもの手首に小麦粘土を巻いたり、ハートや星など様々な形を作って見せたりする。 ・子どもが作る形に共感し、「長いのできたね」「大きい丸だね」と、たくさん言葉掛けをする。	・同じテーブルになった子ども達と一緒に、太いへびと細へびを作って楽しむ。

時　間	環境構成	子どもの活動	保育者の援助と配慮	実習生の動きと気づき
		・保育者や実習生の真似をして小麦粘土を丸めたりのばしたりして遊ぶ。 ・自分で作ったものを何か（バナナ、へびなど）に見立て、歌を作ってうたい始める。 ・横にいる子どもによっても遊び方や集中力が変わる。	・もっと楽しくするために、子どもが作ったものに関する歌を一緒にうたい、ふりつけや手拍子なども入れて楽しむ。 ・消極的な子どもも見立て遊びを楽しめるように、「何を作ったの？」と積極的に声を掛ける。	・子どもが口真似をしながら、保育者や実習生と同じ動作をする姿を見て、子どもの観察力と模倣の能力に驚く。 ・小麦粘土の楽しい遊び方を保育者、子どもからも学ぶ。 ・一緒に歌をうたったり、見立て遊びをして楽しむ。
11：00	・テーブルからビニールシートをはがし、小麦粘土はタッパーに入れて冷蔵庫へ。	・遊び終わった子どもから手を拭いてもらい、自由遊びをする。	・自由遊びを見守る担当と、給食の準備に分かれる。	・遊び終わった子どもの手を拭く。 ・後片付けをする。

本日の実習から学んだこと、明日への課題	今日もご指導、ありがとうございました。導入の部分で、ビニールシートのテープ貼りに、子ども達があれほど関心を示すことは想定外でした。しかし、子どもの「お手伝いしたい」という気持ちの発見につながり、大変うれしく、そのことを引き出せたことを考えると、これでよかったのかとも思いました。シートをテーブルにぴったり貼るのは意外に難しく、しわがよってしまい、もう少しきれいに貼れれば、丸める作業などがもっとしやすかったと思います。

指導者からの所見

今日は小麦粘土もしていただき、子ども達もよく遊んでいましたね。お手伝いですが、特に女の子は、大人のすることを同じようにやってみたいという気持ちが強く出ることがあります。すばらしいことなのですが、無理をすると、怪我やアクシデントにつながることもあります。やりたいという気持ちを認めつつ、難しい面は保育者が行うことを伝えていく必要があります。

総合評価 ★★★☆

 1 判断したことは動機も述べて

自分の考えで子どもへの対処を判断した場合は、なぜそうしようと思ったのかの動機も合わせて記述するようにしましょう。

改善例

お手伝いしたいという気持ちを尊重したいと思い、子どもにテープを渡した。

 2 子どもの気持ちを汲み取ろう

ケンカなど想定していなかったアクシデントが起こった場合、たとえそのことがきっかけで、進行が遅れたり、ケンカになってしまったとしても、子どものやりたいという意欲を引き出せたことはその子どもの成長ととらえ、その行いをケンカとは切り離して褒めるようにしましょう。

 3 子どもの表情にも着目しよう

特に、言葉がまだうまく話せない幼児は、表情を読み取ることが大切です。

改善例

小麦粘土を不思議そうにじっと見ている。初めて見たからか、触っていいものか、とまどっている様子だった。

Point!

4 遊びの発展は理想の姿

子どもが自ら考えて遊びを発展させることは、保育における遊びの理想の姿です。たとえそれが計画通りのことでなくても、できるだけ受け入れ、その意志を十分認めるようにしましょう。

新聞紙ちぎり

11月　1日（金）　日案・(時案)	指導者：加賀谷 邦彦　先生	実習生氏名：鈴木　颯太

1歳児 つばめ組 男児：5名(1歳4か月2名、1歳7か月1名、1歳8か月1名、1歳11か月1名) 女児：5名(1歳7か月2名、1歳9か月1名、1歳10か月2名) 計 10 名

子どもの姿	・音のでるおもちゃや、手や指を使う遊びを楽しむ。 ・一人遊びが主体だが、おもちゃの受け渡しなど友達と関わりながら遊ぶ姿も見られる。	ねらい	・友達と同じ遊びを楽しむ。 ・新聞紙をちぎるときの音や感触を楽しむ。 ・<u>最後に皆で片付けをする。</u>❶	活動内容	・新聞紙を1まいずつ渡し、こまかくちぎる。 ・ブロックでわくを作り、中にちぎった紙を入れて紙のお風呂を楽しむ。

時　間	保育の流れと環境構成	予想される子どもの姿	援助活動および指導上の留意点
10:00 10:30	準備するもの ・新聞紙（4〜5日分） ・洗面器 ・ゴミ袋 ・ブロック（軟らかいもの） ［図：本棚、テーブル、ロッカー、棚、子どもと実習生の配置図］ ◎＝実習生　◯＝子ども ［図：本棚、テーブル、ロッカー、棚、子どもと実習生の配置図］	○実習生の呼び掛けに注目する。 ・新聞紙を渡されて、どうしていいか、とまどう子どももいる。 ・実習生が新聞紙をやぶくことに驚き、心配そうにしている子どももいる。 ・ビリビリという音を喜ぶ子どももいる。 ○一人、二人と新聞紙をそろそろやぶき始めると、他の子どもも真似してやぶき始める。 ・思い思いに、好きなように新聞紙をやぶいて遊ぶ。 ○舞い上がる新聞紙を手で受けとめたり、寝転がって見上げたりする。 ・洗面器にちぎった新聞紙を入れて集める。 ・保育士の誘導のもと、集った新聞紙をブロックの中に入れる動作を操り返す。 ○ブロックわくの中にかわりばんこに入る。 ・<u>お風呂に見立てて遊ぶ。</u>❹ ○片付けを手伝う。	・実習生の周りに集まるように子どもに呼び掛ける。 ・<u>新聞紙を1枚ずつ、子どもに渡す。</u>❷ ・やり方の説明。ちぎって見せる。 ・「みんなもやってごらん」とちぎっていいことを伝え、遊びを誘導する。 ・ふだんはしてはいけないことを、思い切り楽しむので、少々おおげさに大きな音を出してダイナミックにちぎってみせる。 ・子ども達が新聞紙ちぎりを楽しんでいるか、一人ひとりの様子を見て回る。 ・<u>新聞紙の上を歩いてすべって転ばないように注意して見守る（事前に保育者に申し送り）。</u>❸ ・ちぎり終わったら、ちぎった新聞紙を紙吹雪のように舞い上がらせて雨ごっこをする。 ・雨ごっこをひとしきり行ったら、洗面器をいくつか置き、ちぎった新聞紙をこの中に集めるように伝える。 ・ブロックで大きなわくを作り、その中に集めた新聞紙を洗面器で運んで集めるように子どもに伝える。 ・自分でもやってみせる。 ・あらかじめちぎったおいた新聞紙をわくの中に補充する。 ・ブロックわくをお風呂に見立て、子ども達をかわりばんこに入れて遊ぶ。 ・子どもが紙にすべらないように気をつけて見守る。 ・時間になったら、ゴミ袋にちぎった新聞紙を入れて片付けを行う。 ・時間があまったら、新聞紙の入ったゴミ袋をボールに見立てて遊ぶ。
反省と評価、考察	新聞紙ちぎり遊びは1歳児にはまだ難しいかと思ったのですが、とても喜んで遊んでくれたのでほっとしています。普段家庭では紙をやぶるという行為はしてはいけないことになっていると思うので、普段の生活にはない、解放感があったのではないかと思います。子ども達のうれしそうな表情も印象的でした。		

指導者からの所見

ビリビリとダイナミックにやぶく先生の姿を心配そうに見ている子どももいて、興味深かったですね。紙のやぶれる音を楽しんだり、自分の力でやぶったり、集めたりする楽しさを十分味わえたのではないでしょうか。いつも散らかすことをとがめられている子ども達が、今日だけは思い切り散らかすことが許されて、のびのびと楽しめたと思います。

総合評価 ★★☆☆

1 してほしいことと、ねらいは別

子どもにしてほしいことと実習のねらいは別です。この場合、片付けを皆で行うことで子どものどういう育ちをねらっているのかを書くようにしましょう。

改善例

最後に皆で片付けを行うことで、協力し合って行うことの達成感を味わう。

2 子どもの自主性を重んじる

保育を行う上で大切なのが、子どもの自主性を引き出すこと。新聞紙に興味を持ち、遊びたいと思い、自主的に遊び始めることを促すようにしましょう。

改善例

新聞紙を床に置き、「今日はこれで遊ぶよ」と広げてやぶいて見せて、自主的に遊び始めることを促す。

3 注意事項はあらかじめ保育者と打ち合わせを

開放感のある遊びに夢中になると、走り回るなどして新聞紙ですべって転び、怪我につながることも。子どもたちが興奮し過ぎないように、あらかじめ保育者と打ち合わせしておきましょう。

Point!

4 具体的な遊びの姿を

指導案では、子どもの遊びの姿をなるべく具体的に想像して記述してみましょう。

改善例

新聞紙を水に見立てて、泳いだり、ちらばらせたりして遊ぶ。

1歳児遊び例

＜新聞紙ちぎり＞

遊び方

●所用時間：30分　●準備するもの：新聞紙（4〜5日分。人数に応じて）、洗面器など（ちぎった新聞紙を集めて運ぶための容器）、ゴミ袋、軟らかいブロック

①新聞紙を広げ、思い思いにちぎって遊ぶ。

②ちぎった新聞紙を雨に見立てて舞い上がらせて遊ぶ。

③ブロックなどで子どもが入れるくらいのわくを作り、洗面器など適当な容器で、ちぎった新聞紙を集めてためる。

④新聞紙のお風呂を楽しむ（必要に応じて、あらかじめちぎっておいた新聞紙を追加する）。

⑤片付けとともに新聞紙をゴミ袋に入れて口をしばる。ボールのように投げたりけったりして遊んでもよい。

1歳 安全を意識して楽しく遊ぶ

11月1日（金）天気　曇り	指導者：加賀谷　邦彦　先生	実習生氏名：鈴木　颯太

1歳児　つばめ組 男児：4名(1歳4か月2名、1歳7か月1名、1歳11か月1名) 女児：4名(1歳7か月1名、1歳9か月1名、1歳10か月2名) 計8名　　欠席：2名

実習のねらい	・安全を意識しながら、子ども達と楽しく遊ぶ。
保育のねらいとおもな活動	・新聞紙をちぎるときの音や感触を楽しみながら、友だちと同じ遊びをすることで楽しさを共有する。

時　間	環境構成	子どもの活動	保育者の援助と配慮	実習生の動きと気づき
10:00	・保育室 ○=保育者 ◎=実習生 ●=子ども ・予備の新聞紙は棚に置いておく。	○設定保育 ・排泄、手洗いから室内に戻って来る。 ・実習生の呼び掛けに興味を持ち、近くに集まって来る。 ・新聞紙の束を発見し、早速手にとってやぶり始める子どももいる。 ・ビリビリという音に引かれて、絵本を見ていた子どもも集まって来る。 ・子ども達が思い思いに新聞紙で遊び始める。①	・おむつ替え、排泄の補助、手洗いが終わり、子ども達に実習生に注目するように言葉掛けをしてくださる。 ・実習生の呼び掛けで、絵本を見ている子どもにも実習生のいるほうへ行ってみようと誘導してくださる。 ・新聞紙ちぎりの遊びがまだよく分からない子どもに、近くでやって見せるなどして、やぶっていいものであることを伝える。 ・子どもと一緒に新聞紙ちぎりを楽しむ。 ・今ひとつ気が乗らなくて眠たそうにしている子どもを抱っこするなどしてあやす。 ・興奮して走り回る子どもには、部屋では友達や家具にぶつかって怪我をするので、走ってはいけないこと、走らないで遊ぼうね、と伝える。	・設定保育の全体の流れと安全面における注意点をあらかじめ先生方に確認する。 ・子ども達に「さあ、みんなで遊ぶよ」と声掛けを行う。 ・用意していた新聞紙の束を子どもに見せると、すぐに何人かの子どもがかけよって来た。先生によるとSくん、Hちゃんは延長保育の際に一度行っており、遊んでいいものであることがわかっているとのことだった。 ・ほしがる子どもにどんどん新聞紙を渡す。 ・子ども達がちぎった新聞紙を持って興奮して走ったり飛んだりし始めたので、新聞紙にすべって転ばないように注意を促し、新聞紙をある程度1か所にまとめる。
10:10		・普段おとなしいKちゃんは、新聞紙をやぶくことにとまどいがあるのか、なかなか一緒に遊ぼうとしない。 ・Kちゃんは実習生と一緒にうまくちぎれたことをきっかけに、小さくやぶいて保育者にどうぞと差し出すあそびが気に入ったようだ。② ・実習生が新聞紙を雪のようにふわふわとちらすのを喜んで、ちらすのを真似したり、寝転んで受け止めたりして遊ぶ。 ・大声を上げて喜ぶ子どももいる。 ・保育士の呼び掛けに気づき、洗面器にちぎった新聞紙を入れ始める。	・Kちゃんが実習生とタイミングを合わせて新聞紙を上手にちぎったことに拍手を送り、「できたね、よかったね」とKちゃんを褒める。 ・それぞれの子どものやぶき方、あそび方を見て回り、「長いねー」「小さいねー」とそれぞれのやり方を褒める。 ・Kちゃんから新聞紙をどうぞされた保育者は、「ありがとう」とていねいに新聞紙を受け取ってくださる。 ・ちらばった新聞紙を子ども達にかけながら一緒に遊ぶ。 ・実習生の呼びかけに応じ、子ども達に洗面器にちぎった新聞紙を集めるように促す。 ・「お片付けかな？　今度は何をするのかな？」と次の展開を促すような言葉掛けをする。	・なかなか新聞紙に手を出さないKちゃんに、「先生と一緒にビリビリしてみようか」と誘い、新聞紙のはしを二人で持ってせーので一緒にやぶくと、Kちゃんが笑って喜んだ。二人で引っ張ってやぶく遊びが他の子どもにも伝わり、Kちゃんも自然に新聞紙やぶりを楽しめる状況になった。 ・一通りやぶいた後、あらかじめゴミ袋に入れて準備しておいたちぎった新聞紙を、雪のように子ども達の上からちらす。 ・ブロックで部屋の一角を区切り、洗面器をいくつかおいて、子ども達に「ここに新聞紙集めて〜」と呼び掛ける。 ・洗面器が一杯になったら、ブロックわくの中に入れるように、やってみせる。
10:20	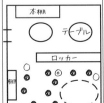			

時　間	環境構成	子どもの活動	保育者の援助と配慮	実習生の動きと気づき
10：30	・ブロックを所定の位置に戻す。	・ブロックわくを自分で乗り越えて入る子どもも、周りで見ている子どもがいる。 ・ひくんは見立てのお風呂の中で寝転がって新聞紙を上からかけてもらい、喜ぶ。 ・順番を守れず、外に出るのをいやがる子どももいる。 ・Oくんが自分からブロックを越えて外に出ると、つられて他の子どもも出て、無事にみんなお風呂を楽しめた。	・「お風呂わいたかなー」とお風呂の見立てごっこを盛り上げるような言葉掛けをしてくださる。 ・「Oくん、順番守れるかな、かわりばんこだよ、どうぞできるかな」と子どもが順番を理解して自主的にゆずれるように促す。 ・Oくんが最初にブロックを越えて友達にお風呂遊びをゆずったことを十分に褒める。 ・他の子ども達にも伝わるように、「みんな、Oくんえらかったね。さすがだね」と友達にゆずれることはえらいことであることを強調する。 ・それぞれが所定の役割で動く。	・「これは新聞紙のお風呂だよ、皆順番に入っていいよ」と伝え、何人か抱っこして中に入れる。 ・新聞紙を水に見立て、子どもにかけたり、バシャバシャと音を出してお風呂ごっこを楽しむ。 ・出たがらない子どもを強制的に出さずに、自主的に行動することを待つ。 ・お風呂遊びを全員行ったことを確認し、終わりの合図をし、ゴミ袋に新聞紙を入れて片付けを子ども達に呼び掛ける。 ・子どもと一緒に、片付けを行う。

本日の実習から学んだこと、明日への課題	今日もご指導、ありがとうございました。設定保育の時間は、安全面に注意しながら、子ども達と集団での遊びを楽しむことを目標に行いましたが、滑って転倒しないかがとても心配で、先生が最初に室内で走ったら危ないことを子ども達にぴしっと伝えてくださったので、大変ありがたかったです。1歳児でもしてはいけないと言われていることは分かるのだな、と思いました。安全面は、日頃の子どもとの信頼関係が重要であることを認識しました。

指導者からの所見

部分実習、ご苦労さまでした。新聞紙ちぎりは子ども達が大変楽しそうで、大喜びでしたね。1歳児は動きのコントロールが難しく、何もない所で転ぶこともよくあります。特に走ると、勢いがついて思わぬ怪我につながるため、室内では十分な注意が必要です。特にアクシデントもなく、またおとなしい子どもも自然に一緒に遊ぶことができ、よかったと思います。

総合評価 ★★★☆

1 遊びの様子を詳しく描く

子ども達の遊びのバリエーションは、きちんと子どもの様子を見ていたかのチェックにもつながります。なるべく具体的に書いておきましょう。

（改善例）

新聞紙をやぶらずにくしゃくしゃにして丸め、ボールにして投げて遊ぶ子ども、ゆっくりていねいに細かくちぎる子ども、少しでも多くの紙をちぎりたい子どもなど、個性が現れて面白い。

Point!

2 子どもの成長の姿を日誌に記録しておこう

少々長くなってしまいますが、個々の子どもの心の動きやその成長ぶりは、気づいたこととして、日誌に記録しておきましょう。表面だけでなく、子どもの内面的なことをよく見ることも、評価につながります。

3 保育者の心に残った援助を記録する

1日の実習を振り返り、保育者が行った援助や言葉掛けで印象に残ったものは、日誌にぜひ書きとめておきましょう。自分のめざす保育者の姿がはっきりしてくるでしょう。

4 切れめの役割分担は重要ポイント

切り替わりの際、保育者は次の準備と前の後片付けを分担して行います。円滑に進めるためには役割分担は重要なので、詳しく記録しておきましょう。

（改善例）

1名はおやつの準備（テーブルの上を拭く、コップの準備、おやつを取りに行く）、もう1名は子どもを見守りながら、おむつ替えが必要な子どもがいないかチェックする。

発達のめやすと保育のポイント

歩行が安定し、走ったり跳んだりと全身運動の幅が広がっていきます。自立が進むと共に身の回りのことを自分でやりたがり、保育者に認めてもらうことで自信につながります。また、第一反抗期といわれる時期でもあり、自分の思い通りにならないとかんしゃくを起こすなど、感情の起伏が現れてきます。

2歳の生活面・運動面の発達のめやす

【生活面】
- 指先の機能が発達し、食事や着替えなどを自発的に行うようになる。
- 語彙が豊富になり、言葉掛けによって行動が調整できるようになる。
- 自立が進むと共に自己主張が強くなり、頑固な様子が見られる。
- 排泄の自立のための身体的機能が整ってくる。
- 意味づけを好むようになり、見立て活動ができるようになる。

【運動面】
- 歩行が安定し、走る、跳ぶといった全身を使った遊びの幅が広がる。

◆「保育所保育指針」より◆

「1歳以上3歳未満児の保育に関わるねらい及び内容」より抜粋
- 走る、跳ぶ、登る、押す、引っ張るなど全身を使う遊びを楽しむ。
- 保育士等の助けを借りながら、衣類の着脱を自分でしようとする。
- 便器での排泄に慣れ、自分で排泄ができるようになる。
- 身の回りに様々な人がいることに気付き、徐々に他の子どもと関わりをもって遊ぶ。
- 保育所の生活の仕方に慣れ、きまりがあることや、その大切さに気付く。
- 生活や遊びの中で、年長児や保育士等の真似をしたり、ごっこ遊びを楽しんだりする。

保育のポイント ▶▶▶▶▶▶▶▶▶▶▶▶▶▶▶▶▶▶▶▶▶▶▶▶▶▶▶▶▶▶▶▶▶

◆「自分で」の気持ちを尊重しよう
自分で何でもやってみたい時期です。少し時間がかかってもすぐに手をさしのべず、見守るようにしましょう。

◆子ども同士の関係を手助けしよう
コミュニケーション能力が発達してきますが、まだ子どもだけではうまく関係をきずくことができません。保育者がさりげなく仲立ちし、子どもが安心できるよう援助をするようにしましょう。

◆排泄の自立を褒めよう
自分で排泄ができることに、自信と満足感を得ます。うまくできたときは「できたね」と褒める一方で、失敗してしまっても責めることなく、「次は大丈夫だよ」とはげますようにしましょう。

◆食べ物の好き嫌いはおおらかに
食べ物に好き嫌いが出てくる時期です。強要するのではなく、量を調整するなどして、少しでも食べることができたときにうんと褒めるようにします。

遊びの指導・チェックポイント ▶▶▶▶▶▶▶▶▶▶▶▶▶▶▶▶▶▶▶▶▶▶▶▶▶▶▶▶▶

◆走ったり跳んだりしよう
友だちと散歩を楽しめるようになります。小走りしたり、両足でピョンピョン跳んだり、鉄棒にぶら下がるなど、全身を使った遊びを展開しましょう。

◆素材の面白さを利用しよう
粘土をこねてちぎって丸める、新聞紙をちぎってケーキを作る、段ボールをお風呂や乗り物に見立てるなど、素材を使って自由に楽しむ遊びをしましょう。

◆思い思いの色や形で表現
クレヨンやスポンジふでなどを使ってなぐり描きをし、自分なりに説明するようになります。紙皿や画用紙に描いて、子どもに「何を描いたの？」と聞いてみましょう。

◆真似や繰り返しを楽しもう
手遊びやダンスなど、保育者の動きを真似て楽しむようになります。音程は気にせず、繰り返しを楽しむように、大きい声で身振りなども交えてうたうように指導しましょう。

具体的な2歳児の遊びの例は、「紙皿コマ作り」(P67参照)や「絵本と歌遊び」(P71参照)などがあります。

保育園 観察（見学）実習日誌例

2歳 初日の緊張感を力に

8月12日（月）天気 晴れ	指導者：仲邑 俊二先生	実習生氏名：樹田 まりも

2歳児 レインボー組 男児：7 名	女児：5 名	欠席：0 名

実習のねらい	・積極的に動いて、1日の流れを把握する。
おもな活動	・コーナー遊びをする。

時間	環境構成	子どもの活動	保育者の援助と配慮	実習生の動きと気づき
9:00	・園庭 ・随時、水分補給できるように、水筒用の机を設置する。① ・日陰をたくさん作り、暑さを避けて遊べるように工夫している。 ［図：本、遊具、影→テーブル、影→砂場、園舎］	○順次登園。 ・登園した子どもから、園庭で遊ぶ。 ・オクラを収穫している子どもがいる。 ・実習生に興味を示し、話しかける子どもがいる。 ・手を洗う。 ・異年齢の「オオカミなんかこわくない」のゲームをして楽しむ。 ・クラスの男女ごとに分かれて、石拾いをして、子ども自身で環境を整備する。	・門の前で、登園してきた子どもと保護者を迎える。 ・大きさを見ながら、ちょうどよいオクラを子どもに伝える。 ・手洗い場が混雑しないように子どもを一人ずつ呼ぶ。 ・園庭の中心を向いて立ち、子ども達の動きがよく見えるように広がって子どもを見守る。	・登園した子どもと保護者に笑顔で挨拶する。 ・子どもの機嫌や体調など、健康状態を確認する。 ・どの子どもにも積極的に関わり、仲よくなれるように努める。 ・帽子を見て、名前を覚えられるように、名前を呼びながら一緒に遊ぶ。② ・保育者が、全体が見えるように立っていることに気づき、遊びにばかり集中してはいけないと気づく。③
9:30	・園庭	・幼児クラスは園庭にクラスごとに集まり、実習生の話を聞く。	・日陰に入るように、集まる場所を工夫する。	・保育者、子どもたちへ向けて挨拶をする。
9:50	・レインボー組保育室 ［図：机・椅子、トイレ、ままごととブロック、絵本人形、ロッカー、ロッカー］	○コーナー遊びをする。 ・各コーナーに行って、自分の好きな遊びをして楽しむ。④ ・排泄 ・パズルで、何度もあきらめずに取り組み、達成感を味わう。	・子ども達を集めて朝の挨拶、実習生の紹介をした後、絵本『はぶじゃぶじゃん』を読み、その後、自由遊びへ促す。 ・時間を見て、各子どもを排泄するために呼ぶ。 ・一人につきっきりにならず、全体を見ている。	・持ち物や保育者の呼びかけで名前を確認しながら、子どもと一緒に遊ぶ。 ・2歳の遊びの様子をよく観察し、学ぶ。 ・全体よりも個人との関わりばかりになっている。⑤
10:50	［図：棚、ままごととブロック、棚、○=保育者 ○=実習生 ◉=子ども］	・遊びで使っていたおもちゃを全員で片付ける。 ・曲のリズムに合わせながら絵本を楽しむ。	・ピアノを弾いて、楽しく片付けができるように雰囲気を作る。 ・棚を移動させて、午睡のための環境作りを行う。 ・絵本『おばけなんてないさ』を読む。	・棚を動かしながら、どこへ移動させるのか把握する。 ・子どもと一緒に読み聞かせを楽しむ。
11:00	［図：トイレ、ロッカー］	○昼食 （ご飯、小松菜、たまご、魚、みそ汁）	・アレルギーのある子どもの食事はよく確認しながら配る。 ・進まない子には、スプーンにごはんをすくって、食べやすくなるように援助する。 ・ベッドを出して午睡の準備をする。 ・清掃	・個人のペースを見ながら、スプーンにすくって食べやすくなるよう援助する。 ・食べた達成感を味わえるように褒める。⑥ ・床を拭いて掃除する。

時 間	環境構成	子どもの活動	保育者の援助と配慮	実習生の動きと気づき
12:00	・安心して眠れるようにカーテンを閉め、照明を消す。	○午睡をする。 ・食事が終わった子どもから午睡に入る。	・安心して眠れるように配慮し、スキンシップ等を行う。 ・食事テーブルの片付けをする。 ・眠りやすいようにトントンする。	・椅子を片付ける。 ・寝るときの様子を観察する。 ・来週の行事の準備をする。 ・画用紙を切りそろえる。
14:00	・カーテンを開ける。	○お目覚め ・排泄 ・着替え ・手洗い、消毒	・子どもが驚かないように「そろそろ起きようねー」等の言葉を優しく掛ける。 ・起きた子どもから、排泄を呼び掛け、おむつを確かめる。	・ベッドの片付け、排泄後の援助をする。
14:50	（窓、棚の配置図）	○おやつを食べる。 ・実習生と一緒に、タオルケットをたたんでくれる子どもがいる。 ・食べ終わった子どもから帰る準備をする。 ・手遊びと絵本を楽しむ。	・アレルギー食を確かめてから、配膳する。 ・子どもが食べられるように気をつけて配膳を行う。	・食後の片付け、掃除をする。
15:30		○コーナー遊び ○読み聞かせ ・好きなコーナー遊びをやり始める。	・絵本『やさいさん』を読み、一人ずつ名前を呼んで遊びを促す。 ・棚を元の位置に戻し、コーナー遊びができるようにする。	・保育者の読み聞かせの進め方、手遊びの取り入れ方を学ぶ。 ・子どもとコーナー遊びをするが、全体が見られていないことに気づく。
16:00		○帰りの挨拶をする。 ・ピアノに合わせて歌をうたう。 ○順次降園 ・帰りの挨拶をする。	・バスの色のゲームをする。 ・歌をうたって、帰りの挨拶をする。 ・コーナー遊びでの子ども達を見守る。 ・子ども達が明日も元気で来園できるように、保育者は笑顔で挨拶する。	・<u>ひざをついて子ども達と関わっていることに注意を受ける。</u>❼ ・子ども達が自然や四季を感じられるような遊びをする。
17:30	（トイレ、自由遊び、読み聞かせ、ロッカーの配置図）	○延長保育（合同保育） ・延長保育の子どもはおやつを食べる。 ・絵本の読み聞かせを楽しむ。 ・保育者に声を掛けてからトイレに行く。 ・自由に遊ぶ。	・テーブルの準備、配膳、食事の援助を行う。 ・おやつを配る。 ・他のクラスの保育者が混ざって保育を行う。 ・おむつの確認、取り替え、便の確認をする。	・延長保育で子どもの人数を把握するため、人数点呼をする。 ・<u>カバンの整頓、子どもと一緒に絵本の読み聞かせを楽しむ。</u>❽ ・パンツ、ズボンを履く援助をする。
18:00		・迎えの保護者と帰る。		

本日の実習から学んだこと、明日への課題	本日は、1日ご指導いただきありがとうございました。実習初日ということで少し緊張していましたが、朝から沢山の子ども達が話しかけに来てくれたことで緊張もほぐれ、自然な関わりができたのではないかと思います。実習で2歳児を担当させていただくのは今日が初めてでしたが、2歳という年齢は徐々に自分でできることが増え、様々な「できた！」を経験する大切な時期だと感じました。また、担当クラスの子どもだけでなく、様々な年齢の子どもと関わることができたことが大変勉強になりました。

指導者からの所見

実習初日で観察を主とする1日でしたが、子ども達の様子や生活の流れ等をしっかり見ておられ、また積極的に声掛けもされていたと思います。子ども達は、初めのうちは様子をうかがっているようなこともありましたが、笑顔で声をかけてくる樹田さんに少しずつ興味を示しているようでした。子どもと共に楽しむという姿勢を大切にしながら、これからも関わりを工夫していってください。

総合評価 ★★☆☆

1 環境構成は正確に記す

「水筒用の机」が、何を意味しているのか分かりません。明瞭に「水筒置き場」としましょう。園の説明を正しく理解し、正確に記すことが日誌では最も重要です。

2 読みやすく文章を整理する

「名前を〜」が2回も書かれているため、くどい感じを与えます。指導者が読みやすいように整理しましょう。

改善例

> 帽子に書かれた名前を確認し、子どもに呼びかけながら一緒に遊ぶ。

3 保育者と実習生の位置関係を明確に

「保育者が〜気づき、」と「遊びにばかり〜と気づく。」は②と同様にくどく、文意が伝わりません。また、前半の「保育者が〜気づく、」は『保育者の援助』欄で述べるべき事項で、内容も重複しています。

改善例

> 全体を見回せる位置の意味を理解し、子どもの遊びにばかり集中していてはいけないことに気づく。

4 遊びの種類を細かく示す

「各コーナー」で一括りにしないで、どのような遊びが用意されているかを書くことが大切です。それが後々の部分実習や、全日実習の参考にもなるのです。

改善例

> 「テラスでサーキット」「工作（ビー玉転がし）」「パズル」「ままごと」「洗濯ばさみ遊び」「人形遊び」など。

Point! 5 気づきを適切に書く

この文章でも実習生の気づきは分かりますが、消化不良で本人の思いが伝わりません。スペースの都合もありますが、客観的に事実を書くことが必須条件です。

改善例

> 泣く子や騒ぐ子など一人ひとりに気を取られ過ぎず、クラス全体を把握し、見守る力が大切なことを学んだ。

6 自分の「気づき」に気づく

前半は左の援助欄と同じ内容です。ここで大切なのは、子ども達の食事に何を感じ、保育者の援助に何を学んだかです。自分の気づきを見逃してはいけません。

改善例

> 食べやすいように援助し、子ども達が食べ終えた満足感と達成感が得られるよう、一緒に楽しむ大切さを学んだ。

7 指導教員のアドバイスを考える

注意を受けた理由を、分析し反省することが学びになるのです。例ではその点が欠落しています。

改善例

> ひざをついていたため、床に座って、子どもの目線で接していないことにアドバイスを受ける。

8 整理し過ぎは内容がないのと同じ

「整頓」と「読み聞かせを楽しむ」では、『子どもの活動』欄と同じでまとめ過ぎ、予定表の記述です。

改善例

> 忘れ物がないかカバンを確認する。子どもが飽きないように、絵本『ねこがいっぱい』の読み聞かせをする。

2歳 2日でもしっかり実習を

8月15日（木）天気　晴れ一時雨	指導者：小野 慎一先生	実習生氏名：水森 亜輝

2歳児　コアラ2組　男児：11 名	女児：7 名	欠席：1 名

実習のねらい	・偏りがないよう様々な子どもと関わり、2歳児の発達について理解を深める。
おもな活動	・合同保育の子ども達との関わりを深める。

時間	環境構成	子どもの活動	保育者の援助と配慮	実習生の動きと気づき
8：30	・保育室  棚 マット ピアノ	○順次登園 ・コアラ1組にて合同保育❶ ・室内遊び（パズル、おままごと、絵本等） ・室内を走り回る子どもがいる。	・子ども達が1日の始まりを気持ちよく迎えられるよう笑顔で挨拶をする。 ・視診を行い、子どもの機嫌や体調を確認する。	・保護者の方や子ども達に笑顔と明るい声を心掛けて、挨拶をする。 ・視診の様子をしっかりと確認する。 ・「お部屋の中で走るのは危ないからやめようね」等と言葉掛けをし、違う遊びに興味が持てるよう別の遊びに誘う。
9：00	・子どもが転倒して怪我をしないようマットが敷いてある。 ○=保育者 ◎=実習生 ●=子ども	○排泄 ・ズボンや下着を着脱する。 ・上手にできない子どももいる。	・排泄の習慣が身に付くよう全体に向けてトイレの声掛けを行う。 ・ズボンや下着の着脱を援助する。 ・一人ひとりが排泄したかどうかに目を配る。	・遊んでいる子どもにトイレを促す。❷ ・子どもの脱いだ下着等を次に穿きやすいように整えて並べておく。
9：25		・玩具で楽しく遊ぶ。 ・玩具の片付けをする。	・片付けの習慣が身に付くよう声掛けを行い、必要に応じて援助をする。	・意欲的に片付けに取り組めるように、頑張っている子どもを褒める。
9：35	・保育室 ぶどう バナナ りんご ピアノ ・グループごとに分かれて着席する。 ・ピアノの伴奏に強弱をつけ子どもの気分が切り替わりやすいよう演奏する。	○朝の会 ・"ねんね"をする。 ・「おはようのうた」「きょうも元気!」をうたう。 ○出欠 ・名前を呼ばれて出席の返事をする。 ○朝の挨拶をする。 ・「アイスクリーム」「水鉄砲」をうたう。 ・手洗い、消毒をする。	・子ども達が気持ちを落ち着けて1日を始められるよう目をつむり静かに過ごす。 ・子ども達が楽しくうたえるように振り付けをしながら共に歌をうたう。 ・全体で出欠確認を行い、欠席している子どものときは皆で「お休みです」と言う。 ・子ども達が挨拶をする習慣を身に付けられるよう皆で朝の挨拶をする。 ・季節にちなんだ歌をうたう。 ・各テーブルごとに手洗いをしに行くよう声を掛ける。	・子ども達の手本となるように目をつむり、"ねんね"のポーズをする。 ・うたう様子を見守りながら、手本となるように共に大きく元気な声で歌をうたう。 ・明るく大きな声とはきはきした話し方を心掛けて、出欠の確認を行う。 ・子ども達の手本となるような大きな声ではっきりと挨拶をする。 ・子ども達と共に歌を楽しむ。❸ ・感染症等を予防するために、手洗い後の手に消毒をする。❹
9：50	・保育室 ぶどう 配膳台 バナナ りんご	○午前のおやつ ○排泄 ・水着に着替える。 ・体操	・日中元気に活動できるようにエネルギーと水分の補給を行う。 ・衣服や下着が汚れないように下半身の服を脱いでからトイレへ行くよう声掛けを行う。 ・子ども達が自分で水着を着られるかを見守り、必要に応じて援助する。 ・子ども達と準備体操をする。	・子ども達がおやつをこぼさないように配慮して配膳を行う。 ・衣服の着脱を援助し、自分で脱げた子どもには「自分でできたね、すごいね」と褒める。
10：30	・園庭 おもちゃの入ったたらいを用意しておく。	○プール遊び ・水を浴びる。 ・水鉄砲や玩具を使って水遊びをする。 ・水着を脱ぎ入室する。 ・服に着替える。	・清潔な状態でプールに入れるように、また急に水に浸かって体が驚かないようにするため、子どもの体に水をかける。❺ ・安全に配慮しながら遊べているか見守る。 ・子ども達の遊びが広がるように「水鉄砲でお水をとばそうか」等の言葉掛けを行う。	・全体の様子に目を配りながら子ども達をビニールプールへ誘導する。 ・プールに残っている子どもに「そろそろプールから出ようか」と言葉掛けをする。 ・Mちゃんから手招きされて、側に行くと熊の人形を見せてくれる。子ども達との関わりが深まったように感じた。❻

時　間	環境構成	子どもの活動	保育者の援助と配慮	実習生の動きと気づき
11：10 11：15 11：50 12：00 14：40 14：55 15：45 16：00 16：30 17：30	・保育室 〔配置図：ぶどう／配膳台／バナナ／りんご〕 〔配置図：机／ベッド〕 ・保育室 ・電気を消して部屋の中を暗くする。 ・電気を点ける。 ・カーテンを開ける。 ・給食時と同じ配置。 〔配置図：机／ピアノ〕 ・保育室	○給食 ・手洗い ・「いただきます」の挨拶をする。 ・食事中、手の止まる子どもがいる。 ・口の周りを拭く。 ・タオルとエプロンを片付ける。 ・「ごちそうさま」の挨拶をする。 ・排泄をしてから寝間着に着替える。 ・トイレに間に合わずおもらしをしてしまう子どもがいる。 ○午睡 ・落ち着かず寝ない子どもがいる。 ・お目覚め ・着替え、排泄 ・手洗い、消毒をする。 ・妖怪ウォッチ体操を座って踊る。 ○午後のおやつ ・手遊び「はじまるよ」をする。 ・紙芝居『ひらいたひらいた』を見る。 ・実習生と握手をする。 ・帰りの挨拶をする。 ○順次降園 ○延長保育 ・室内遊び （おままごと、絵本等） ・絵本『おおきなかぶ』を見る。	・保育者が給食の配膳を行っている間、楽しく子ども達が待っていられるよう手遊び等を行う。 ・食の細い子どもには、給食は少なめに盛りつけを行い、「食べられた」という達成感を子ども達が味わえるよう配慮する。 ・「頑張って食べようね」等の言葉掛けを行い、必要に応じておかずを細かく切ったりする。 ・子どもが見通しを持って行動できるように食べ終わったらエプロンタオルをロッカーに片付けるよう言葉掛けをする。 ・午睡中になるべくトイレに行かずに済むように事前にトイレに行っておく。 ・素早く衣服を脱がせ皮膚がかぶれたりしないように汚れをきれいに拭き取る。 ・小声で話しかけたりスキンシップを図る。 必要に応じて「今は寝る時間よ」と少し厳しめの口調で今何をすべきかを伝える。 ・子どもの様子を見守りながら事務作業や連絡帳の書込み等を行う。 ・睡眠時間等を記録する。 ・子どもが驚かないよう優しい口調で「起きようね」と言葉掛けをする。 ・必要に応じて下着の取り替えを行い、体を清潔に保つように配慮する。 ・子どもが自分でできることを増やせるように、おやつの袋を自分達であけるのを見守る。 ・集中してお話が聞けるように「お壁にぺったんして聞こうね」等と言葉掛けをする。 ・保育者は手本となるよう大きな声で挨拶をする。 ・保護者の方を笑顔で迎え、子どもの1日の様子や家庭での様子について話す。 ・保育室全体を見渡し、安全に配慮しながら子ども達と共に遊んだり関わる。 ・水分不足にならないように水分補給。 ・合同保育 ・子ども達の希望を聞いておもちゃを用意し、楽しく保護者の方の迎えを待てるようにする。	・子どもが三角食べをしやすいように机の上に皿を配膳する。 ・「ライオンさんのお口で食べてみようか」等と言葉掛けし、楽しく意欲的に子どもが食事できるよう配慮する。 ・意欲的に片付けに取り組めるように「格好よくお片付けしてね、ちゃんと見てるよ」等と言葉掛けをする。 ・衣服の着脱を援助する。 ・排泄を済ませたかどうかを見守り、確認する。 ・子どもが落ち着いて寝られるように気を配る。➐ ・気が散る原因となる物が子どもの視界に入らないよう工夫し、体をさすったり小声で話し掛けたりしながら見守る。 ・寝冷えをしないように子どもの体に布団を被せる。 ・年長クラスの行事の準備を行う。 ・子ども達が収納棚で手をはさむのを予防するため、布団の片付けを行う。 ・誤飲を防ぐため、お菓子のごみ等は素早く回収する。 ・食器を落としたりしないように使い終わった食器を回収する。 ・子ども達が真似しやすいようにゆっくりと大きな動作で手遊びをする。 ・子ども一人ひとりの目を見て名前を呼んで握手をし、2日間の感謝を伝える。➑ ・子ども達の手本となるように大きくハキハキした話し方で挨拶をする。 ・子ども達や保護者の方が気持ちよく1日を終えて帰って行けるように笑顔でお見送りをする。 ・子ども達が楽しく保護者の方のお迎えを待っていられるよう共に遊ぶ。

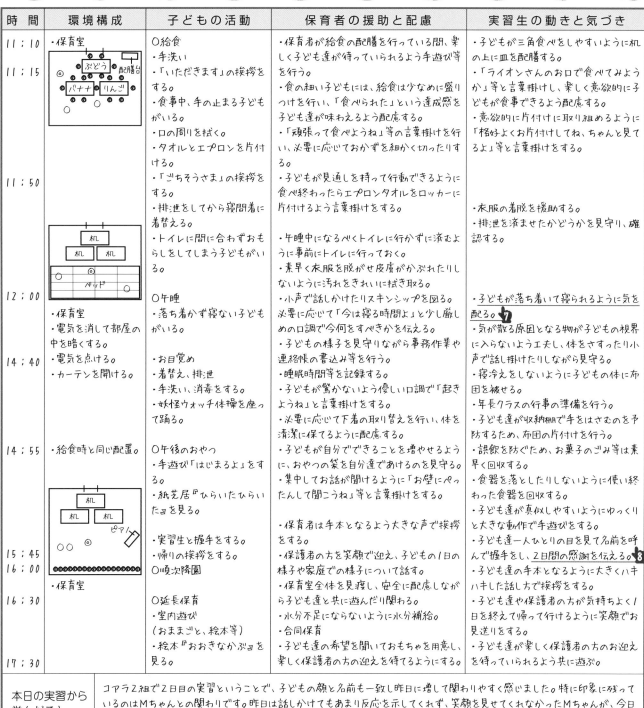

本日の実習から学んだこと、明日への課題	コアラ2組で2日目の実習ということで、子どもの顔と名前も一致し昨日に増して関わりやすく感じました。特に印象に残っているのはMちゃんとの関わりです。昨日は話しかけてもあまり反応を示してくれず、笑顔を見せてくれなかったMちゃんが、今日はプール遊びのときに満面の笑みで水鉄砲を見せに来てくれたり、「Mちゃん！」と呼んで手招きをするとこちらへ来てくれました。たった2日ですが、関わることで心の距離は縮まるのだと実感した瞬間でした。反省点は子どもに援助し過ぎた点です。

指導者からの所見

今日は実習2日目ということで子どもたちも心を許し、安心して甘えたり、笑顔がいっぱい見られました。Mちゃんとの関わりも自然な形でよかったと思います（Mちゃんは初対面の人にはあまり心を開かないのですが）。これからも子ども達の育ちを見守り、その心を受け止められるすてきな保育者になってください。

総合評価 ★★★☆

1 項目の分類を間違えないように

この項目は左の『環境構成』に入るものです。ここに入れるのなら、「他の組の子ども達が来て興奮し、はしゃぐ子もいた」等、子どもの観察を記すようにします。

 2 どのように接したかを明確に

「トイレを促す」といっても、実習生の動きとは伝わりません。保育者の声掛けをよく観察し、自分のものとしましょう。

改善例

遊びに夢中な子どもには「トイレに行く時間だよーっ」と再度声掛けをし、トイレを促す。

 3 具体的な働き掛けを記す

「〜を楽しむ」では、何の働き掛けをしたのか分かりません。具体的な記述を心掛けてください。

改善例

子ども達が楽しめるように、「誰に水鉄砲を掛けちゃおうか」などと話し掛け、歌と同時に簡単な振り付けを行い興味を持てるようにした。

4 目的だが気付きと対応を記す

この文例は手洗いの目的を述べていますが、実習での気付きではありません。この場合は、子どもに対する働き掛けを記すことが大切です。

改善例

手洗い場が混雑すると怪我等の恐れが出るため、「さあ、次はこのテーブルの皆だよー」と、声掛けをして順次手洗いに行けるようにする。

Point!
5 保育者の言葉も整理する

保育者の思いや園の方針を示すのはよいのですが、そのまま記すとやや冗漫な感じの文章となります。もう少し要点をまとめるようにしましょう。

改善例

体を清潔にし、冷たい水に慣れるために水浴びをする。

6 子どもの育ちを受け止めるのも大事

保育の現場で子ども達の成長を垣間見るのは、保育者の大きな喜びでもあります。例は特定の子どもの例を挙げていますが、一人に偏らないように注意してください。

7 細やかな対応を記録する

「気を配る」で終わらないで、保育士がどのように対処しているかを書きましょう。

改善例

子ども達が安心して眠れるように、体をさすったり、リズムよくトントンとなぜる。声のトーンを落として言葉掛けをする。

8 感謝の気持ちを伝えよう

このクラスでの実習は2日間だけです。指導保育者や他の先生方への感謝を日誌の「振り返りと考察、明日への課題」欄に記すとよいでしょう。わずか2日間だけでも、本人の資質は現れるものです。

改善例

たった2日間でしたが、至らない自分のためにご尽力いただきましたことに感謝し、より一層努力したいと思います。

2歳 土曜日の合同保育

8月23日（土）天気　晴れ	指導者：和田　優作先生	実習生氏名：山並　雅美

2歳児　おひさま組　男児：3　名　　　　　女児：4　名　　　　　欠席：15名

実習のねらい	・異年齢による子どもの関わりを観察する。（土曜保育のため1歳児クラス4名と合同）
おもな活動	・異年齢の子どもと一緒に活動する。

時　間	環境構成	子どもの活動	保育者の援助と配慮	実習生の動きと気づき
9：00	・保育室 [玩具棚　ピアノ　ドア図] ○＝保育者　◎＝実習生 ●＝子ども いちご組（1歳児クラス）とおひさま組合同保育。 ・転倒して怪我をしないようにマットを敷く。	○順次登園、自由に遊ぶ。 ・ブロックを組み立てて遊ぶA君、B君、Cちゃん。 ・保育者と言葉のやり取りをしながら遊ぶ。❶ ・猫の人形を赤ちゃんに見立てて遊ぶDちゃん、Eちゃん。 ・それを見たFちゃんも興味を持ち、遊びに加わる。 ・風呂敷を巻き、人形を抱っこしたり、オムツを替えて遊ぶ。 ・実習生と言葉のやり取りをしながらお医者さんごっこを楽しむ。	・子ども達が1日の始まりを気持ちよく迎えられるように、一人ひとりに笑顔で挨拶する。 ・視診で健康状態、機嫌をチェックする。 ・異年齢の混じった保育では、様々な発達の子どもがいるので安全に配慮する。 ・遊びの世界が膨らむような関わりを意識し、言葉のやり取りを楽しめるようにする。 ・人形や玩具を用意する。	・保護者の方や子ども達に明るく元気に挨拶をする。 ・異年齢（1歳児）の発達は、思っていたものと違いがありとまどったが、保育者の細かな気配りを学ぶ。 ・1歳児クラスの子どもが勝手に動いても怪我をしないように、机等を片付け、注意をしながら見守る。 ・子ども達の遊びに積極的に参加し、興味関心をより深められるように寄り添う。 ・自由な遊びでは「Dちゃん、抱っこ上手だねー」等、子どもに言葉掛けを行い、様子を観察する。❷ ・「これがいいの」と、自己主張の強い子が頑固に人形を渡さない等、子ども達の様々な個性を改めて認識した。
9：45	[玩具棚　ピアノ　ドア図 絵本 2歳児　1歳児 マット] ・少人数のため、絵本に集中しやすい環境である。	・玩具の片付け ○絵本を見る ・おひさま組は集まり、絵本を見る。 絵本の絵や言葉の響きに興味を持ち、集中して見ることができる。❸（『おばけのムニムニョ』『へんてこマンション』）	・片付けの習慣が身に付くように「お人形さんを棚に返そうね」等の声掛けを行い、必要に応じて援助する。 ・おひさま組の子どもを玩具棚の前に集め、読み聞かせの準備をする。	・子ども達の様子を見て、片付けを援助できるように備える。 ・2歳児を玩具棚の前に集め、読み聞かせをする。
10：00		・手洗い、消毒をする。 ○お茶を飲む ・自分のコップは、飲み終わった後自分で片付ける。 ○排泄、着替え ・お茶で服が汚れたことを自分で保育者に伝え、着替える。	・元気に活動できるように水分補給を行う。 ・子どもが自分でできる環境を整えておき、自分のこと（お茶を飲む、コップを片付ける、排泄する、着替える）は自分でできるように援助する。❹	・ズボンが上手に脱げない子どもには援助を行った。 ・一人ひとりが排泄できたかを確認する。

時　間	環境構成	子どもの活動	保育者の援助と配慮	実習生の動きと気づき
10：15	・園庭 （園舎・砂場・洗い場・木・遊具・花だん・入口の配置図） ・保育者は、全体が把握できる位置に立つ。	○園庭遊び ・泥だんご作りを楽しむEちゃんといちご組の子ども達。A君も興味を持ち、泥だんご作りを楽しむ。 ・泥水遊びをしていたいちご組の女児。そこにもう一人同じ組の女児が来て泥水で遊び出す。自分の泥水を触られることが嫌だったため、泣いて手を跳ね除けようとする。保育者の援助により、泥水に集中して遊ぶことができる。 ・片付けをして部屋に戻ろうとしないDちゃんとFちゃん。保育者や実習生の言葉掛けにより「Dちゃん決めた！」と言い、片付けをして部屋に入る。それを見たFちゃんも自然と部屋へ入る。	・前日の雨でできた園庭の水たまりを使って泥遊びを行う。 ・泥だんご作りと泥水遊びの子どもに分かれて遊んでいる。手を口に入れないように見守る。 ・子ども達全部が見られる位置に立ち、怪我や事故がないように気をつける。 ・子ども達の遊び方が広がるように「この砂をつけると、おだんごがきれいだよ」等、言葉掛けをする。	・水用バケツ、子ども用のスコップ、ジョウロを用意する。 ・「今日は園庭で泥だんご作りと泥水遊びをします。手をお口に入れないようにしてくださいね」と遊びの開始と注意を告げる。 ・ただ丸めるだけではなく、水の入れ方やさら粉の作り方の工夫をしながら、泥だんご作りの楽しさを広げていく。 ・遊びに集中できるよう、違う場所に泥水を作る。自分の場所が確保されていることが、集中して遊ぶことに繋がる。**5** ・全体を見渡し、怪我等に注意をしながら、子ども達と泥遊びを楽しむ。
				・「お腹すいた？　おひさま組レストラン行こうよ」と誘う等、遊びから食事へと気持ちが移りやすくなるような言葉掛けの工夫。**6** ・終了前に手指を洗って、着替えの準備をする。
		○着替え ・見られているということが分かると、急に着替えのやる気が出るFちゃん。「手の眼鏡もっかいして！」と自分の着替えを見てもらうように要求する。	・着替えに行かない子どもに、声掛けを行う。	
	・昼食の準備をする		・昼食の準備、テーブル等を並べる。	・昼食の準備、テーブルを拭く。 ・着替えに気持ちが進まないFちゃんに対して、様々な角度から働き掛けを試みる。「Fちゃんどうやってお着替えするのか眼鏡で見とこ」と言い、手で眼鏡を作って見る。
11：00	・おひさま組の部屋にて、年齢ごとに机に分かれて食べる。	○昼食 ・いただきますの挨拶 ・遊び疲れて、食事がはかどらない子どもがいる。 ・食べ終えたら口、手を拭く。 ・タオルのエプロンを片付ける。 ○順次降園 ・帰りの挨拶	・年齢別に分かれて食事。 ・食べるのがゆっくりな子どもに対して「お肉もおいしいよ」と、食べる意欲が持てるように言葉掛けをする。	・子どもが食べたことに満足感と達成感が感じられるように言葉掛けをする。**7** ・来週も元気で登園できるように「また月曜日ね」と一人ひとりに言葉掛けをする。

本日の実習から学んだこと、明日への課題	乳児の異年齢での保育は発達過程の差に大きな違いが現れるため、安全への配慮を意識して臨みました。楽しい遊びほど、切り替えは難しいですが、保育者が次の活動に興味を持てるような言葉掛けの工夫を行うことで、子どもの気持ちに働き掛けることができるのだと思います。より子ども達の興味や関心を知り、多様な言葉掛けや働き掛けをできるように意識したいと思いました。一週間ご指導ありがとうございました。

指導者からの所見

土曜日は、登園する子どもの人数も平日に比べると少ないので、乳児、幼児と大きく二つに分けて生活をしています。着替えや昼食など生活の節目にあたるときには、次に何をするのかを伝え、自分からやってみようと思えるような働きかけをしています。また、子どもとの "間" も大切となり、その時々の様子を見ながらの声掛け、工夫も必要となります。

総合評価 ★★☆☆

言葉のやりとりを楽しむ余裕を

　２歳児は語彙も増えて、大人と言葉のやりとりができるようになります。やりとりから、子どもの機嫌や興味関心、体調などを掴むことが大切です。『実習生の動きと気づき』で、触れておきたい事項です。

改善例

　Ｆちゃんが「お人形さんの服、お家にもあるよ」と話し掛けてきた。「いいなー、どんな色なのかな?」「ピンク色だよ」など、初めて言葉のやりとりができ、子どもの発達を実感した。

 ## 観察しただけではダメ

　スペースがあれば、観察して何を感じたり、どのような事象があったかを述べてもよいでしょう。実習生の観察眼と感性が測られてしまう記述です。

改善例

　ちゃんと遊びに入っていけているか、体調に変化はないかなどに気を配って観察する。

 ## 表現に統一感を持たせよう

　「興味を持ち、集中して見ることができる」は、子どもの活動ではありません。子どもの姿を描いてください。

改善例

　喜んだり、驚いたりして絵本の世界を皆で楽しんだ。

Point!
4 園によりスタンスが違う

　子どもの行動に対して、もちろん保育者は援助を行うものですが、園により最初から危険性を排除した上で子ども自身に行わせる所と、コップや食器は保育者が片付け、子どもはそれを自発的に手伝う所があります。複数の園に実習に行く場合、知っておくと戸惑わずに済みます。

5 決めつけてはいけない

　実習日誌の目的は、何を感じ学び取ったかを自分の言葉で表すことが第一です。「……自分の場所が〜集中して遊ぶこと……」と言い切るのは、やや言葉足らずです。２歳児になると、自分の欲求や思いを言葉で表現できるようになります。保育者には柔軟な対応と分析が求められます。子どもの目線で考えることが大切なのです。

改善例

　「ほら、大きな湖ができたよ。こっちでも遊ぼう」と新たな水たまりを湖に見立てられるように援助する。

6 言葉掛けでも気を配る

　例文では「〜言葉掛けの工夫」とありますが、レストランに見立てることで、子どもの関心が食事へ切り替わるのはよい工夫だと思います。しかし、その後、普段のままの給食だと、子どもはがっかりするかもしれません。本当にレストランのように配膳がされているのならよいのですが、子どもに対して結果的に嘘になってしまうおそれがあることも考えてください。

7 日誌はできるだけていねいに書く

　ここでも言葉掛けをした様子が記されていますが、指導教員や保育者には具体的な例を示さなければ伝わりません。実習生の取り組み方の判断にもなるので、できるだけ例を書くようにしましょう。

改善例

　「頑張って食べてみよう」「牛乳よく飲めたね!　おいしいかったね」など、満足感と達成感が得られるように言葉掛けをする。

紙皿コマで遊ぼう

10月 23日（水） 日案・時案	指導者： 藤 美由紀 先生	実習生氏名：内山田 真愛

2歳児 ふじさん組 　男児：13名　　　女児：7名　　　計20名

子どもの姿	・自己主張が強い子ども達に適切な言葉掛けを行い、活動に気持ちが集中できるようにする。① ・自分のコマということを認識する。	ねらい	・コマが回ると色が変化する不思議さに気付く。 ・シール貼り等、手指を使って作ることを楽しむ。	活動内容	・自分の好きな色を選び、シール貼りを楽しむ。 ・コマを回して、色や模様の変化を楽しみ、他の子どものコマも楽しむ。

時　間	保育の流れと環境構成	予想される子どもの姿	援助活動および指導上の留意点
10:30	準備するもの ・紙皿の中心にペットボトルキャップを付けたもの。 ・裏面用ペットボトルキャップ。 ・丸形シール。 （環境構成図：机の配置） ○＝保育者　□＝実習生 ◉＝子ども 実習室 ・制作時は食事の並び方と同様にする。 ・各テーブルには保育者の方についていただく。	○導入 ・前の活動から気持ちを移すことができるように手遊びを楽しむ。② ・身近なものから玩具が作れることへの期待を持ち、コマに興味を示す。	○進行の順序 ・活動に気持ちが向けられるよう、元気に楽しく手遊びをする。 ・"手"を使って様々な物が作れることの面白さを伝え、次は紙皿とペットボトルキャップで作れる物を予想し、期待を持てるような言葉掛けを行う。 ・実際に完成したものを回して見せ、コマの楽しさを伝える。
10:35		○コマ作り開始 ・コマの土台とシールを受け取る。 ・実習生の話を聞いた後、シール貼りを楽しむ。 ・シール貼りの速さには個人差がある。 ・保育者に頑張りを認められることで自信を持ち、作業を意欲的に進めることができる。 ・シールを貼れた子どもから実習生に伝え、裏面にペットボトルのキャップを、裏面中心部に貼ってもらう。	・コマの土台とシールを配る。③ ・いくつかの完成品を見せ、色々な色を使うときれいになることを伝える。また色や模様の例を挙げることで、制作の見通しを持つことができる。 ・シールを貼るコツを伝える。④ ・子どもの頑張りは受け止め、認める。 ・ビニールテープでペットボトルキャップを貼る。
10:50	（図） ペットボトルキャップ ビニールテープ　紙皿 ・一生懸命に作っている子どもと遊ぶ子どもがいる。	○完成したコマで遊ぶ ・順次完成した子どもからコマで遊ぶ。⑤ ・コマの色の変化や模様の面白さに気づく。 ・コマが回ることの不思議さに気づき、楽しむ。 ・保育者に認めてもらい、コマ回しを楽しむことで、自信を持つことができる。	・完成した子どもの様子を見ながら、コマ回しのコツを伝える。 ・上手につまんで回すことが難しい子どもには、紙皿に切り込みを入れ、簡単に回せるようにする（ペットボトルキャップを2段に重ね、つまみやすくしてもよい）。 ・色や模様の変化に気づくことができるような言葉掛けをする。

反省と評価、考察	初めての責任実習なので、どんな遊びにしてよいのか随分悩みました。子ども達の好奇心を引きつけるコマ作りにしましたが、ペットボトルのキャップに子ども達の顔写真を貼るという案を先生方にご提案いただき、「自分のコマ」という意識を持てるよう工夫しました。自分でシールを貼ったコマを大切に、遊んでいた子ども達の姿が印象的でした。

指導者からの所見

子どもは、動く玩具が大好きです。まだ細かな手指の動きが苦手な子ども達も、シール貼りなら上手にできます。少し貼り違えた子どもでも、思い切り褒めてあげてください。指導計画は予想される子ども達の活動を詳しく記入することが第一です。しかし、それにも増して子ども達への思いやりが大切です。反省会で指摘されたことを、今後の実習で生かすようにしてください。

総合評価 ★★☆☆

1 子どもの姿をありのままに書く

日頃の子ども達の姿を記す欄ですが、少し援助のほうにウエイトが掛かり過ぎです。何を伝えたいのかぼやけてしまっています。

改善例

自己主張が、他の子より強い男児が何名か見られる。

2 プランはできるだけ細やかに

導入として手遊びを楽しむのですから、指導者にねらいが伝わるように、手遊びの種類等も決めておきたいものです。

改善例

「おべんとうバス」軍手や「とんとんとんとんひげじいさん」等の手遊びを楽しむ。

Point!

3 指導者のアイデアを取り入れる

コマの土台のキャップに、「子ども達それぞれの顔写真を貼ってみてはどうか」との提案が教員より出されました。子ども達の自己認識への一助にもなり、コマへの興味を深めることにも繋がります。

改善例

キャップの口径に合わせた顔写真を貼った土台と、丸形シールを配る。

4 具体的な対策を考えておく

「～コツを伝える」では、当日の対応に困ることになりかねません。具体的な事例と対応策を考えることが必要です。

改善例

「利き手でシールを台紙からはがして、片方の手で土台を押さえながら貼りましょう」等、うまく貼れない子どもに、実演して見せる。

5 できた子どもと、まだできていない子ども

子ども達がコマができあがった順に遊び出すと、まだできていない子どもとの間でトラブルが発生する恐れがあります。この場合は、遊び用のテーブルを決めておいて、保育者に導いてもらうようにしたほうがよいでしょう。

改善例

完成した子どもは、遊び用のテーブルや床でコマで遊ぶ。

2歳児遊び例

<**紙皿コマ作り**>

●所用時間：20〜30分

●準備するもの：ペットボトルキャップ（子どもの顔写真付き）を付けた紙皿（20人分）、裏面用キャップ（20人分）、裏面貼り用ビニールテープ、カラフルな丸形シール（20セット）、ハサミ、千枚通し　★各予備に数個用意しておく。

作り方

①紙皿の中心に、千枚通しなどで印を付ける。

②表面にキャップをビニールテープで付ける。

③シールを貼った紙皿の裏面にキャップを付ける。

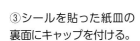

遊び方

①利き手で軸（キャップ）をつまみ、片方の手で紙皿を支える。

②利き手で軸をねじり上げるように回す。

③模様や色の変化、コマの動きを楽しむ。

2歳 言葉掛けで意欲を引き出す

10月23日（水）天気 晴れ	指導者：藤 美由紀先生	実習生氏名：内山田 真愛

2歳児 ふじさん組　男児：13名　女児：7名　計20名　欠席：0名

実習のねらい	・集団活動へ気持ちを移行できるような保育者の言葉掛け、援助を学ぶ。
おもな活動	・紙皿コマ作り（設定保育）

時間	環境構成	子どもの活動	保育者の援助と配慮	実習生の動きと気づき
		・「今日はお楽しみするから片付けしよう」という呼び掛けを聞き、自主的に部屋へ戻ろうとする姿が見られる。 ・手洗い、うがい	・次の活動に期待を持って行動できるような声掛けをする。❶	・片付けを手伝う。コマ作りの材料を再確認する。 ・手洗いができたかを確認する。
10：30	・食事時と同じ配置。 机 机　机 机 実習室 ○＝保育者　◎＝実習生 ◉＝子ども 顔写真 紙皿 ・丸シール、半月シールを用意。❷	○コマ作り ・手遊びやゲームを楽しむ。（「とんとんとんとんひげじいさん」「おべんとうバス」「かみなりどんがやってきた」「はじまるよ」） ・一つひとつの手遊びに真剣に取り組む姿が見られる。 ・コマに興味を持ち、制作への意欲を持つ。 ・実習生の問い掛けに対し、「ペットボトル！」「お皿」と答える。知っているということが自信につながる。 ・自分の顔写真が付けられたコマを見て、自分のものだという意識を持ちながら制作遊びをすることができる。 ・好きな位置に好きな色のシールを貼る。それぞれ工夫をしながら貼る。 ・シールをたくさん貼りたい子どもは「おかわりください」と言葉で実習生に伝える。 ・シール貼りができた子どもから自然と回し始めるが、実習生の問い掛けにより、回る軸となるキャップを付けることに気づく。	・子ども達の興味・関心を大切にしながら、楽しく手遊びを行う。 ・子どもの言葉や感情に対し、共感的に応答する。 ・子ども達の問い掛けへの反応を確認する。 ・紙皿コマの土台を配る。 ・順番に配り、騒ぐ子どもに言葉掛けをする。 ・顔写真に気づくことで、「自分のもの」という意識を持って大切にできるように配慮する。 ・子ども達の貼り方の個性に気づき、声掛けしながら援助、見守る。 ・表面にシール貼りが終えた子ども、まだ行っている子どもを見守る。 ・子どもが他の子どものコマを誤って踏まないように配慮する。	・次に行うことへの期待感をより高めるように、子ども達と「ひげじいさん」の真似をする等、楽しく手遊びを行う。 ・「"おべんとうバス"に何を乗せようかな？」等、子どもの反応を見ながら言葉掛けをする。 ・材料を並べる。 ・素材を見せ「何か知ってる？」と興味がわくような問い掛けをする。 ・コマ作りを発表する。 「ではこれで今日はコマを作りましょう。びゅんびゅん回るコマを皆で作っちゃいましょう。」 ・実際にコマを回して見せる。また、シールを貼ることを見せながら説明することで、制作の見通しを持てるようにする。 ・顔写真が間違えていないか、はがれていないかを確認して渡す。 ・「もっとシールが欲しい人は"おかわりください"って先生に言ってね」と説明する。 ・子どもがシール貼りに満足するまで、シールを配る。❸ ・ペットボトルのキャップの存在に気づけるよう問い掛ける。❹

時　間	環境構成	子どもの活動	保育者の援助と配慮	実習生の動きと気づき
10:50	ホールにて、広い環境の中で、思い切りコマを回すことができるようにする。	○コマ回し遊び ・初めは個々でコマが回ることの面白さを味わう。 ・徐々に数名で集まり、自分の回す姿を見てもらうことの喜びを味わう。 ・保育者や実習生と、回し方の工夫を楽しむ。	・子どもと一緒にコマ遊びでの工夫をする。	・子ども達に見えるように「利き手でこうやって軸を持ってねじるように回すのよ」と実際に回して見せる。 ・できるだけ一人ひとりの回す様子を見に行き、声掛けをする。 ・うまく回せない子どもの皿に切り込みを入れ、回りやすくする。 ・回すことに慣れてくると、少し上から落としてみたり、簡単なコマ回しの勝負をするなど、遊びの工夫を取り入れる。
11:10	ふじさん組保育室	○ふじさん組保育室へ。 ○絵本 ・食事へと気持ちを落ち着けることができるように絵本を見る。	・コマ回しの興奮を静めるように絵本を読み聞かせる。	・絵本の読み聞かせを手配する。

本日の実習から学んだこと、明日への課題	外遊び後の片付けでは、先生方が「お楽しみあるから片付けよう」と声を掛けてくださったことで、制作への期待を持ちながら片付けをすることができました。ただ「片付けよう」と声掛けするより、「次○○するから片付けよう」と声掛けするほうが見通しを持って意欲的に片付けができるのだと思いました。制作中は、予想以上に意欲的にシールを貼っていく姿が見られました。個々にそれぞれ個性が見られ、それを受け止め認めるということが、子ども達の自信に繋がっていくのだと思います。

指導者からの所見

コマ作りに子ども達はとても楽しんで取り組んでいました。持ち帰った家庭でも、お母さんや家族の方に回す所を見せたり大事にしていたようです。"お楽しみ"への見通しで部屋へ戻ろうとしたり、着替えをいつもより急いだりする子ども達の姿、シールの貼り方から子ども達の個性や発達が見えたりと、私達も学ぶことが多くありました。

総合評価 ★★☆☆

1 保育者の声掛けを覚える

どのような声掛けを行ったかを、できるだけ記しておきましょう。積極性があるとの評価も得られますし、何より次の実習へのステップアップに繋がります。

改善例

次の活動に移る前に、「さあ、次はお楽しみですよ！皆が片付け終わったら始まるよー」と期待を持って行動できるような声掛けをする。

2 指導案から発展したもの

指導案では、単に丸（円）形シールでしたが、指導者の提案で、半月シールが加わったことを「明日への課題」欄でまとめておくとよいでしょう。

Point!
3 上位者目線に注意する

「満足するまで」という場合、やや上位者の視線が感じられます。子どもを見守り、その感性を伸ばすという立場ではありません。

改善例

子ども達が自由にシール貼りを楽しみ、満足できるまでシールを配り制作を見守る。

4 詳しい言葉掛けを記す

問い掛けた言葉を書きましょう。それにより、指導者が実習生の状況への対応力も測ることができます。

改善例

「あら、○ちゃんのお顔があるぞ。どこかな？」などと、子どもにペットボトルのキャップの存在への気付きを援助する問い掛けを行う。

5 指導案からの変更を記す

指導案では遊ぶ場所についての言及はありませんでした。実習当日の進行解説として、環境構成図を入れておくことが必要です。

飛び出した絵本！

9月 15日（木） 日案 ・ 時案	指導者： 横澤 トシコ 先生	実習生氏名：森山 歌愛

2歳児 ドングリ組　男児：5名　　　　女児：7名　　　　計12名

子どもの姿	・遊びや読み聞かせに集中できる子どもと、飽きてしまう子どもがいる。 ・物事に興味を持つと、真似をしたり自分でもやってみようとする。	ねらい	・平面だけでなく、立体的なお話を楽しむ。 ・子どもも参加でき、皆で楽しむことができる。	活動内容	・手遊びや手の動きを取り入れて、子どもが活動に参加した気持ちを味わう。 ・「とんぼのめがね」を歌い、季節感を味わう。

時　間	保育の流れと環境構成	予想される子どもの姿	援助活動および指導上の留意点
0分	○準備するもの ・ビニールひも・カツラ・サングラス・三つのとんぼの絵カード（青、赤、金）・リボン・白い服（バルバルさん用）・棚・鈴・動物の工作物・布 ○ピアノを弾く。 ・「とんぼのめがね」の歌を弾く。 （配置図：ピアノ／棚／テーブル／向く方向 ←） ○=保育者　□=実習生 ●=子ども ・棚は隅に寄	・ピアノの方向を向いて座る。① ・「とんぼのめがね」の歌を、どうしてその色になるのか考えながらうたう。②	・子ども達に「色のはじまり」を話した後、歌をうたうことを伝える。 ・うたう前にとんぼの絵カードを見せて、どうしてその色のめがねになるのかを一緒に考え、説明してから1番ずつうたう（青→ピカピカ→赤）。③ ・とんぼがどこかへ飛んで行くように動かす。④
10分 15分	（動物の絵） ・段ボール ・ゴミ袋 ・色画用紙 いずれかで動物を作る。 （リスはカラー軍手）灰色と茶色一番大きくて、50cm（横）程度のもの⑦	・棚の方を向いて座る。 ・バルバルさんが何のお仕事をする人か当てる。 ・動物の髪型が次々と変わっていくのを楽しむ。 ・お客さんをやってみたい子が前に出てくる。⑤ ・お話を聞き終える。 ○手洗い ・お昼を食べる。	・前に読んだことのある『バルバルさん』を読もうとしたが、今日はお腹が痛くて、欠席のために保育者がバルバルさんの代わりをすることを伝える。 ・保育者は、白い服を着て、バルバルさんに成り切る。 ・ライオン、犬、ワニ、リスを客として登場させて、子どもの目の前で髪型が変化することを実演する（髪型を変えている間は布で隠す）。 ・「かっこいい髪型」を思いついたフリをして、誰かお客さんを捜す。⑥ ・子どもに対して、施術をして、他児に見てもらう。 ○終了 ・「またお仕事ごっこをしようね」と次に期待できるように声掛けをして、終わる。

反省と評価、考察	初めて指導案を書いたのですが、アイデアが未消化の状態でした。結果がどうなるかを深く考えずに行程を決めていたことに、ご指摘いただき初めて気付きました。子ども達が一度に殺到したらどうするか、など思いもよりませんでした。思いつきにとらわれてしまった面もありますが、子どもの喜ぶ姿と触れ合いを目指して、指導案を整理したいと思います。

指導者からの所見

1回目に提出された指導案ですが、アイデアが伝わらず子どもの姿が見えません。今のままでは、残念ながら独りよがりのプランになっています。また、「援助活動および指導上の留意点」欄には活動を行う保育者の行程を記すのでなく、子どものためにどのようなことに気を付けて進めていくのかを書いてください。そして、もっと行程一つひとつの意味を深く考えることが大切です。

総合評価 ★☆☆☆

どう子どもを集めるのか不明

「〜向いて座る」では、どのように子どもの注目を集め、ピアノのほうに向かせるのか分かりません。具体性がなく、目的だけになっています。

改善例

とんぼの絵カードを出し、子ども達に「あっ！　とんぼがいるぞ」と、興味を持てるように言葉掛けをする。

 抽象的な思考はまだ無理

2歳児には、推察したり考察する力はまだあまりありません。保育者が分かりやすく工夫して、子ども達にも理解できるようにしましょう。例として「青い空」のカード等を示しながらうたうとよいでしょう。

3 思い思いの発言をするかも

この進行ですと2で述べたように、理解できない子ども達は自分の思い思いに発言し始め、収拾がつかなくなります。とんぼをキャラクター化して、子どもに説明する進行役に使うなどの工夫が必要です。

Point!
4 次の話に繋げるように

とんぼがどこかに行くだけでは、それで話は切れてしまいます。子どもが次の展開が期待できるような、スムーズな進行にしましょう。

改善例

とんぼに感想を聞き、「ありがとう、とんぼさん。バイバイ」と、とんぼをピアノの裏まで飛ばす。裏に隠したら、白い服のポケットにしまい、お話をする位置まで移動する。

 活動の意図がよく分からない

子ども達に参加をさせるためなら、違う方法があるはずです。お話の進展と関係のないことを挟むと子どもが戸惑い、集中力も薄れてしまいます。下の活動もアイデア倒れで意味がなく、不要と思われます。

 一度に子どもが出てきたら？

5のまま進行すると、当然一度に前に集まって来ることが予想されます。その対応はどうするのでしょう？本当に「子どもが参加でき楽しむ」イベントを考えましょう。

7 この欄には記さない内容です

動物の工作の仕方等は、ここで書く必要はありません。設定保育全体の進行を、もう少し詳しく、掘り下げて記すようにします。

改善例

『バルバルさん』のシアター。
ペープサート開始。
お客さんの順番。

2歳児遊び例

＜絵本と歌遊び＞

●所用時間：15分

●準備するもの：とんぼ（棒の先に付ける）1個、カツラ（ビニールひも）3個、絵カード、とんぼのめがね（3種）、サングラス、リボン、鈴、動物の工作物（4種）、白服

作り方　演じ方

①段ボールと色画用紙で動物（ライオン、イヌ、ワニ、リスなど）を作る。

②棚（備品）の中にカツラ、動物を入れておく。

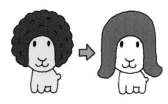
③お話に合わせて、動物にいろいろなカツラを付け替えて見せる。

2歳 子ども達を楽しませる工夫を

9月15日（木）天気 晴れー曇り	指導者：横澤 トシコ先生	実習生氏名：森山 歌愛

2歳児 ドングリ組　男児：5名　女児：6名　計11名　欠席：1名

実習のねらい	・設定保育を通して2歳児の反応や動きを見て、コミュニケーションを深める。
おもな活動	・絵本と歌遊び（設定保育）

時　間	環境構成	子どもの活動	保育者の援助と配慮	実習生の動きと気づき
11：00	・ピアノの前にゴザを敷く。 ・とんぼを手に持つ。 〇=保育者　◎=実習生 ●=子ども ・棚は隅に寄せる。 ・保育者から見て、左から（赤、金、青）の順でとんぼの絵カードを並べる。	〇設定保育 ・とんぼに注目して、ピアノの方向を向く。 ・とんぼの登場に興味を示す。 ・次々に「とんちゃん」の名前を呼ぶ。 ・とんちゃんが気になり、触ろうとする。 ・初めに触ろうとした子どもの真似をして次々と立ち始める。 ・「とんぼのめがね」を知っている子どもはうたい始める。 ・絵カードに興味を持つ。 ・どうしてとんぼのめがねの色は変わるのか、絵カードを用いて理解する。 ・思ったことをすぐに発言しようとする子どもがいる。 〇"とんぼのめがねを"をうたう。 ・1番ずつ区切ってうたう。 ・上手くうたえる子どもと、歌詞がわからずやめてしまう子どもがいる。 ・とんちゃんに別れを告げる。 ・視線がバラバラになる。 ・とんちゃんを探しに立つ子どもがいる。 ・保育者の話を聞く。 ・バルバルさんの変装をした保育者に興味を示す。 〇お話を楽しむ。 ・とんちゃんが再び出てきたことを楽しむ。	・実習の準備ができるまで、子どもたちと手遊びをしている。 ・子どもが実習生に注目するように、「あれ、森山先生がとんぼとお話ししているよ」と誘い掛ける。 ・子ども達を見回せる位置に移る。 ・思ったことを言おうとする子どもに「先生のお話、もう少し聞いてみようね」と言葉掛けを行い落ち着くようにする。 ・上手くうたえない子どもに、一緒にうたいながら援助する。 ・絵カードを見ない子どもに、注目できるように援助する。 ・「とんちゃんバイバーイ」と子どもと一緒に大きな声で言う。 ・子ども達に実習生に注目するように声掛けをする。 ・子ども達が座れるように援助する。	・とんぼを出して、子ども達にとんぼがいることを伝えて、興味を持てるように言葉掛けをする。 1 ・とんぼの名前が"とんちゃん"であることを伝え、親しみを持てるようにする。 2 ・とんちゃんは逃げてしまうのが速いため触らないように伝える。 ・とんちゃんに、歌のプレゼントをすることを提案し、絵カードで示しながら、歌の練習を1番ずつ行う。 ・その際どうしてその色のめがねになるのか、ということについても子ども達に伝えて、歌詞のイメージができるように導く。 ・できるだけその子どもの気持ちを受け入れながら、歌へ意欲がわくよう促す。 ・ピアノの上に、3枚の絵カードを子どもから見えるように置き、子どもが見ながらうたえるように設置する。 ・絵カードを見せながら、3番までうたう。 ・とんちゃんに感想を聞き、喜んでくれたことを子ども達と共感する。 ・とんちゃんが一度飛んで行く。とんちゃんをピアノの裏に隠して白い服のポケットに入れる。 ・お話の位置に移動しながら、バルバルさんが今日来られない理由を話して、子どもの興味を集める。 3 ・全員が落ち着いて座ることができればお話が始まることを伝える。 ・とんぼのとんちゃんを再び登場させて、次の活動に繋がる話を導入する。 4
11：13	・上着を羽織り、バルバルさんに変装する。			

時　間	環境構成	子どもの活動	保育者の援助と配慮	実習生の動きと気づき
11：15 11：20	あらかじめ、棚の中に必要な道具を入れておく。 客の順番 ライオン→犬→ワニ→リス	・ライオンに触りたくて、前に来る子どもがいる。 ・カツラの変化を楽しむ。 ・手でカメラを作って、ワニがカツラをつけている姿を撮る動きを楽しむ。 ・次に出てくる動物は何か当てる。 ・自分の手でハサミを作って「チョキチョキ」と切る表現を楽しむ。（カミソリではジョリジョリ） ・泡で洗う動きを保育者と一緒に楽しむ。 ・バルバルさんと別れる。	・「ライオンさんの次には誰が来るのかな？」と前に出たがる子どもに問い掛ける。 ・子どもと一緒に手でカメラの形を作る。できない子どもには形を示して援助する。 ・子ども達と「チョキチョキ〜（「ジョリジョリ〜」）」の擬音語を大きな声で唱える。 ・「ブクブクシュルシュル〜」の擬音語。 ・「バルバルさんさようなら」と子どもと一緒にお別れをする。	・動物のペープサートの動かし方や話し方を工夫して、子どもがライオンの表情や動きなど、イメージが膨らむようにする。 ・ワニが登場して、様々なカツラをつけて、子ども達に見せる。（3パターン） ・子ども自身もお話に参加できるように活動を提案する（写真を撮るポーズ） ・子ども達が撮ってくれた写真を棚から出してワニに見せる。 ・擬音語から子どもが動きをイメージできるように問い掛ける。

本日の実習から学んだこと、明日への課題	外遊びで疲れており、お腹もすいている中で、子ども達は頑張って話を聞いてくれていたと思います。「とんぼのめがね」も絵カードを横澤先生が持ってくださったおかげで絵カードを見ながら、大きな声で伴奏に合わせてうたってくれてとてもうれしく思いました。しかし、指導案作りの段階で、子どもの反応を深くイメージできていなかったため、ペープサートの扱いや立ち上がる子どもへの言葉掛けや対応に困ってしまいました。もっとシミュレーションを行っておくべきだったと反省しました。

指導者からの所見

子ども達の集中が途切れそうになることもありましたが、「とんぼのとんちゃん」に興味を持ち、最後まで楽しんでいましたね。実際に子どもの前に立ってみて、子どもの興味を集めるには視覚的なもの、キャラクターなどを用意しておくとよいことを経験していただけたのではないでしょうか。また、子どもの体調や気になる様子がある場合は必ず保育士に申し送りをしましょう。

1 どのように伝えるか

子どもに興味を抱かせるには、心に響く問い掛けが大切です。これから何が始まるのか、期待感を持たせる言い回しを考えてください。

改善例

「おや、とんぼが飛んできて何か言っているよ、皆で聞いてみようよ」と、興味を持てるように声掛けをする。

Point!
2 指導者の助言を生かす

元の指導案では単に「とんぼ」でした。しかし「これをキャラクターにすると、子ども達はより親しみを感じられるのではないか？」と指摘され、実習生はすぐに愛称を「とんちゃん」と決めました。このように適切な助言をいただいたら、指導案全体に関わることであっても、真摯に対応する姿勢が大切です。

総合評価

3 子ども達が納得するお話を

バルバルさんが来られないため、実習生が代わりにその役を行う理由をちゃんと伝えましょう。子どもの感性を大事に、納得できるお話にすることが必要です。

改善例

「今日は、バルバルさんが風邪を引いてしまったので、先生が代わりにお話をするね」と興味を持てるように声掛けをしながら、お話の場所に移動する。

4 話がスムーズに繋がるように

一つの区切りを次に繋ぐには、子どもの興味を持続させることが必要。とんぼのキャラクターを活用しましょう。

改善例

とんぼをポケットから出して「あれ、とんちゃん帰って来たの？ えっ、皆と遊びたいの？」と、次へと導入する。

初めて全てを行う日

6月　8日（木）　日案 ・ 時案	指導者：　佐藤 香織　先生	実習生氏名：天宮 ルナ

2歳児 フラワー組　男児：12名　　　女児：8名　　　計20名

子どもの姿	・自分で排泄できる子どもとおむつの子どもがいる。 ・指先に力を入れる。 ・見立て活動ができ遊びに取り入れる。	ねらい	・友だちや保育者と一緒に絵本や歌を楽しむ。 ・紙をやぶる感覚を楽しむ。
		活動内容	・朝の歌を楽しみ、音楽に親しむ。 ・指先を使って、広告をビリビリ破く感覚を楽しむ。

時　間	保育の流れと環境構成	予想される子どもの姿	援助活動および指導上の留意点
	○保育室の窓を開けて、空気の入れ替えをする。	○順次登園 ・挨拶をする ・手洗い	・保護者、子ども一人ひとりに明るく挨拶をする。 ・手洗いの確認
9：00	〈フラワー組保育室〉 ○おやつ、お茶の用意をする。❶ ・棚の上に絵本を置いておく。 （保育室の図：棚、ピアノ、水道、ドア、ロッカー、たたみ、たたみ） ○＝保育者 ◎＝実習生 ●＝子ども	○おやつを食べる。 ○月刊絵本を見る。	・おやつの準備をしておく。人数分を確認する。 ・おやつの片付けをする。 ・絵本を見る子どもを援助する。
9：30	・子どもがうたいやすいようにピアノで伴奏する。 ○『おおきなかぶ』の読み聞かせをする。	○朝の集いに参加する。 ○歌「朝のうた」をうたう。❷ ○『おおきなかぶ』を見る。	・季節感が感じられる曲を選ぶ。 ・曲に合わせた人形を出して動かす。 ・子ども達が集中できるように援助する。
10：00	〈ホール〉 ・保育者が動きやすいようにテーブルや椅子は片付ける。❸	○表現遊びをする。 ・興味を持って子ども達が喜んで参加する。	・ピアノを使って伴奏をする。 ・子どもがイメージを膨らませられるように援助する。
10：15	〈フラワー組保育室〉 ・音楽をかけて、子どもが歌える環境にする。❹	○水分補給をする。 ○排泄をする。❺ ○コーナー遊びをする。	・水分補給ができるように言葉掛けをする。 ・保育室全体が見える位置で見守る。
10：40	（保育室の図：棚、ピアノ、実習生と袋、ドア、ロッカー、たたみ、たたみ、ボール紙・ポリ袋）	○広告遊びをする。 ・実習生の話を聞く ・広告をもらう。 ・ビリビリに破く。 ・丸める等自由に遊ぶ。 ・アンパンマン袋に入れる。 ○手遊び（アンパンマン）をする。	・広告を配る。 ・柔らかめの紙を選んでおく。 ・広告を使って感覚遊びや見立てつもり遊びなど楽しめるように援助する。 ・アンパンマンの袋に広告を入れるように伝える。 ・手遊びを子どもと一緒にする。

時　間	保育の流れと環境構成	予想される子どもの姿	援助活動および指導上の留意点
11：15		○排泄をする。 ○「カレーライスのうた」で遊ぶ。 ・手洗い	・昼食の準備。 ・子どもへ分かりやすい手ぶりで、手遊びを働き掛ける。
11：30	・ベッドを出す。	○昼食を食べる。 ・エプロンなどを片付ける。 ○着替えをする。 ○排泄をする。	・昼食の援助をする。 ・全て食べられるように言葉掛けをする。 ・片付けを行う。
12：00	○ベッド ・部屋を暗くする。	○午睡をする。 ・すぐに眠らない子どももいる。	・子どもが眠りやすいようにトントンしたり、添い寝をする。
14：50	・ベッドを片付ける。	○起床をする。 ○排泄をする。	・誕生日会があるので目覚めにくい子どもから起こす。🔗
15：15		○おやつを食べる。	・座った子どもから配膳して、スムーズに進むようにする。
15：30	〈ホール〉 ・椅子を並べる。	○誕生日会に参加する。 ・友だちをお祝いする。 ・ペープサートを見る（食育）。	・子ども達の様子が見えるように座る。 ・片付け
16：00	〈フラワー組保育室〉	○ペープサートを見る ○降園の準備をする。 ○順次降園する。	・帰りの忘れ物がないか、一緒に確認する。 ・延長保育の子どもを確認する。
16：30	〈サンタ室〉	○コーナー遊びをする。 ・ブロックなど	・子どもの安全に常に配慮する。
17：00	・帰る時間や年齢ごとに部屋を分ける。	○水分補給をする。 ○おやつを食べる。	・おやつを配る。 ・食べやすいように小さくちぎるなど援助する。
18：00		○降園	・笑顔で子どもの帰りの準備を手伝う。
反省と評価、考察	全日実習指導案作りは、初めてのせいもあり、どんな絵本を読めばいいのか、どんな手遊びをしたらいいのか悩んでしまいました。指導の先生からアドバイスをいただき、次の活動の導入のための選び方など考えるポイントが分かりました。今後は明るく楽しい保育にできればと思います。		

指導者からの所見

全日実習は園の先生方の指導を元に、立案、実践するものです。天宮さんは園の1日をよく理解していると思いますが、時間の配分はこちらが予定している通りにいくことは、まずないと考えてください。沢山の経験を積み重ねていかないと、保育の現場は1日1日違いますから対応できません。初めての体験に恐れることなく、1日を頑張ってください。

総合評価 ★★★☆

1 園の保育を正確にとらえ、伝える

この園では子どもが自分の絵本を探しやすいように、それぞれの絵本にマークを付けています。指導案ですから、園の方針やスタイルを正確に伝えることが大切です。

改善例

棚の上に、絵本のマークが見えるように置く。

 ## 2 うたう歌を選曲しておく

保育者と相談して、選曲しておきましょう。当日の子ども達の反応を見ながら、臨機応変に曲目を変更できる応用力が求められます。

 ## 3 保育者のためではありません

保育者は子ども達にとって、よいか悪いかを第一に考えます。保育者が動きやすいから片付けるのではありません。表記を間違うと根本的な認識を疑われてしまうので、十分に注意してください。

 ## 4 ねらいをしっかりと伝える

活動の内容が書かれていないため、環境構成の意図が何なのか伝わりません。

改善例

遊びに集中できるように、軽快な音楽をかけて遊びの環境を整える。

Point! 5 トイレタイムの設定は重要

尿意の間隔は子ども一人ひとりで違います。また、子どもは「まだ、出ない」と言っていたのに、トイレに連れて行くとしっかり排尿したりします。もちろん決まった時間にトイレ時間を設定し、習慣付けとして全員で行くねらいもあります。どんな日程であっても、トイレタイムは子ども達に声掛けをし、確認することが一番大切です。園のやり方を確認して指導案を作ってください。

 ## 6 援助の理由を正しくつかむ

保育者は、誕生日会があるから起こすのではありません。一人ひとりの特徴をつかみ、次の活動に向けて行うのです。例文だと、誕生日会がメインになっています。

改善例

子ども達の特徴を把握した上で、次の活動に向けて目覚めにくい子どもから起こすようにする。

2歳児遊び例

<広告遊び> ●所用時間：15分

作り方　　遊び方

●準備するもの：チラシ広告、ポリ袋（色紙等でアンパンマンなどの顔を付ける）、円形にしたボール紙（ポリ袋を被せて持つ）

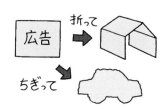

①広告をちぎったり、たたんだりして自由に遊ぶ。広告を建物や自動車に見立てて遊ぶ。

②保育者が、広告をボール状に丸めて見せる。子ども達が真似て紙ボールを作る。

③保育者が持ったポリ袋に、紙ボールを投げ入れる。離れて入れられるかを楽しむ。

2歳 1日頑張る全日実習

6月8日（木）天気 曇り	指導者：佐藤 香織先生	実習生氏名：天宮 ルナ

2歳児　フラワー組　男児：12 名　　　　女児：8 名　　　　欠席：0 名

実習のねらい	・子どもの興味を引き出す言葉掛けと、積極的な関わりに挑戦する。紙を破る感覚を楽しむ。
おもな活動	・表現遊びと広告遊び

時　間	環境構成	子どもの活動	保育者の援助と配慮	実習生の動きと気づき
	・おやつ、お茶の用意をする。 ・棚の上に絵本を置いておく。	○順次登園 ・挨拶をする ・手洗い	・保護者、子ども一人ひとりに明るく挨拶をする。 ・手洗いの確認 ・おやつの準備をする。	・今日も子ども達と楽しく過ごせるように一人ひとりに声を掛ける。 ・自分の絵本が見つけられない子どもと一緒に探す。
9：00	〔環境図：棚／ピアノ／水道／ドア／棚／ロッカー／たたみ／たたみ〕 ○＝保育者　◎＝実習生 ●＝子ども	○おやつを食べる。 ○月刊絵本を見る。	・おやつの片付けをする。 ・絵本を見る子どもを援助する。	
9：30	・子どもがうたいやすいように、ピアノで伴奏する。	○朝の集いに参加する。 ○歌をうたう。 ・朝のうた ・つぐみのうた ・とんぼのめがね ・どんな色が好き？	・季節感が感じられる曲を選ぶ。 ・曲に合わせた人形を動かす。 ・子ども達が集中できるように援助する。	・子どもの甘えを受け止め、脚の上に座らせて、他児と一緒にうたうように促す。 ・人形を見て、子どもが思ったことをその度言うのを聞いて、さらにイメージが膨らむように話す。
10：00	・絵本の読み聞かせをする。 〈ホール〉 ・子どもの気を引きそうな机や椅子を片付ける。	○絵本を見る。 ○表現遊びをする。2	・ピアノを使って伴奏する。 ・子どもがイメージを膨らませられるように援助する。	・子ども目線で絵本を楽しむことに取り組む。 ・大きく動けている子どもを褒めて、周りの他児のやる気を引き出す。 ・子どもと一緒に表現遊びを楽しむ。
10：15	〈フラワー組保育室〉 ・軽快な音楽をかけて、子どもが遊びに集中できるように図る。	○水分補給をする。 ○排泄をする。 ○コーナー遊びをする。 ・ブロック ・ままごと ・人形遊び	・水分補給ができるように言葉掛けをする。 ・保育室全体が見える位置で見守る。	・全員がしっかりと水分補給できるように、一人ひとりに声を掛けていく。 ・まだ関わりの少ない子どもを中心に話しかけて一緒に楽しむ。 ・ブロックを投げる子どもに言葉掛けをする。3

時　間	環境構成	子どもの活動	保育者の援助と配慮	実習生の動きと気づき
10：40	実習生と笹／棚／ピアノ／ドア／ロッカー／たたみ／たたみ	○広告遊びをする。 ・実習生の話を聞く ・広告をもらう ・ビリビリに破く。 ・丸める等自由に遊ぶ。 ・アンパンマン袋に入れる。 ○手遊び「アンパンマン」をする。	・広告を配る。 ・柔らかめの紙を選んでおく。 ・広告を使って自由に遊ぶのを見守る。 ・アンパンマンの笹に広告を入れるように伝える。 ・手遊びを一緒にする。	・何をして遊ぶのかを伝える。 ・子どもに自由に遊ぶように声掛けをする。❹ ・なかなか参加しない子どもが見られた。❺
11：15		○排泄をする。 ○手遊びをする。 ・手洗い	・昼食の準備。 ・子どもへの働きかけ。	・壁にあるポスターなどの、様々な題材を使っていることに気付く。 ・カレーや福神漬けなど、苦手なものがある子どもが多く、与える時の言葉掛けに困る。❻
11：30	・ベッドを出す。	○昼食を食べる。 ・エプロンなどを片付ける。 ○着替えをする。 ○排泄をする。	・昼食の援助をする。 ・全て食べられるように言葉掛けをする。	・全部食べられた子どもの頑張りを認めて褒める。 ・床掃除をして、テーブルも拭く。
12：00	○ベッド ・部屋を暗くする。	○午睡をする。	・子どもが眠りやすいように援助する。	
14：50	・ベッドを片付ける。	○起床をする。 ○排泄をする。	・次の活動へ向けて、目覚めにくい子どもから起こす。	・起きた子どもから、排泄へと促す。 ・漏れてしまった尿を拭く。
15：15		○おやつを食べる。	・座った子どもから配膳して、スムーズに進むようにする。	
15：30	〈ホール〉 ・椅子を並べる。	○誕生日に参加する。 ・友だちをお祝いする。 ・劇を見る(食育)。 ○降園の準備をする。	・保育者は子ども達の様子が見えるように座る。 ・片付け	・子どもが落ち着いて座れるように傍らについて見守る。 ・劇を見ながら、子どもと食べ物について話す。
16：00	〈フラワー組保育室〉	○ペープサートを見る。❼ ○順次降園する。	・帰りの援助をする。 ・延長保育の子どもを確認する。	・一方的にならないように、先日の反省を生かして演じる。 ・絵本を読む。
16：30	〈サンタ組〉	○コーナー遊びをする。 ・ブロックなど	・子どもの安全に常に配慮する。	
17：00	・帰る時間や年齢ごとに分ける。	○水分補給をする。 ○おやつを食べる。	・おやつを配る。 ・食べやすいように援助する。	・順番に子どもを水分補給するように促す。 ・おやつや牛乳を与える援助をする。
18：00		○降園		

本日の実習から学んだこと、明日への課題	実習を重ねているうちに、子ども達は私が活動へ誘うと応えてくれるようになりました。誰も私の言葉について来てくれず悔しい思いをしたときに、先生方の誘いにはすんなりと動いている子ども達を見て、2歳児にとっての信頼関係がどれだけ大切なのかということを学び、2週目に入り私もほんの少し、子ども達の興味を引き出すことや誘い込むことができてきたのではないかと感じています。明日は最終日になりますが、ご指導の程よろしくお願いします。

指導者からの所見

先日の実習の振り返りでも話しましたが、保育の柔軟性を高めるには、遊びの引き出しを多く作っておくことが大切です。日々の生活や遊びの中で、子どもの興味や関心のあるものについて知り、一緒に楽しむ言葉掛けを探すことが引き出しを増やすきっかけにもなります。どんな関わりも楽しくアレンジできるように、手遊びや歌、遊びのレパートリーを増やす勉強をしてください。

総合評価 ★★★☆

実際に行った保育を記す

曲選びは指導案では未定でしたが、全日実習の日誌には細かく記してください。指導教員のチェックが入る所です。

（改善例）

季節感が感じられる曲を選定し、曲同士を関連させた構成をする。朝のうた→つぐみのうた→とんぼのめがね→どんな色が好き？、の順にうたう。

 ## 子どもの観察を忘れない

全日実習の緊張感と慌ただしさから、子ども達へのレーダーが止まってしまってはいけません。ていねいな観察眼を忘れないでください。

（改善例）

絵本『やさい』を見て、それぞれが独自の表現を行うことに熱中する。

 ## ブロックを投げる子どもに

ブロックを投げている子どもへ、どのような分析を行い、どんな対応をしたかをていねいに書く必要がある事象です。実習生の適応力が問われています。

（改善例）

・他の子どもにぶつかる危険を防ぐため、投げている子どもを違う場所へ誘い、気分転換ができるようにする。
・ブロックを投げるのでなく、「大好きな色を集めて、大きなお城を作ろうよ」など、活動で気持ちを表現できるような援助を行う。

 ## 「自由」という言葉のワナ

「自由に」という言葉は、方向性や遊び方等を示しているようで、実は何にも示していないのです。自立ができる時期ですから、2歳児には、その気持ちを生かした言葉掛けをしたい所です。

（改善例）

子ども達に「どれだけ細かく裂けるかな？」と声を掛け、広告を破る楽しさに気付くように援助する。

 ## 見ているだけではいけない

「子どもが見られた」は、単なる感想でしかありません。保育者として、どのように援助したのかを記すことが肝心です。

（改善例）

なかなか参加しない子どもに、「こんな紙もあるよ！」ときれいな広告を見せて、興味を誘う。

Point!
言葉掛けは観察とデータ

確かに子ども達一人ひとりが違う「苦手」を、一言で表すのは難しいでしょう。そんなときのために、園の指導の先生や先輩保育者にできるだけ情報を聞いておくことが大切です。特に給食はアレルギーや体の状態に関わることなので、しっかりと確認しておきましょう。

 ## 活動の内容を詳しく

「ペープサートを見る」だけでは活動内容が伝わりません。今回の実習で初めて行ったのなら、なおさらていねいな記録が必要でしょう。

（改善例）

今回2回目のペープサートは、落ち着いて子ども達の反応を見ながら演じられました。

発達のめやすと保育のポイント

心身ともにめざましく発達し、ダイナミックな動きができるようになります。自主性や自我が芽生える時期でもあり、何でも自分でやりたがり、他人とは違う自分を主張する行動が多くなります。また語彙が増えるにつれ「何で？」とか、「どうして？」と大人を質問攻めにすることも多くなります。

3歳の生活面・運動面の発達のめやす

【生活面】
● 衣服の着脱など、身の回りのことは自分で粘り強くやろうとする。
● 箸を使う、ハサミで紙を切るなど、手指の調整が巧みになる。
● 子ども同士で会話ができ、自分の気持ちを言葉で伝えることができる。
● 語彙数が増える一方で、「どうして？」と大人を質問攻めにする。
● 自我がよりはっきりし、自己主張が強くなる。

【運動面】
● 高い所から飛び降りる、平均台を渡るなど、平衡感覚が育ってくる。

◆「保育所保育指針」より◆
「3歳以上児の保育に関するねらい及び内容」より抜粋
● 進んで戸外で遊ぶ。
● 保育士等や友達と共に過ごすことの喜びを味わう。
● 自分で考え、自分で行動する。
● 自然に触れて生活し、その大きさ、美しさ、不思議さなどに気付く。
● 保育士等や友達の言葉や話に興味や関心をもち、親しみをもって聞いたり、話したりする。
● したり、見たり、聞いたり、感じたり、考えたりなどしたことを自分なりに言葉で表現する。
● 生活の中で様々な音、形、色、手触り、動きなどに気付いたり、感じたりするなどして楽しむ。

保育のポイント ▶▶▶▶▶▶▶▶▶▶▶▶▶▶▶▶▶▶▶▶▶▶▶▶▶

◆子どもの意思を尊重しよう
自分の思い通りに体を動かせるようになります。子どもなりの挑戦や、工夫する姿勢などを認めてあげることが、子どもの自信につながります。

◆粘り強く見守ろう
手指操作がより発達し、自分なりに生活に取り組もうとします。こぼさないよう食事の仕方を正そうとしたり、脱いだ衣類をたたもうとします。身の回りのことは自分できるんだという自信の芽生えを、粘り強く見守りましょう。

◆「何で?」の質問に応答しよう
語彙数が飛躍的に増え、自分の気持ちを言葉で表すことができるようになります。子どもが生活する中で発した「何で?」という質問には、「何でかな?」などといった言葉でもいいので応答し、やりとりを楽しむようにしましょう。

◆子どもの自己主張に上手に対応しよう
芽生えた自我は、保育者への反抗という形で現れます。思わぬ拒否や頑固な態度にもできるだけ寄りそい、余裕のある対応で子どもの心をやわらげてあげるようにしましょう。

遊びの指導・チェックポイント ▶▶▶▶▶▶▶▶▶▶▶▶▶▶▶▶▶▶▶▶

◆全身を使って遊ぼう
階段、平均台、ジャングルジムなど、活動の場を広げ、全身を使った運動を楽しみましょう。「できた!」という達成感が、新しい活動への意欲を高めます。

◆描画活動を楽しもう
細かく描くことができるようになり、丸を組み合わせて身近な人の顔を描くなどします。「何かな?」「何してるの?」などと問い掛けして、意味付けや描き足しを楽しみましょう。

◆ルールのある遊びに挑戦しよう
簡単なルールのある遊びができるようになります。鬼ごっこなど実際にやってみせながら説明していきましょう。ルールが難しいようなら、簡単にアレンジして楽しみます。

◆リズムに合わせて音楽を楽しもう
うたうことが上達し、リズムに合わせることもできるようになります。カスタネットやタンバリン、鈴などを使ってリズム打ちに挑戦しましょう。正確さは二の次で楽しみます。

具体的な3歳児の遊びの例は、「色水遊び」（P85参照）や「食べ物はどれ？ゲーム」（P90参照）などがあります。

3歳 3歳児の気持ちを受け止める

6月18日（月）天気 晴れ	指導者：夕紀本 真珠子先生	実習生氏名：藤山 舞
3歳児 子猫組 男児：7 名	女児：4 名	欠席：0 名

実習のねらい	・3歳児に対する理解を深め、保育者の関わり方、援助を学ぶ。
おもな活動	・一人ひとりの子どもと多く関わる。 ・保護者参観日

時 間	環境構成	子どもの活動	保育者の援助と配慮	実習生が感じたこと、考察
8：45	**＜園庭＞** 遊具 池 園舎 ガレージ	○順次登園 ・自由に遊ぶ。 ・持ち物の整理がなかなかできず、外に遊びに行ってしまう子どもがいる。 ・遊んでいて泣いてしまう子どもがいる。友達と少し離れて泣く。 ・おままごとや砂場遊び等をする。	・子どもと保護者に笑顔で挨拶する。 ・子どもの健康状態を確認する。 ・保育者のちがすぐに泣いている子どもに駆け寄り、理由を聞く。 ・園庭全体を見回せる位置にいて子ども達を見守る。	・明るく笑顔で一人ひとりに挨拶をする。 ・子どもの名前を呼び、忘れていることはないか言葉掛けをする。 ・持ち物整理ができたか確認し、まだの子どもを促す。 ・子どもに話し掛けている保育者の対応を学ぶ。**1**
9：30		○手荒い ○歌を歌う。 「おはようのうた」「あたまかたひざポン」「どんぐりころころ」 ○着替え ・排泄をする。 ○紙芝居を見る。 ○朝の集い	・手洗いを自ら行うように導く。 ・大きな声でうたっている子どもを褒めることで、他児のやる気を引き出す。 ・絵本と歌を関連させて季節感が味わえるようにする。 ・次の活動に期待が持てるように、言葉掛けをしながら着替えを援助する。	・手洗いができたか確認する。 ・甘えてくる子どもの気持ちを受け入れながら、危険につながらないように注意する。 ・着替えを援助する。 ・紙芝居を用意する。
10：00	**＜子猫組保育室＞** ピアノ 出入口 ○＝保育者 ◎＝実習生 ●＝子ども	○子犬組（3歳児）と合同で歌「さんぽ」に合わせ、色々なものになりきって歩く。歌遊び。 ・みんなをじーっと見つめて、動かない子どもがいる。 ・絵本袋を持って「絵本のお部屋」に向かうが、椅子に座ったまま動こうとしない子どもがいる。 ・泣きながらも、先生の言っていることを理解して行動する。	・子どもの所へ行き、なりきる動物の擬態語など、優しく言葉掛けをして、楽しくできるように援助する。 ・動こうとしない子どもに、今すべきことは何かを伝える。**2**	・子ども達が保育室に集まるように手伝う。 ・子どもと一緒に忍者、ゾウ、カエル、アリなどになりきって楽しむ。 ・子どもが歌遊びに参加するように促す。**3** ・絵本のお部屋に行くように、子ども達に声掛けをする。
	○移動する **＜絵本の部屋＞** ・保護者も参加（数人）する。	○絵本の部屋に移動する。 ○絵本の貸し出しの説明を聞く。 ・説明の途中で絵本を見に行く子どもがいる。 ・説明を受けている途中で泣いてしまう子どもがいる。	・子どもが理解できるようにゆっくりと、分かりやすく、動作を交えて説明する。 ・泣いている子どもが、落ち着いて話をするために、絵本の部屋から出て子どもの話を聞く。保育者が理由をその子どもの気持ちになって考え、子どもにたずねる。**4**	・移動できたか確認する。 ・他の子ども達の様子を見回し、絵本選びができるように配慮する。 ・泣いている子どもの気持ちを考える。**5**

時　間	環境構成	子どもの活動	保育者の援助と配慮	実習生の動きと気づき
	保護者席　机　机　絵本　出入口 ・保育者は、子どもが全員見える所に座る。 ・机の前に保護者が座る。	・保育者が自分の思いに気付いてくれて、受け止めてくれたので安心する。 ・説明を聞いていても、実際自分で絵本を借りる順序が分からない子どもがいる。	・順序が分からない子どもに優しく教えると共に、できたことがあれば褒める。	・子ども自身が考えられるように「さあ絵本を選んだかな。その本を持って行こう」と、次の行動に移りやすいように言葉掛けをする。
11：30	〈園庭〉 ○移動する	・自由に遊ぶ。 ○給食	・絵本の部屋を片付ける。 ・保護者を別室に案内する。 ・手洗いを援助する。	・安全に配慮しながら、子どもと一緒に遊ぶ。 ・部屋、本棚を片付ける。 ・配膳を手伝う。
12：00	〈子猫組保育室〉 机を3つ並べ、みんなの顔がよく見えるように机を囲んで椅子に座る。	・トイレに行く子どもがいる。 ○手洗い ・みんなで「沈黙の曲」を聞き心を落ち着けてから「おべんとうのうた」をうたう。 ○給食を食べ始める。 ・食べられるものだけ食べる子どもも、保育者の関わりによって「食べられない」と最初に言ったときよりも食べている。 ・食べ終わった子どもから自由に遊ぶ。	・何人かの子どもが、トイレに行っている間、全員がそろうまでの時間を楽しく過ごすために歌をうたう。 ・おかずの中の食材で"食べられるもの""食べられないもの"を分けて、"食べられるもの"だけでも食べてもらうようにする。 ・給食が苦痛にならないように無理に食べさせたりはせず、少しでも食べられたら褒めて自信を持てるように関わる。	・手洗いを援助する。 ・元気に明るくうたうことで子ども達の気持ちを盛り上げる。 ・保育者が給食を分けたことに、初めはその意図が分からなかったが、結果的に食べることができてよかったと感じた。❻
13：00 13：30	〈絵本の部屋〉 保護者席　保護者　出入口	○絵本を見る ・片付けをし、足を洗って帰りの準備ができた子どもから「絵本のお部屋」に行く。 ・先生のお話の途中で、しゃべり出す子どもがいる。 ・読み聞かせの途中で歩き回ったり、前に立ってしまう子どもがいる。 ・途中からは座って、絵本に集中する。	・今日は保護者達が絵本を読んでくれるから、急いで準備をしようということを伝える。 ・今からとても楽しいことをするということを伝えて、子どもたちに興味を持たせる。 ・子どもの近くに行き、前に立つと後ろの子どもが見えないということを伝える。❼	・給食の片付けを手伝う。 ・「絵本の部屋」に移動する。 ・子ども達がスムーズに移動するように手伝う。 ・子ども達に声掛けをして、期待感を盛り上げる。 ・子どもと一緒に、絵本を楽しむ。 ・子ども達の後ろに座り、全員を見渡すようにする。
14：00	〈園庭〉	○順次降園 ・園庭に並ぶが、保護者を見つけてそこへ走って行ってしまう子どもがいる。 ・手をつないで、皆の後ろに並びに行く。	・降園準備を確認する。 ・保護者と子どもに挨拶をする。 ・子ども達を見送る。 ○昼食	・子ども達に「また明日元気に会おうね」と挨拶をする。 ・子ども達を見送る。 ○昼食

本日の実習から学んだこと、明日への課題	自分の気持ちを言葉にできる子どももいれば、言葉にできずにいる子どももいます。大人には何でもないことが、子どもにとっては悲しかったり、悔しかったりと、それぞれ色々な思いがあります。保育者は常に子どもの立場になって考え、子どもの気持ちを代弁することが大切だと学びました。子どもの気持ちを受け止めるということに気を付けると、子どもの反応が昨日より安心しているように思えました。ただ、一人に付きっきりになってしまい、他の子どもが見えなくなってしまった点が反省点だと思います。

指導者からの所見

子ども達は集団生活の中で、日々いろいろな気持ちを経験し、相手にも自分と同じ気持ちがあることを知っていきます。そのため、トラブルは悪いこととととらえず、友だちと関わり、感情を知るチャンスとして大切にしています。子ども達は、自分の気持ちを受け止めてもらうことで安心感を持ち、気持ちをより素直に出せることが増えていくと感じています。

総合評価 ★★☆☆

1 何でもない動きでも意味がある

何を学んだのかを書くのが日誌の目的です。保育者の動きには必ず意図があり、その結果を考えています。実習生はその所を見逃さないようにしてください。

改善例

スキンシップをとることで、子どもの気持ちも落ち着き、友だちと一緒に遊びに戻る。スキンシップの大切さを再認識した。

 ## 2 「伝える」では観察力不足

保育者はどのように子どもに伝えたのでしょう。その点を見落としては日誌ではなく、単なる記録になってしまいます。どのように援助したのかをつぶさに見ていてください。

改善例

何をするのかを聞くだけでは理解できない子どもには、実際に絵本袋を一緒に持って来ながら、活動を伝えるようにする。

 ## 3 紋切り型の定型はダメ

その時実習生が感じたことや、子どもの様子はどう変わったかを記してください。紋切り型の記述では、保育者としての眼が足りないと評価されてしまうおそれがあります。

改善例

恥ずかしいのか歌遊びに参加しない子どもに、「ドロンドロン！　忍者になって、お散歩しようよ」と言葉掛けをすると、ニコッと笑顔でうなずいた。

4 話しやすい環境にすることも

静かな場所で話をすることで、子どもの気持ちも落ち着いて、保育者に思いを話すことができることもあります。保育者のこのような対応の意図を汲み取ることが大切です。

 ## 5 考察力が求められる

一人ひとりの子どもの気持ちを考えることは、とても大切です。では、なぜ子どもは泣いてしまい、その後、保育者の援助、関わりで安心して泣き止んだのでしょう。子どもの気持ちの動きと保育者の対応を、よく考えてほしい所です。

改善例

保護者の顔を見て安心したり、自分の存在を見てほしいと泣いてしまうなど、自分と周囲との関わりに子どもは自分を主張していると気づき、援助の難しさを再認識した。

Point!

6 なぜ最初より食べられたのか

3歳児は、自我も発達し自分の生活は自分で決めるという意思も強まる時期です。保育者がおかずを「食べられる」と「食べられない」に分けたのも、子どもに自己決定させてあげることで、給食（食事）への興味を持たせることにした結果です。今はまだ完食することは求めていません。苦手な食材に挑戦して、食べられたという経験をたくさん積んで欲しいのです。子どもは自分の中で、「食べられない」気持ちを克服し、「食べられる」自分に自信を持ったのです。そして、何より皆で楽しくおいしく食べることが第一なのです。保育者の関わりの背景を考えることは重要な学びとなります。

 ## 7 なぜ前に立ったと思う？

前に立つと見えないからダメと言うのでなく、なぜ歩き回ったり、立ち上がったりするのかを考えて、子どもの心を受け止めた上で伝えます。

改善例

「○○が大好きなんだよね」と、絵本に興味を持っている子どもの気持ちを受け止めながら、「みんなも○○が大好きなの。みんなとお座りして見ようよ」と伝える。

色水遊びを楽しもう

| 8月 18日（火） 日案・(時案) | 指導者： 星川 蘭花 先生 | | 実習生氏名：嶋 陽菜子 |

3歳児 ピーコック組　男児：8名　　女児：10名　　計18名

| 子どもの姿 | ・色の入ったコップを光にかざして見たり、色の変化の不思議に気付く。
・色を混ぜるとどんな色になるかを想像し、友だちと話し合う。 | ねらい | ・色が変わる感動と不思議を子ども自身の手で作り感じる。
・自発的に混色し色を作ることで、想像力を高める。① | 活動内容 | ・自分で好きなフルーツを選び、その色を作る。
・微妙な色の違いに気付き、他児と見比べて楽しむ。 |

時　間	保育の流れと環境構成	予想される子どもの姿	援助活動および指導上の留意点
10：10	準備するもの ・透明なコップ　・ペットボトル ・食紅　・色水用絵の具 ・水　・脱脂綿　・雑巾 （環境図：ピアノ、棚、本棚、出入口、保育者・実習生・子どもの配置） ○＝保育者　◎＝実習生 ●＝子ども ・遊びのテーブルは食事の配列と同様に配置し、ビニールを敷く。 ・テーブルには、保育者についていただく。 （ペットボトルからコップに色水を注ぐ絵） ・保育者が見本を作る。	○導入 ・絵本の読み聞かせで次の活動への期待感を盛り上げ、気持ちを移す。 候補絵本として、以下3冊。 ・あおくんときいろちゃん（レオ・レオニ） ・じぶんだけのいろ（レオ・レオニ） ・にじいろカメレオン（よしずゆうすけ） ○色水遊び開始 ・保育者のやり方を見てから、好きなコップを受け取る。③ ・果物や色の違いなどを、友だちと見せ合いながら遊ぶ。 ・ペットボトルの色水をコップに注いで、脱脂綿に染み込む様子を楽しむ。 ・日にかざして、色水の透明度やにごりなどを観察する。⑤ ・半紙に色水を筆でたらして、変化や混ざり具合を楽しむ。	○進行の順序 ・絵本の読み聞かせで、色水遊びへの期待を高める。② ・絵本を終えたら、次に色水遊びを行うことを伝える。 ・あらかじめ赤（食紅）、青、黄、黒、普通の水の色水が入ったペットボトルを作っておく。 ・透明コップに、リンゴ、レモン、ぶどう、スイカ、オレンジなど、色鮮やかな果物の紙を貼っておく。 ・子ども達に始まりの声掛けを行う。④ ・子どもに透明コップを配る。 ・子どもが色水を混ぜるのを見守る。 ・思ったような果物の色になったら、保育者に見せる。 ・バットに半紙を敷き、筆でコップの色水をつけてたらし、模様やにじみを楽しむ。 ・制作している子どもに、色や模様の変化や、にごりやムラなどに気付くように言葉掛けをする。 ・上手に色水を注げない子どもには、コップをおさえてあげるなどの援助をする。
10：15			
10：20			

| 反省と評価、考察 | 絵本の読み聞かせと色水遊びをし、初めて子どもの前で演じたのですごく緊張しました。読み聞かせは、ただ読むだけではダメで、どうやって説明し、子どもをその世界に引き込むか、まだまだ難しいと思いました。子ども達が楽しんで一緒に遊んでもらえるのか、研究しなくてはいけないと思いました。子ども達が楽しいと思ってもらえるように努力します。 |

指導者からの所見

子どもの遊びのための環境作りは、道具や遊びの種類の準備のみではなく、周りの友だちや保育者の存在もその1つといえます。友だちが遊ぶ様子から刺激を受け、自分もやってみようというきっかけとなったり、友だちと一緒に遊ぶことで、また新たな展開が生まれたりします。様々な方面からの遊びの環境作りにも目を向けてください。

総合評価 ★★☆☆

まず保育者の真似から

3歳児が自発的に色水作りを始めるのは、まだ難しいでしょう。まず保育者が行い、それを見て真似るという手順がよいでしょう。また「創造力」というよりも興味、関心を深めるといった「ねらい」のほうが自然です。

改善例

保育者が作った色水を見て、自分でもやりたいという意欲を出す。

 ## 演出次第で絵本は最適の導入になる

『あおくんときいろちゃん』のように、色自体が主役の絵本を取り上げるのは、とてもよい導入になると思われます。読み聞かせの際に、子ども達に「どんな色になるのかな?」というような問い掛けをしながら進めてもよいでしょう。子どもが色の変化に興味を持つような演出を考えてください。

 ## コップの種類がかたよらないか?

子どもが全員リンゴのコップを欲しがったらどうしますか? 好きに選ばせるのではなく、子どもに果物の名前を教えて選んでもらった絵を貼るようにしてもよいでしょう。もちろん果物の絵は余裕を持った枚数を用意します。コップを渡す手順も考え直す必要があります。

改善例

好きな果物の絵を透明コップに貼ってもらう。

 ## 声掛けのパターンを用意しておこう

始まりの声掛けは、大体シナリオ通りにはいきません。子どもの注意力が散漫になっていたり、興味を失っているなど、その状況に応じた対応をいくつか考えておくとよいでしょう。

改善例

「さあ、みんなあおくんときいろちゃんで、フルーツの水を作ろう!」と声掛けを行い、絵本の世界の面白さを体現することを伝える。

Point!
ごっご遊びへ展開させる方法も

「観察する」という学習的な姿は、3歳児に期待できないかもしれません。むしろ、かき氷屋さんごっこをするなど、遊びとして発展することができるよう配慮するなどしたほうがよいでしょう。その際は、子どもが色水を飲んでしまう、服にかけてしまうなどに注意することが大切です。

3歳児遊び例

<色水遊び> ●所用時間:10〜20分 ●準備するもの:ビニール製透明コップ、ペットボトル(500cc)、食紅、幼児用ポスターカラーまたは水彩絵の具、筆、バット、雑巾

遊び方

①保育者が色の変化を作って見せる。

②透明な器に二つの果物の絵を貼り、作った色水を混ぜる。

③絵のついたコップを配り、ペットボトルの色水を混ぜて遊ぶ。

半紙

④バットに半紙を敷き、色水を垂らして変化を楽しむ。

3歳 保育者との連携がポイント

8月18日（火）天気　晴れ	指導者：星川　蘭花先生	実習生氏名：嶋　陽菜子

| 3歳児 ピーコック組　男児：8名　女児：10名　計18名　欠席：0名 |||

実習のねらい	・色が変わる感動と不思議を、子ども自身の手で作り感じる。
おもな活動	・色水遊び（設定保育）

時　間	環境構成	子どもの活動	保育者の援助と配慮	実習生の動きと気づき
10：15	〈ピーコック組保育室〉 ・テーブルは食事時と同じ配置。 （図：ピアノ・棚・本棚・出入口、○＝保育者　◎＝実習生　●＝子ども） ○＝保育者　◎＝実習生 ●＝子ども	・「色水遊び」を行うと聞いて、実習生に何をするのかたずねに来る子どもがいた。 ○片付け ○絵本を楽しむ ・『あおくんときいろちゃん』を見て、「その色知ってる」「何で？」など、展開に反応を見せる。 ・実習生の問い掛けに「みどり」などと答え、積極的に関わることで自信と行動力を育む。**①** ・途中で飽きてしまい、立ち上がったりする子どもがいる。	・実習生が色水遊びを行うことを子ども達に伝える。 ・全体が見渡せる場所から、子ども達を見守る。 ・動いている子どもに、席に座るように言葉掛けを行う。	○「これから、あおくんときいろちゃんの絵本を読みます。そして、一緒に色水遊びをしましょう」と声掛けをする。 ・子ども達が色水遊びへの興味を持った様子が分かる。 ○読み聞かせ『あおくんときいろちゃん』 ・子ども達に問い掛けを行う。**③** ・次に「色水遊び」に移ることを伝える。 ・「何をするの？」と保育者にたずねる子どももいて、説明不足に気付く。
10：30	（図：ペットボトルとコップ） ・果物シールを貼ったコップに脱脂綿を入れる。	○色水遊び ・実習生の説明を聞き、色水の変化に興味を持ち、「あおくんと同じだ」などという子どももいる。 ・好きな果物シールを貼ったコップをうれしそうに受け取る。 ・ペットボトルから、コップにうまく注げずにテーブルにこぼす子どもも発生する。 ・「へんなジュースができたよ」と保育者に見せて、自慢気な子どもや、友だちのものとさらに混ぜて遊ぶなど楽しんでいる。 ・コップやペットボトルを倒したり、コップを落とすなど、床がびしょびしょになる。 ・色水を作り終えた子どもが、テーブルの周りを動き回っている。	・子どもが順番にコップを受け取れるように、名前を呼んで誘導する。 ・色水を混ぜるのが分からない子どもを援助する。 ・色水をこぼしたテーブルや床を拭く。**②** ・子どもと一緒に色水作りを行う。	○色水遊びに移る。 ・子ども達にペットボトルと透明コップを見せながら、色水遊びを説明する。 ・子ども達がコップを受け取る際に、早く欲しい子どもが前に出てしまい、保育者の方に整理していただく。 ・「見て見て、へんな色」と見せ合いながら、子ども達は色水作りに熱中している。 ・作り終えた子どもが手持ちぶさたになり、他の子どもとふざけ始める。 ・「もっと違う果物もあるよ」と声掛けをし、再度色水遊びに誘い掛ける。

時　間	環境構成	子どもの活動	保育者の援助と配慮	実習生の動きと気づき
10：40		○色水で遊ぶ ・バットに敷いた半紙に、色水をたらして模様やにじみを楽しむ。 ・加減が分からず、バットにびしゃびしゃに色水を入れてしまう子どもがいる。 ・色水遊びを終えた子どもが騒いだりしている。	・バット等の準備を手伝いながら、子ども達が事故を起こさないように注意する。 ・騒いでいる子どもに、「もう1回やってみようか？　次はオレンジにしようよ」などの言葉掛けをする。	○バットの半紙を出す。 ・色水をたらし過ぎて、全て1色になってしまう。 ・バットに直接ボトルの色水を注いでしまう子どもがいる。 ・予定していた時間より、早く活動を終えてしまい、次の活動に移る間があいてしまう。
10：50		○移動 ○2歳児クラスの「スワン組」保育室へ。 ・昼食までに気持ちを落ち着かせ、食事への意欲を向かわせるため、絵本を見る。	・子ども達を移動させる。 ・「スワン組」保育室へ移動。 ・片付け、清掃。	・片付け、清掃。 ・子ども達をスワン組に移動させるのを手伝う。

本日の実習から学んだこと、明日への課題	始めの導入が今ひとつ引き付けられるものがなかったように思います。導入や物の出し方次第で同じ活動でももっと楽しいものになるのだと感じました。指導案の他に、セリフなどを考えておくとスムーズにできたのかもしれません。そして、思ったよりも時間が早く終わってしまいました。その対応ができなかったことが反省されます。

指導者からの所見

楽しい活動内容をありがとうございました。さまざまな反省点はあったと思いますが、色水に触れることを子ども達は楽しんでいましたね。保育をする上で、先生自身も子どもと一緒に楽しみ、喜びを共有することは何よりも大切だと思います。子どもとどんなことをしたら楽しいかな？　ということを考えていって欲しいです。

1 ささいな表現でもチェックを

文章表現は小さな誤りでも、提出前にチェックして、修正しておきましょう。指導教員の印象は、ささいな点から悪くなることもあります。

（改善例）
積極的に保育者や他の子どもと関わることで、自然と自立する力が芽生えている。

Point! 2 予測される事象が起こる

床ぬれやこぼすことは、予測できた事象です。水遊びを行う場合は、それらの対応を保育者と細かく打ち合わせして、あらかじめシートを用意するなど、環境を精査しておくべきです。指導案のマイナス点にもなりますが、子どもの情操や体験面では、楽しく効果もあると言えるでしょう。

総合評価 ★★☆☆

3 どんな言葉掛けを行い、子どもの反応は？

部分実習で大切なのは、いかに実習生が子ども達と関わっていったかです。問い掛けと子どもの反応を記しましょう。

（改善例）
「あれあれ、きいろちゃんが変身しちゃったね」と言うと、「みどりいろ！」と言う子どもの反応が多く見られた。分からない子に教えている姿も見られる。

4 プラン2で対応する

活動を予定より早く終えてしまった場合は、子ども達に感想を言ってもらったり、作った色水を発表してもらうなど、臨機応変に対応できるように、普段から引き出しを多く持つようにしたいものです。この例ではその対応が記されていませんが、指導案ではプラン2を考えておいてもよいでしょう。

活動への導入を工夫する

6月 3日（火） 日案 ・ 時案	指導者： 高田 絵穂 先生	実習生氏名：水沢 真沙美

3歳児 クローバー組　男児：10名　　女児：6名　　計16名

子どもの姿	・毎日の日課である活動に、真剣に取り組んでいる。 ・歌をうたい、黙想することで気持ちの切り替えを上手に行う。	ね ら い	・ゲームを皆で一緒に楽しむ。 ・ゲームを行う上で、言葉に集中して注意をかたむけられるようになる。	活 動 内 容	・「食べ物はどれ？」ゲームで、食物の区別を知る。 ・身近な食べ物のことをゲームで楽しむ。

時　間	保育の流れと環境構成	予想される子どもの姿	援助活動および指導上の留意点
8：45	・窓を開ける。 ・机を廊下に出す。 ・椅子を重ねておく。		・換気のため、窓を開ける。 ・机、椅子を数え、活動スペースを作る。
9：00		○登園 ・靴を靴箱に入れる。 ・タオルをタオル掛けに掛ける。 ・活動用服に着替える。	・電気を点け、子どもが室内で支度できるようにする。 ・挨拶をしながら、子どもの様子を見て、体調や機嫌を把握する。 ・靴を出したままになっている子どもには、忘れていることに気付けるような言葉を掛け、自分で直せるようにする。 ・タオル掛けができない子どもを援助する。❶ ・衣服の着脱を見守り、たたみ方を伝える、ボタンを留めるなど、必要に応じて援助する。 ・全体に目を配り、事故を防ぐ。
		○自由遊び ・ままごとをする。 ・プラレールで遊ぶ。 ・玩具を取り合う子どもがいる。	・同じものを使おうとしている子どもには、一緒に使う、順番に使うなどの方式を示し、どうしたらよいか問い掛け、自分たちで解決できるようにする。
9：30	［図：保育室の環境構成］ ピアノ／じゅうたん／ロッカー／本棚 ○＝保育者◎＝実習生 ●＝子ども	○片付け ・なかなか片付けに取り組めない子どもがいる。 ○排泄 ・排泄をする。 ・トイレに行きたがらない子どもがいる。 ・じゅうたんの上に座る。 ○室内礼拝 ・黙想をする。 ・仏教讃歌をうたう。 ・お約束の言葉を言う。	・なかなか片付けに取り組めない子どもには、周りの子ども達が片付けをしていることに気付けるよう言葉掛けをして、片付ける意欲を持てるようにする。 ・排泄後、流せているか、手洗いができているか、スリッパを並べられているか見守り、不十分であれば自分で気付けるような問い掛けをする。 ・きれいに並べるよう、「まっすぐ電車になってね」と言葉掛けをする。 ・心を落ち着けられるように、「静かな気持ちで目を閉じようね」と言葉掛けをし、ゆったりとピアノを弾く。❷ ・落ち着いてうたえるよう、優しい声で確認する。 ・子どもが理解しながら復唱できるよう、ゆっくりと区切りながら言葉を言う。
10：00	［図：保育室の環境構成］ ピアノ／画用紙を固定／○／×／ロッカー／本棚／テープ 【カード】A4寸 〈食べ物〉人参、肉、ケーキ 〈食べられない物〉鍋、車、鉛筆	・今日の活動内容を聞く。 ○手遊びをする（カレーライスのうた）。 ○絵本を見る（『パパ・カレ─』）。 ・食べ物はどれか確認する。 ・ゲームの説明を聞く。 ○「食べ物はどれ？ゲーム」をする。 ・間違える子どもがいる。 ・他のことに注目する子どもがいる。	・活動内容を伝え、「歌の次は絵本を見ようね」など、見通しを持って行動できるようにする。 ・保育者に注目できるよう、手遊びをする。 ・内容に興味を持つように、子どもの反応を受け取り、「これは何だろう？」などと問い掛けながら読む。 ・子どもが理解しやすいように、食べ物選びを実演しながらゲームの説明をする。 ・間違えた子どもには、「難しかったね。次はよく聞いて正解できるかな」と言葉掛け、活動への意欲を持てるようにする。 ・子どもの注意を引かせるようにする。❸
10：25	×エリア＝食べられない ○エリア＝食べられる	・保育者の周りに座り、話を聞く。	・「お買い物に行ったとき、どんな物があるか探してみてね」と言い、店の品物に興味を持つようにする。

時　　間	保育の流れと環境構成	予想される子どもの姿	援助活動および指導上の留意点
10:30 11:15 12:00 12:45 13:10 14:15	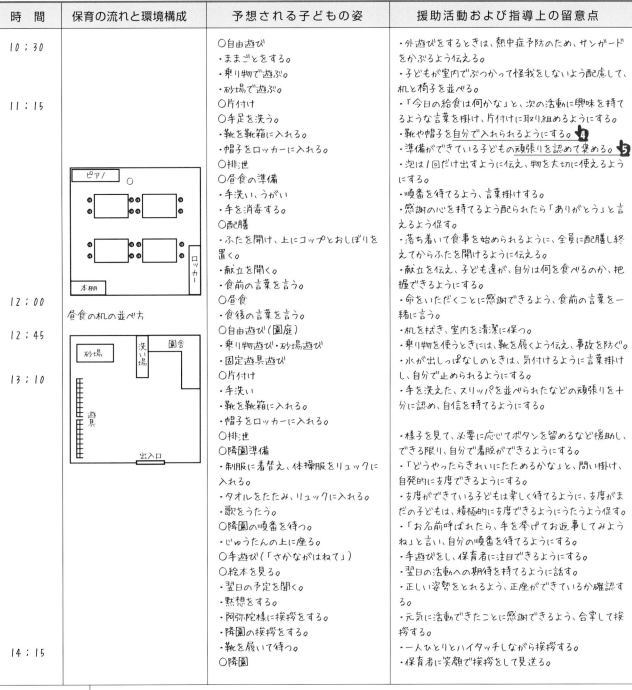 （ピアノ・ロッカー・本棚の配置図） 昼食の机の並べ方 （砂場・洗い場・園舎・遊具・出入口の配置図）	○自由遊び ・ままごとをする。 ・乗り物で遊ぶ。 ・砂場で遊ぶ。 ○片付け ○手足を洗う。 ・靴を靴箱に入れる。 ・帽子をロッカーに入れる。 ○排泄 ○昼食の準備 ・手洗い、うがい ・手を消毒する。 ○配膳 ・ふたを開け、上にコップとおしぼりを置く。 ・献立を開く。 ・食前の言葉を言う。 ○昼食 ・食後の言葉を言う。 ○自由遊び（園庭） ・乗り物遊び・砂場遊び ・固定遊具遊び ○片付け ・手洗い ・靴を靴箱に入れる。 ・帽子をロッカーに入れる。 ○排泄 ○降園準備 ・制服に着替え、体操服をリュックに入れる。 ・タオルをたたみ、リュックに入れる。 ・歌をうたう。 ○降園の順番を待つ。 ・じゅうたんの上に座る。 ○手遊び（「さかながはねて」） ○絵本を見る。 ・翌日の予定を聞く。 ・黙想をする。 ・阿弥陀様に挨拶をする。 ・降園の挨拶をする。 ・靴を履いて待つ。 ○降園	・外遊びをするときは、熱中症予防のため、サンガードをかぶるよう伝える。 ・子どもが室内でぶつかって怪我をしないよう配慮して、机と椅子を並べる。 ・「今日の給食は何かな」と、次の活動に興味を持てるような言葉を掛け、片付けに取り組めるようにする。 ・靴や帽子を自分で入れられるようにする。❹ ・準備ができている子どもの頑張りを認めて褒める。❺ ・泡は1回だけ出すように伝え、物を大切に使えるようにする。 ・順番を待つよう、言葉掛けする。 ・感謝の心を持てるよう配られたら「ありがとう」と言えるよう促す。 ・落ち着いて食事を始められるように、全員に配膳し終えてからふたを開けるように伝える。 ・献立を伝え、子ども達が、自分は何を食べるのか、把握できるようにする。 ・命をいただくことに感謝できるよう、食前の言葉を一緒に言う。 ・机を拭き、室内を清潔に保つ。 ・乗り物を使うときには、靴を履くよう伝え、事故を防ぐ。 ・水が出しっぱなしのときは、気付けるように言葉掛けし、自分で止められるようにする。 ・手を洗えた、スリッパを並べられたなどの頑張りを十分に認め、自信を持てるようにする。 ・様子を見て、必要に応じてボタンを留めるなど援助し、できる限り、自分で着脱ができるようにする。 ・「どうやったらきれいにたためるかな」と、問い掛け、自発的に支度できるようにする。 ・支度ができている子どもは楽しく待つように、支度がまだの子どもは、積極的に支度できるようにうたうよう促す。 ・「お名前呼ばれたら、手を挙げてお返事してみようね」と言い、自分の順番を待つようにする。 ・手遊びをし、保育者に注目できるようにする。 ・翌日の活動への期待を持つように話す。 ・正しい姿勢をとれるよう、正座ができているか確認する。 ・元気に活動できたことに感謝できるよう、合掌して挨拶する。 ・一人ひとりとハイタッチしながら挨拶する。 ・保育者に笑顔で挨拶をして見送る。
反省と評価、考察	設定部分は、座って話を聞く時間が長くなってしまい、ゲームが始まる前に、子ども達が疲れたり、飽きたりさせてしまいました。教えていただいた通り、座って話を聞く時間よりも、体を動かし、楽しみながらルール等を理解する時間を多く取るべきだったと思います。体を動かしながらのルール説明をすれば、より楽しく、より分かりやすい説明になるように思います。		

 指導者からの所見

3歳児は、話を聞くだけよりも、体を動かしたり、声を出す活動のほうが長い間活動に参加できると思います。子どもと一緒に楽しみながらといって、保育者が楽しくなると考えていても、子どもによって感じ方はバラバラです。私は保育者自身が笑顔で楽しむことがまず一番だと思うので、子どもと向き合うときは、明るく元気な笑顔を心掛けています。

総合評価 ★★★☆

1 日課としての活動も考えておこう

園により違いはありますが、実例園では自分のタオルを持参しタオル掛けに各自が掛ける日課があります。毎日のことですが、言葉掛けをすることで子ども達が自分の持ち物や行動を再認識できる効果があります。

> 改善例
> 迷っている子どもには「どんなタオルなの?」と問い掛けて、自分でタオル掛けをできるように援助する。

2 独特な園での活動を理解する

実例園は仏教系の幼稚園ですが、実習では他にもその園により色々な保育方針があります。各園の特徴があり、実習で戸惑うこともあるでしょう。指導の保育者の方などに活動を確認して、それぞれの活動の意味を理解しておくことが大切です。また、他の保育者の方の動きや言葉掛けを、指導案作成までにチェックしておきましょう。

Point!
3 対応は念入りに考えておく

長くゲームを行うと、必ず飽きてしまう子どもが出てきます。指導案でも、その対応を考えておく必要があります。単に「注意を引かせるように……」でなく、具体的な対応、言葉掛けができるように準備しておきましょう。突発的な対応は難しいと思われるので、指導案の段階で突き詰めておくことをおすすめします。

> 改善例
> ゲームに飽きて他のことに意識が移っている子どもには、「次はどんなカードがいい?」と相談するなど、関わりを強めて活動を楽しめるようにする。

4 自分でできるように援助する

予定される日課での活動で、起こりうる事象です。「自分で入れられるよう」に子どものやる気をいかに引き出すかがポイントです。指導案作りは、そのテキスト的な面もあります。あらゆる事象への対応は困難ですが、指導を受けている保育者に相談してもよいでしょう。

> 改善例
> 靴や帽子を出したままにしている子どもに、「靴と帽子をお家に帰してあげようね」と言葉掛けをして、自分から入れられるように援助する。

5 意欲を引き出す関わりを

子どもの頑張りを認めて「褒める」のはよいことですが、もう少し対応として掘り下げたい事象です。子どもを褒めることで、他の子ども達がどう感じているかまで考えると、よりよい結果が見えてくるはずです。

> 改善例
> 昼食の準備ができた子どもに、「わあ、早くできたね」と頑張りを認めて言葉掛けをして、周りの子ども達の意欲を引き出す。

3歳児遊び例

<食べ物はどれ?ゲーム>

●所用時間：15分

●準備するもの：○×のエリアを作っておく。食べ物カード(ニンジン・お肉・ケーキなど)、食べられないカード(電車・鍋・鉛筆など)A4寸、各3枚。

①歌をうたいながらゲームを進行する。♪食べ物屋さんに並んだ　品物カード見てごらん。どっちがおいしそう?

②保育者が1枚カードを見せて「これは食べ物かな?」と問い掛ける。

③食べ物と思う子どもは○印エリアへ、食べられないと思ったら×印エリアに行く。

④再び保育者が、○×の真ん中に立ち、カードを見せる。子ども達は自由に入れ替わり、思ったエリアに行く。

3歳 子どもの頑張りを援助する

6月3日（火）天気 雨	指導者：高田 絵穂先生	実習生氏名：水沢 真沙美

3歳児 クローバー組 男児：9 名	女児：6 名	欠席：1 名

実習のねらい	・子ども一人ひとりの個性と頑張りを認め、関わりを深める。
おもな活動	・「食べ物はどれ？ゲーム」で楽しむ。室内での遊びを広げる。

時 間	環境構成	子どもの活動	保育者の援助と配慮	実習生の動きと気づき
9：00	出入口／ピアノ／椅子／ロッカー／テープ　机は廊下に出しておく	○登園 ・泣いて、保育室に入らない子どももいる。 ・靴箱に靴を入れる。 ・タオルと連絡帳を出す。 ・タオルを掛ける。 ・体操着に着替える。	・子どもと保護者に挨拶をして迎える。 ・着替えを見守る。	○保育室の机を寄せ、席にテープを貼る。 ・登園する子どもに笑顔で挨拶をする。 ・保育室に入らない子どもに、室内に興味を持ち、入れるようにする。❶ ・タオル、連絡帳を出すことを忘れないように、着替えの前に出せるように促す。 ・脱いだ制服をたたみ、ロッカーに入れてから、体操服に着替えるよう促し、服をなくさないようにする。
9：30		○自由遊び（室内） ・ままごと、プラレール等。 ○片付け ・片付けにかからない子どもがいる。 ○排泄 ・じゅうたんの上に並んで座る。 ○室内礼拝をする。 ・黙想、仏教讃歌、お約束の言葉。 ○活動内容を聞く。	 ・室内礼拝を行いながら、子ども達を見守る。 ・一緒に手遊びを行う。	・片付けができた子どもに、自信を持てるように言葉掛けをする。❷ ・自発的に排泄できた子の頑張りを認め、「次も頑張ろう」と思えるように言葉掛けをする。 ・心を静かにして、阿弥陀様のほうに顔を向けるように伝える。 ○今日の活動内容を伝える。 ・絵本に興味を持てるよう、内容に関係のある手遊びで関連性を持たせる。
10：00	○＝保育者 ◎＝実習生 ●＝子ども ピアノ／椅子／○×／ロッカー／テープ	○手遊びをする（カレーライスのうた）。 ○絵本を見る（『パパ・カレー』）。 ○ゲームの説明を聞く。 ・絵カードを見る。 ・歌と振りを覚える。 ・できない子どももいる。 ・ルールを聞く。 ・ルールが理解できない子どもがいる。 ○「食べ物はどれ？ゲーム」をする。 ・間違ったほうに行く子どももいる。 ・正解に行った子どもが喜ぶ。 ・飽きてくる子どもがいる。	 ・見渡せる位置から、子ども達を見る。 ・集中できない子どもに、座って聞けるように援助する。 ・実習生と一緒に子どもに説明をする。 ・子ども達の動きを見守り、分からない子どもを援助する。 ・動き回る子どもを席に戻れるように言葉掛けをする。	・「どんなカレーかな」などと時々問い掛け、内容に興味を持てるようにする。 ○ゲームの説明を実演しながら行う。 ・「せーの」と言いながらカードを開き、その絵カードが何か一斉に答えられるようにし、共通の理解を図る。 ・ゆっくりと3度うたい、歌と踊りを覚えられるようにする。❸ ・移動する場所が分かりやすいよう、○、×の印を貼りながら、意味を説明する。 ・わざと間違ったほうに移動し、子どもに指摘してもらうことで、ルールの理解を深める。❹ ○ゲームを始める。 ・答えが分からない子どもに、「お友だちと相談してもいいよ」「どっちに行けばいいか、教えてあげてね」と言葉掛けをして、友だちと協力して考えられるようにする。 ・飽き始めた子どもに問い掛け、次に示す絵カードを一緒に決め、ゲームを楽しめるようにする。

時　間	環境構成	子どもの活動	保育者の援助と配慮	実習生の動きと気づき
10:40		○室内遊び。⑤ ・粘土遊び。 ・絵を描く。 ・道具が足りないという子どもがいる。	・机を従来の形に戻す。 ・道具を揃える。 ・絵の道具等を揃える。	○片付けをして、机を元に戻す。 ・道具を共有できるよう、「使い終わったら貸してあげてね」等の言葉掛けをする。 ・子どもの絵について、何を描いているのか問い掛けながら「上手だね」と言葉掛けをして、自信を持てるようにする。
11:15		○片付け ○排泄・手洗い ・なかなかトイレに行けない子どもがいる。 ○昼食準備をする。 ・手洗い、うがい ・うがいをせずに遊ぶ子どもがいる。	・保育室を片付け、清掃する。 ・昼食を用意する。 ・手洗いを援助し、見守る。	・「○○ちゃんは（粘土の）ふたをしめてくれる？」など言葉掛けをし、役割を持って片付けられるようにする。 ・清掃を手伝う。 ○昼食の準備を手伝う。 ・「今日のお昼ご飯は何かな？」と、次の活動への期待を高め、自発的に排泄できるようにする。 ・順番を待っている子どもがいることを伝え、遊ばないでうがいをできるようにする。
12:00	ピアノ ロッカー 本棚	○昼食 ・煮物の中に、ニンジンなど嫌いな食材があると食べない子どもがいる。 ・食後の「ごちそうさまでした」を皆で言う。 ・食事の片付けをする。	・昼食を見守り、食べやすい環境作りを行う。 ・昼食の片付けを行う。	○昼食を見守る。 ・食べない子どもに、食べる意欲を持てるように言葉掛けをする。⑥ ・積極的に片付けられるよう「お片付けしたら○○して遊ぼうか」と言葉を掛ける。 ・「一緒に運べたの、すごい」と言葉掛け、次も協力しようと思えるようにする。
13:10		○片付け ・自由に遊ぶ。 ○排泄 ・水を止め忘れる子どもがいる。 ・制服に着替える。	・子どもと一緒に遊びを楽しむ。 ・排泄を見守る。	・自分で気づき、水を止められるよう、忘れ物があると伝える。 ・着替えを見守る。
14:00		・自由に遊ぶ。 ○絵本を見る（『かえるとカレーライス』）。 ・黙想をし、阿弥陀様に挨拶する。 ・降園の挨拶をする。 ○降園	・子どもと一緒に遊びを行う。 ・保育室をチェックする。 ・子ども達を見送る。	・脱ぐときに「スポッ」などと言い、楽しみながら着脱を行えるようにする。⑦ ・午前の活動との「カレー」という共通点を示し、内容をより楽しめるようにする。 ・心を静かにし、感謝できるよう、阿弥陀様のほうを向き、正座するよう促す。 ・スキンシップを取りながら、一人ひとりに「明日もいっぱい遊ぼうね」と言葉を掛け、明日の登園への意欲が高まるようにする。

本日の実習から学んだこと、明日への課題	全体を通して次の活動に入る流れが悪く、また全体を見渡す視野を広げられなかったため、常に全員を把握することができていませんでした。自分がやりたい保育が達成できなかったことが本当に悔しいです。そして、弾き歌いでは子ども達を見ながらピアノを弾こうとしたのですが、ピアノから目を離したときに分からなくなってしまい、子ども達には歌をうたいづらくて、本当に申し訳なかったと反省しています。

指導者からの所見

今日は1日実習での新たな反省が出てきたと思うので、次に生かしてください。全体を見ているつもりでも、実際見ていなかったり、子どもの行動に予想外のことも起こったりします。人にはそれぞれ得意、不得意があります。自分がやりたい保育をするために、どれだけの準備と練習が必要なのかを常に考えておくことが大切だと思います。

総合評価 ★★★☆

どのように対応したのか記す

　泣いて部屋に入らない子どもは、どの園にでも毎日のようにいます。実習当日は保育室をゲームしやすいように変えているので、子どもの興味を引くように言葉掛けをしてもよいと思います。小さな点でも子どもが関心を持つことがポイントなのです。

改善例

「あれ、今日はお部屋が二つに分かれているよ」と保育室の様子がいつもと違うことを伝え、子どもが自分から入れるように興味付けをする。

 ## 子どもの長所を褒めよう

　子どもは褒められると自信を持ち、もっと上手になりたいという向上心もわいてきます。また、保育者にとっても、子どもの美点や長所を見つけることは、自身に観察力や分析力がなければできないことです。

改善例

遅れながらも片付けができた子どもに、「おもちゃ沢山持って力持ちだね」と言葉掛けをすると、うれしそうに笑顔を見せる。

できない子どもへの対応

　振りができない子どもに対して、どのように対応したのかを記してください。実習に際して、その場その場での臨機応変な対応が求められます。「できない」という事象は想定範囲内です。指導案作りの段階で考えておく必要があります。

改善例

ゆっくりと3度うたって、歌と振りを覚えてもらう。できない子どもには、歌に合わせてひざをたたく振りに変える。

 ## 子どもが指摘することが大事

　この対処の仕方はよいでしょう。実習生が例題でわざと間違えたほうへ移動することで、子どもが「あれ？」と関心を持ちます。実習では、このように子どもを引き込む工夫が大切です。

 ## 指導案と違う活動をするとき

　指導案では「晴れ」を想定し、園庭での遊びを考えていました。しかし、実習当日は「雨」の1日になり、室内遊びがメインになりました。そんなときに「遊びの引き出し」をいかに沢山持っているかが、対応の分かれ道になります。あらかじめ実習園の玩具や絵本の確認を怠らなければ、新しい遊び方や読み聞かせも考えておくことができます。「遊びの引き出し」の多さが保育者の力でもあるのです。

Point! 食べる意欲を持たせる言葉

　嫌いな食材が入っている物を食べたがらない子どもは、実際に多く見受けられます。実習の場合も、その子どもに応じての言葉掛けができるようにしておきたいものです。子どもが共感でき、納得できるような話し掛けが理想といえます。

改善例

「先生と同じおかずだね。一緒に食べようか」「これはとってもおいしく味付けできてるから、○○ちゃんも食べられるよ」と、子どもに合わせて言葉掛けをし、料理への関心や食べる意欲を持てるようにする。

 ## 工夫した点を述べる

　衣服の着脱が苦手な子どもに対して、擬音（効果音）を使って行動を促すのは大変よい手段です。楽しい雰囲気の中で行えることで、子どもも着替えが苦になりません。この例のように実習での工夫を、しっかりと記すことは大切です。

発達のめやすと保育のポイント

日常生活において友達や保育者と会話が楽しめるようになり、簡単なルールのある遊びや、ジャンケンもできるようになります。身の回りのことができるようになり、人に関心が向くことで思いやりの心も芽生えてきます。先の見通しから生じた子どもなりの我慢や努力を理解し、認めてあげることが大切です。

4歳の生活面・運動面の発達のめやす

【生活面】
● 先の見通しを持って生活できるようになる。
● 数の概念やジャンケンなど、身の回りの生活への関心が高まる。
● 人に関心が向かい、相手の立場を思いやることができる。
● 自分の作りたいイメージを持って制作を楽しむことができる。

【運動面】
● バランス感覚が養われ、片足跳びや縄跳びができるようになる。
● 二つの動作のコントロールがなめらかにできるようになる。

◆「保育所保育指針」より◆

「3歳以上児の保育に関するねらい及び内容」より抜粋
● 様々な活動に親しみ、楽しんで取り組む。
● 保育士等や友達と食べることを楽しみ、食べ物への興味や関心をもつ。
● 身の回りを清潔にし、衣服の着脱、食事、排泄などの生活に必要な活動を自分でする。
● いろいろな遊びを楽しみながら物事をやり遂げようとする気持ちをもつ。
● 友達と積極的に関わりながら喜びや悲しみを共感し合う。
● 自分の思ったことを相手に伝え、相手の思っていることに気付く。

保育のポイント ▶▶▶▶▶▶▶▶▶▶▶▶▶▶▶▶▶▶▶▶▶▶▶▶

◆結果より過程を認めてあげよう
制作活動などで失敗したときに「どうしたらうまくいくか」を考えて行動するようになります。結果だけにこだわらず、努力の過程や頑張った姿勢を認めて褒めてあげましょう。

◆先を見通し我慢する姿勢を理解しよう
日常生活において言葉が不自由ない程度に使えるようになり、先の見通しもとらえられるようになります。「だって～だもん」という言葉で自分の行動を我慢する姿勢が見られたら、理解を示すようにしましょう。

◆自立できると、人に関心が向かう
排泄が失敗せずにできるようになり、衣服の着脱もスムーズにできるようになります。できない友だちの世話をしたり、手伝いをすることに喜びを感じるようにもなります。

◆食材や料理にも興味を持って
はし使いが上手になり、友だちや先生と会話を楽しみながら食事ができます。知っている食材が増えて、料理にも興味が出る頃です。食事のマナーを見守りつつ、食に関心を持てるようにしましょう。

遊びの指導・チェックポイント ▶▶▶▶▶▶▶▶▶▶▶▶▶▶▶▶▶▶▶

◆体を自由に動かす楽しさを味わおう
身体能力がアップし、片足跳びやスキップなど、より複雑な運動ができるようになります。様々な動きが必要になる障害物競走などを盛り込み、競争する楽しさを指導しましょう。

◆じっくりと取り組んで表現しよう
絵の具の色を混ぜて使う、はさみを使って形を作る、三角や四角などが描けるようになるなど、描画活動が豊かになります。じっくりと取り組む姿勢を見守りましょう。

◆ルールのある遊びを楽しもう
友だち同士で集まって遊ぶことに興味が出てきます。簡単なルールを示し、遊びの幅を広げていきましょう。熱中し過ぎて事故や怪我のないように、環境構成は十分に注意して。

◆音楽とジャンケンを組み合わせて
メロディーを聴き分け、正確に歌えるようになります。リズムを刻み、楽器の種類も増えてきます。演奏をより楽しめるように、ジャンケンを組み合わせてみてもいいでしょう。

ジャンケン ポン!

具体的な4歳児の遊びの例は、「手形花火遊び」（P99参照）や「コーン倒しゲーム」（P104参照）などがあります。

４歳 早朝保育から延長保育まで

８月25日（月） 天気 晴れのち曇り	指導者：中井 聡子先生	実習生氏名：柴山 玲菜

４歳児 すいせん組	男児：8 名	女児：10 名	欠席：2 名

実習のねらい	・保育者の方の言葉掛けと、子ども達の表情や活動の変化、反応を見て学ぶ。
おもな活動	・プール遊びを楽しみ、エプロンシアターで関わりを深める。

時 間	環境構成	子どもの活動	保育者の援助と配慮	実習生が感じたこと、考察
7：00 8：30	・ききょう組保育室 ・すいせん組保育室 （水道 ロッカー ピアノ 棚 出入口） ○＝保育者 ○＝実習生 ◎＝子ども	○早朝保育 ○順次登園 ・荷物整理をする。	・保育者の目が届き、子ども達が安全に遊べるように、所定の場所で合同保育を行う。 ・早朝保育の子ども部屋まで迎えに行き、安全に移動できるよう保育室へ誘導する。 ・笑顔で明るく元気な声で挨拶をする。 ・子ども達の様子を見ながら援助する。❶	・合同保育を行いながら、子ども達を見守る。 ・早朝保育の子どもの迎えを手伝う。 ・保護者の方や子ども達が1日の始まりを気持ちよく迎えられるよう明るく元気な声で挨拶をする。 ・子ども達に「朝の準備しようね」等と言葉掛けし、荷物整理の様子を見守る。
8：40		○室内遊び ・おままごと・ブロック遊び・電車遊びなど	・保育室全体が見渡せる位置で、子ども達と関わる。 ・子ども達が見通しを持って遊べるように見守る。❷	・子ども達が安全に楽しく遊べているかに配慮しながら、話し掛けたり、一緒に遊ぶなど積極的に関わる。
9：00		・片付けをする。 ・排泄	・遊び続けている子どもに「もう遊ぶ時間は終わりです。お片付けしようね」と今するべきことを伝える。 ・片付けの終わった子どもからトイレへ行くよう声掛けをする。	・子ども達が意欲的に片付けに取り組めるよう「たくさんお片付けしてくれる人は誰かな？」などと声掛けしながら様子を見守る。
9：20	屋外 （園舎 倉庫 シャワー ビニールプール プール タオル置き場）	・水着に着替える。 ○プール遊び ・準備体操をする。 ・シャワーを浴びる。 ・ワニ、ウサギを真似て水中を歩く。 ・ビート板を使って泳ぐ。	・プールの後に着替えやすくしておくため、「脱いだ服は畳んで机の上に置いておいてね」と言葉掛けする。 ・怪我や事故を防ぐため、プール遊びの前に体操をし、体を温めておく。 ・体を慣らすため、ぬるめの水を浴びる。 ・楽しく水中で体を動かせるように、動物になりきって水中を歩くよう声掛けする。 ・泳ぎ方の基本を身につけられるよう、見本を見せたり言葉掛けを行いながら、子どもの泳ぐ様子を見守る。	・子ども達が安全に移動できるよう、列の後ろから様子を見守り歩く。 ・子ども達が体操に集中しているか見守りながら手本となるよう共に体操をする。 ・ワニやウサギになりきっている子どもに「上手にワニさんできてたね」など言葉掛けし褒める。❸ ・子ども同士がぶつかるのを防ぐために、順番に泳ぐよう声掛けをする。
9：50		・シャワーを浴びる。 ・着替える。 ・排泄 ・お茶を飲む。 ・絵本を読む。	・拭き残しがないよう保護者が子どもの体をタオルで拭く。 ・子どもが活動と活動の間を、楽しく過ごして待っていられるよう、絵本を読んでおくように伝える。	・着替えの様子を見守り、必要に応じて手の止まっている子どもに声を掛ける。 ・保育室全体が見える位置から子どもの様子を見守る。
10：10				
10：25	・お当番の曲をピアノで弾く。 ・子ども達は立ってうたう。	○朝の会 ・当番の子どもが前に出て、名前と今日の朝食を発表する。❹ ・「きょうもげんき！」をうたう。 ・朝の挨拶をする。 ・保護者の話を聞く。	・当番の子どもが、自分の役割に責任を持って取り組めるように配慮する。 ・子ども達が1日の活動に期待を持って取り組めるよう、今日の予定をホワイトボードに書き、見せながら説明する。	・名前や今日の朝食を大きな声で言えたことに対して、拍手を送り、頑張りを褒める。 ・保育者の話に集中できるように、前を向いていない子どもに言葉掛けを行う。

時　間	環境構成	子どもの活動	保育者の援助と配慮	実習生の動きと気づき
10：30	・保育室 ・子ども達は椅子に座る。	○エプロンシアターを見る。 『どろんこねこちゃん』	・集中していない子どもや、正しい座り方をしていない子どもに対して言葉掛けを行う。	・子ども達が体を清潔にする意味を理解し、生活に結びつけられるよう、お風呂の大切さを物語に取り入れる。❺
10：45	・遊戯室 水道　ロッカー ピアノ 出入口	○室内遊び（自由遊び） ・お絵描き遊び ・おままごと ・片付けをする。 ・布団を敷く。 ・給食の準備をする。	・子どもの側で見守り、描画しやすいように、「次は手を描いてみよう」等と具体的な言葉掛けをする。 ・子ども達が自分で身の回りのことをできるようにするため、保育者と共に午睡の準備をする。 ・午睡の準備をする保育者と、給食の準備をする保育者に分かれ子どもを見る。	・保育室全体の様子に目を配りながら、子ども達の興味関心に寄り添って遊ぶ。 ・布団を敷く場所の取り合い等が起こらないように、名前を呼ばれた子が布団を取りに来るようにする。 ・お茶を注いだり、子どもの手に消毒スプレーをするなど、給食の準備を手伝う。
11：00				
11：30		○給食 ・当番の子どもが配膳を手伝う。 ・給食を食べる。 ・食後の片付けをする。 ・寝間着に着替える。 ・絵本『3枚のおふだ』を見る。 ・排泄	・それぞれの子どもが食べきれる量を考えて盛り付けをする。 ・意欲的に給食が食べられるよう給食前に今日の献立の内容やどんな野菜が使われているかを伝える。 ・食後の片付けを見守り、援助する。 ・午睡用の服に着替えるよう言葉掛けし、見守る。 ・緊急時にすぐに対応できるよう、常に保育者がいる状態を保つ。	・盛りつけを手伝う。 ・運んでいるお皿を見ずに歩いている子どもに、「お皿をしっかり見て運ぼうね」とこぼさないように言葉掛けをする。 ・食の細い子どもや、遅い子どもを援助する。❻ ・着替えている子どもを待っている間に手遊び「はじまるよ」をする。
12：20	・遊戯室	○午睡		
14：40	・カーテンを開け、日光を取り入れる。	・お目覚めする。 ・布団を片付ける。 ・着替える。 ・当番はおやつの配膳を手伝う。	・目覚めにくい子どもや当番の子どもは、早めに声掛けし起きるようにする。 ・子ども達が着替えている間に、おやつの盛りつけや準備を行う。	・難しい言葉は言い回しを変えたり、意味を説明したりする。 ・子ども達が眠りにつきやすいように体をさすったり、リズムよくトントンしたりする。 ・明日の設定保育の準備をする。 ・早く目が覚めた子どもと関わったり、布団を片付けるよう声を掛けたりする。 ・子どものコップにお茶を注ぎ、消毒スプレーをし、おやつの準備をする。
15：00	・保育室	○おやつ ・好き嫌いをする子どもがいる。 ・片付けをする。 ・室内遊び	・無理に全て食べさせるのではなく、子どもの様子を見て食べ残してもよいか判断する。	
15：45	・保育室	○帰りの会 ・当番の子どもが、今日楽しかったことについて発表する。 ・皆で当番の子どもにお礼を言う。❼ ・「今日もありがとう」をうたう。 ・帰りの挨拶をする。 ・保育者の話を聞く。	・当番の子ども達の1日の頑張りを認め、またそのことに対して他児が感謝できるよう、皆でお礼を言う。 ・翌日の活動に期待を持てるよう、予定を伝える。	・食べ終わった子どもがお茶を飲み忘れていないかを確認し、必要に応じて言葉掛けをする。 ・当番の子ども達の発表にしっかりと耳を傾け、上手に発表できたことに拍手を送る。 ・子ども達が保育者のほうを向いて挨拶をしたり話が聞けるように言葉掛けをする。 ○保育室全体の様子を見ながら、子ども達と共にブロック遊びやお話をする。
	・ピアノ伴奏			
16：00		○順次降園 ・室内遊びをする。	・子ども達がお迎えまでの時間を、楽しく過ごせるよう配慮する。	
16：30	・園庭	○延長保育 ・外遊びをする。	・水分不足を防止するため、お茶を飲むよう声掛けをする。	・水分補給を行う。

本日の実習から学んだこと、明日への課題	今日は子ども達の前で、エプロンシアターをさせていただきました。子どもの前で演じるのは初めてでしたが、呼び掛けに応じてくれたり、皆で登場人物の名前を呼んでくれたり、沢山の反応がありとてもうれしかったです。実習も進み、最初はあまり話し掛けに来てくれなかった子ども達も積極的に関わって来てくれるようになりました。少しずつ心の距離が近づいてきているのを感じられて、感激しました。

指導者からの所見

子ども達が柴山さんと触れ合う姿を見ていると、関わり方がとても丁寧なのが伝わってきます。子どもの気持ちに寄り添うことは保育をする上でとても大切です。制作や日々の活動の中で少し難しいと感じることでも、子どもの気持ちに共感して興味を持てる言葉掛けをすることで、意欲的に自分から楽しめるようになります。子どもの気持ちに寄り添った関わりをこれからも大切にしてください。

総合評価 ★★★☆

保育者の動きの真意をつかむこと

保育者は単に見守っていたり、すぐに手伝ったりするのではありません。子どもの様子を見て、その状況や動きに応じて対応しているのです。例文のままでは、すぐに援助をしているようにも取れますが、もう少し子どもの動きを確認することが大事です。

改善例

子ども達が自分の身の回りのことを、自分でできるよう、動きを見守りながら必要に応じて、手の止まっている子どもに言葉掛けをする。

② 見通しができる援助を学ぶ

4歳になると、約束や我慢ができるなど、見通しがとらえられるようになります。時間になったら保育者がやめさせるより、子ども自身が先の見通しを持って遊ぶことが大切です。時計を指して針の形で時間の推移を理解できるようにするなど、保育者はそれぞれ工夫しています。そんな工夫を日誌に記していきましょう。

改善例

子ども達が見通しを持って遊べるように、「長い針が真上の12、短い針が左真横の9になったらお片付けをします。それまで遊んでください」と声掛けをする。

③ 言葉一つも大切に使う

子どもを褒めるのはよいのですが、「上手・下手」というように比較、ランク付けを思わせる表現は避けましょう。上手というよりも、個性的だったり、元気だったりしたことを褒めるとよいでしょう。

改善例

「強くてカッコいいワニさんができて、よかったね」と言葉を掛けるとうれしそうに笑った。

④ 園独特の活動等はしっかり示す

園によって違いはありますが、実例園では、その日の当番の子どもを決めて「朝の会」で発表を行います。このように園独特の活動や行事は、日誌を個性的、印象的にします。実例では当番の子どもに対して、「実習生の動きと気付き」でその頑張りを褒める記述がなされ、当日何回も当番に触れています。

 実習生の取り組み方を示す

実習生が行う部分では、何を教え、どう工夫したのかを記してください。エプロンシアターでは、登場人物になりきり、人形の登場の仕方を工夫しています。お話の『どろんこねこちゃん』では中心に「お風呂に入る大切さ」を置き、子ども達と「ジャブジャブ」の掛け声を楽しみながら演じました。取り組みをていねいに日誌に記すことで真摯な姿勢が伝わってきます。

⑥ 細やかな対応も忘れずにメモ

保育者の対応や援助を観察し、ポイントをメモするだけでも日誌を書くときに思い出すキーワードになります。自分の気づきと共に、ポイントだけでも記録されていれば、忘れることは減ると思います。この日誌例のように、「援助する」だけではなく、メモがあればどんなことを実際に行ったかが分かるのです。

改善例

食べるペースの遅い子どもには側で見守り、「頑張って食べられたね。もう少し食べようよ」と褒めながら、自分から意欲的に食べ進められるように言葉掛けをする。

 子ども達の声も伝える

実例園では当番の子ども達が、1日頑張って皆のために活動しています。そんな当番の子どもと皆の交わりを、子ども達の声で記しておくと、より深い理解ができるでしょう。感謝の言葉1つに、子どもの心の育ちが含まれています。

改善例

子ども達が当番の子どもに、「皆のために、今日もありがとうございました」とお礼を言う。

手形花火遊びとプール

7月 20日（金）日案・⦿時案	指導者： 津田沼 舞樹 先生	実習生氏名： 甘夏 なつき

4歳児 あすなろ組　男児：9名　　女児：11名　　計20名

子どもの姿	ねらい	活動内容
・手の平や指で絵の具の感触を味わい、色から花火が生まれるイメージを膨らませる。 ・色を作ることで、友だち同士がその違いを話し合う。	・混色で、個人個人違う色ができることに驚き、見せ合うなど子ども同士のコミュニケーションを図る。 ・プールでの水遊びで、体力向上。	・グループ全員で手形を押し、指スタンプで花火に仕上げる。 ・プールの水遊びを楽しむ。

時　間	保育の流れと環境構成	予想される子どもの姿	援助活動および指導上の留意点
8：45 9：10 9：40 10：00 10：25 10：50 11：05 11：25 12：00	・あすなろ組保育室 ○準備するもの ・水彩絵の具（ポスターカラー）・画用紙・パレット（梅鉢）・のり・色を組み合わせたもの・筆 （図：ピアノ／手洗い場の配置） （図：ピアノ／手洗い場／押す所／ホワイトボード／椅子） ・3か所に机を用意する。 （花火の図） ・プール ・あすなろ組保育室	○順次登園 ・着替え、荷物の整理をする。 ・登園した子どもから、色紙を家の形に切る。 ・積み木やブロックを出して遊ぶ。 ・片付け ・排泄 ・椅子を2列に並べる。 ○朝の過程 ・朝の挨拶をする。 ・歌をうたう。③ ・椅子をロッカー側に寄せる。 ・スモックを着て座る。 ・手形を押すときのポイントを聞いて、グループずつ、各自画用紙の真ん中に押す。 ・押し終わったら、手を洗いに行き、作品は隣の子どもが椅子まで運ぶ。 ・自分の場所に、画用紙を持って座る。 ・グループごとに梅鉢を後ろに取りに行く。 ・色を混ぜると違う色が作れることを発言する子どもがいる。 ・ホワイトボードで、色の組み合わせを見る。 ・絵の具を1色ずつ混ぜて、手形の周りに押していく。⑤ ・混色の色の変化を楽しむ。 ・手を洗って、片付ける。 ○プールの用意をする。 ・排泄・水分補給をして、水着に着替える。 ・プールで「手水でっぽう」など水遊びを楽しむ。 ・体操着に着替える。 ・排泄・水分補給をする。	・登園した園児、一人ひとりと挨拶をする。 ・切り終えた家に名前を書く。① ・おもちゃを、皆で仲よく使うことを伝えてから出す。 ・部屋を見通せる位置で、怪我などしないか見守る。 ・一人ひとりと目を合わせて挨拶をする。 ・机に新聞紙を敷き、その上に絵の具と筆を置く。3色準備する。 ・子ども達の近くで実際にやって見せて、その後、グループごとに3か所回り、真ん中の机で押すことを伝える。④ ・最後のグループが終わったら机を並べ変える。 ・梅鉢とお手拭きを一緒に渡す。 ・絵の具を3色しか入れていないことに気づき、子ども達に足りない色（緑、紫、オレンジ）はどうすればよいか聞き、混色すれば作れるということを思いつくように言葉掛けをする。 ・ホワイトボードに色の組み合わせを貼って、子どもが見てわかるようにする。 ・作品が完成した子どもから名前を書いて、ロッカーの上に並べる。 ・着替えにくそうにしている子どもの援助をする。 ・水に親しめるように、子どもと一緒に遊ぶ。 ・安全に配慮しながら見守る。 ・風邪をひかないように、素早く着替えられるように援助する。

反省と評価、考察	初めての設定保育ですが、指スタンプと手形を使った、花火遊びを考えました。目で見るだけでなく、実際に触れて、見て、感じて、知ることのできる実習が目標ですが、遅れがちなので、「時間内に終わらせる」ということを意識していきました。また、子ども達の感動を体感できれば大成功だとも思っています。

指導者からの所見

絵の具などを使うと、思っていた以上の時間がかかってしまいます。設定保育の指導案作りは、分単位まで厳密に決めておいても、現実的ではありません。しかし、区切りをしっかりとおさえて、進行や切り替えをスムーズにすることは必要です。まず自分自身の切り替えが大切です。

総合評価 ★★★☆

1 慌ただし過ぎる進行は無理

　登園後8:45〜9:10までの間に、着替え、荷物を整理し、さらに「家の形」に色紙を切らなければなりません。4歳児にはかなり慌ただしい進行といえます。実習生の援助活動にある「貼り付ける家を選ぶ」くらいの活動にとどめておいたほうが、子ども達が慌てずに済みます。家形はあらかじめ用意しておきます。

改善例

・子ども＝着替え終えた子どもから、好きな色紙の家を選ぶ。
・実習生＝子ども達の様子を見守りながら、色紙の家を渡す。

2 環境構成図もしっかりと

　実例の図では、活動に示されている「椅子を2列に並べる」が分かりません。指導計画案の流れが、環境構成を見るだけでつかめるのが理想的です。完全に作るのは難しいですが、最低限位置関係だけでも分かるようにしたいものです。

3 「導入」のための活動を考える

　次の「手形花火遊び」のために、子ども達に期待感を持ってもらう遊びや歌などを考えましょう。導入がなく、突然活動に入ることを説明されても、子ども達はとまどうばかりですし、保育の連続性も希薄です。

改善例

○導入
○歌をうたう。
・次の活動のために「とんぼのめがね」や「どんな色が好き？」「おはようクレヨン」をうたう。

4 いつ遊びを始めるのか

　いつから活動をスタートするのか、区切りがはっきりしていません。スモックを着終えたら、実習生が挨拶をして説明する時間を入れるほうがよいでしょう。

5 スムーズな進行を考える

　前例と同じように、子ども達への伝え方が不明です。最初に活動の全容を伝えても、スタンピングまで20分以上かかっています。ホワイトボードを見せて混色を説明した後、スタンピングの仕方を教えてあげたほうが、子ども達は迷わずに済みます。また、絵の具は考えている以上に落ちにくく、手指の汚れを落とす時間の取り方も足りなくなる恐れもあります。

改善例

○混色をスタンピング
・筆で1色ずつ混色し、指先につけて順番に手形の周りに押す。

4歳児遊び例

＜手形花火遊び＞

●所用時間：30〜40分　●準備するもの：水彩絵の具、パレット（梅鉢）、筆、画用紙、のり、混色の図

遊び方

①画用紙に、手形を押し花火の中心を作る。

②指先に混色した色をつけて、手形の周りにスタンピングする。

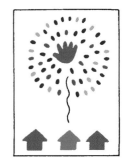

③できあがった手形花火に、家形の色紙を貼って完成。

4歳 混色の不思議に気づく工夫を

7月20日（金）天気 晴れ	指導者：津田沼 舞樹先生	実習生氏名：甘夏 なつき

4歳児 あすなろ組　男児：9名　女児：11名　計20名　欠席：0名

実習のねらい	・色の変化や混色の違いを一緒に楽しみ、子ども同士の交わりを深める。
おもな活動	・手形花火遊び（設定保育）とプールで遊ぶ

時　間	環境構成	子どもの活動	保育者の援助と配慮	実習生の動きと気づき
8：45	・あすなろ組保育室 ピアノ　手洗い場 作業している子ども ○着替えている子ども ロッカー ○＝保育者 ◎＝実習生 ●＝子ども	○順次登園 ・準備が済んだ子どもから、はさみで色紙を家形に切り、名前を書く。 ○朝の過程 ・「おはようのうた」をうたう。 ・皆で挨拶をして、当番は報告に行く。	・子どもと保護者に明るく挨拶をする。 ・子どもの健康状態を視診する。 ・はさみで怪我をしないように見守る。 ・机を並べる。 ○朝の過程を行う。 ・子どもと一緒に歌をうたう。	・子ども達に挨拶をする。 ・着替えに時間がかかる子どもへ声を掛けて、作業へ誘って、早く着替えられるようにする。❶ ・画用紙を配る。 ・机を並べ変える。 ・今日の予定を確認して、楽しみを持てるように言葉掛けをする。
9：40				
9：50	ピアノ　手洗い場 黄 青 画 赤 ●●●●●●●●●● ●●●●●●●●●● ・真ん中の机に画用紙を置く。	・「おはようクレヨン」をうたう。❷ ・スモックを着て、ロッカーに沿って座る。 ○実習生の話を聞く。 ・グループごとに手に色を塗って、各自手形を押す。 ・手を洗う。 ・右隣の子どもが、「配達屋さんごっこ」をしながら、手形を押した画用紙をその子どもの椅子まで運ぶ。	・スモックの着られない子どもを援助する。 ・手形を押した子どもの手洗いを見守る。	・歌で次の活動へ期待感を高める。 ・3色の絵の具、ホワイトボードを用意する。 ・ゲーム感覚と、お仕事ごっこを取り入れて、楽しく参加できるように関わる。 ・机を片付ける。 ・「配達屋さん」がすぐに来られるように早めに声を掛ける。
10：30	ピアノ　手洗い場 ◎　ホワイトボード ●●●●●●●●● ○ ●●●●●●●●● ・体の前で画版を横に置く。	・椅子を並べる。 ・画版を取って、2列に並べられたいつもの場所に座る。 ・絵の具を混ぜればよいことが分かり、発言する。 ・混色の組み合わせが、まだ分からない子どもがいる。 ・赤と青を混ぜる。 ・おしぼりで指を拭いても取れにくい。❸ ・青と黄、赤と黄を混ぜる。 ・指を洗う水の、色の変化も楽しんでいる。	・椅子を並べる。 ・混色が分からない子どもに、一緒に行うようにする。 ・指先の汚れを落とす子どもを見守る。 ・子ども達の活動を見守る。	・後ろのロッカーから、一人ずつに梅鉢（赤・青・黄の絵の具）を渡す。 ・オレンジ、緑、紫の絵の具を入れ忘れた振りをして、子ども達にどうすればよいか聞く。 ・混色の正解は言わず、子ども達が自分でやってみて何色になったのか聞く。 ・ゼリーカップに水を入れて配り、指先を水に入れて取れやすくする。 ・混色の組み合わせをホワイトボードを使って示す。 ・オレンジが赤っぽい子どもには黄色を足すように言葉掛けをする。
10：45	（手形花火の完成図）	・1色ずつ、1周ずつ指スタンプをしていく。 ・指でスタンプしながら、「ペタペタ」と声に出している子どもがいる。 ・自分の作った色での指スタンプを楽しんでいる。	・子ども達のできあがりを見守り、遅れている子どもに言葉掛けをする。	・指スタンプがかすれてきた子どもには付け足すように声を掛ける。 ・個性を尊重するために、順番以外は決めつけない。

時　間	環境構成	子どもの活動	保育者の援助と配慮	実習生の動きと気づき
	・椅子を並べて着替える。 ○プール ・あすなろ保育室	・「花火みたい！」と言う子どもがいる。 ・仕上げに、家の形の色紙を貼る。	・完成した作品を回収する。 ・椅子を並べるのを援助する。	・作品や梅鉢を片付ける。
11：10		・排泄		
11：25		・水着に着替える。 ○プールで遊ぶ。 ・魚とりゲーム、しっぽ取りゲームをして、水に親しむ。	・着替えを見守る。 ・プールを見渡せる位置で見守る。	・水着が着にくそうな子どもは援助する。 ・安全に配慮して見守る。 ・水に顔がつけられるように遊びの中に取り入れる。
12：00		・着替える。 ・着替えが終わった子どもから昼食の用意をする。	・着替えのできない子どもを援助する。 ・昼食の準備を手伝う。	・子どもの着替えや片付けの援助をする。 ・昼食準備をする。

本日の実習から学んだこと、明日への課題	今日の設定保育は、色の変化とスタンピングに重点を置いた活動でしたが、どの子どもも自分の力で精一杯花火を作ってくれたと感じました。手を洗う水の色の変化や、絵の具の混色をしたときの色の変化を見て、それぞれ思ったことを発言し、大人には見えない子ども目線の発見をたくさんすることができました。時間がギリギリまでかかってしまい、慌ただしい活動になってしまったことが反省されます。また、水遊びの時間はもっと長くしてもよかったと思いました。

指導者からの所見

プールまでのバタバタした時間の活動でしたが、甘夏先生が慌てることなく、最後まで投げずに進めてくれたため、子ども達も勝手に遊び出すこともなく、ていねいに作品を仕上げることができていました。子ども達の達成感と満足感にあふれた表情が素晴らしかったです。

総合評価 ★★★☆

1 言葉掛けで逆に慌てさせない

早く着替えられるように言葉掛けをするのはよいのですが、着替えの遅早は個人差や発達の状況にもより差があります。片足を上げてケンケンできる子どもは、ズボンのはき替えもスムーズですが、ケンケンが苦手な子どももそれも苦手です。言葉掛けも、早く着替えることに主眼を置き過ぎないことが大切です。

改善例

「ズボンをはいたら、色紙でお家を作ろう。何色がいいか考えておこうね」と言葉掛けをし、次の活動へ誘う。

2 指導の先生のアドバイスを生かす

指導案作りの段階では未定だった導入のための歌は、色とのつながりで「おはようクレヨン」になりました。曲は2〜3曲用意しておいて、全体の進行を見て1曲だけで活動に移るなど、臨機応変に対応できるとよいです。

3 説明不足は誤解の元

「指を拭く」のは、指に絵の具をつけて混色する際に、余分な色が入らないようにするためです。混色の仕方の解説がないため、何のための行動なのか伝わりにくいようです。

改善例

指で混色するため、新しい色をつける前に指を拭く。おしぼりでは取れないので、ゼリーカップの水で指を洗う。

 Point!

4 慌ただしい工程を整理しておく

仕上げに家型を貼る工程は、慌ただしい作業の中で自分の家を探し、のり付けをする手間が加わります。全体の進行を見て、後で貼るなどするようにしてもよいでしょう。子ども達との活動は必ずしも時間通り、予定通りにはいきません。指導案作りから余裕を持った計画を立てたいものです。

子ども達全体の様子をつかむ

8月　5日（水）　日案・時案	指導者：菱川 麻由子 先生	実習生氏名：深田 朝

4歳児 ちょうちょ組　男児：10名　　女児：6名　　計16名

子どもの姿	・元気いっぱい全身を動かすことで、健やかで楽しい1日を過ごす。 ・友だちと一緒に同じダンスやゲームで楽しく遊んでいく。	ねらい	・ルールや約束を守って、仲よく一緒にゲームを楽しむ。	活動内容	・ダンスを皆で楽しむ。 ・コーン倒しゲームで体を動かす。

時　間	保育の流れと環境構成	予想される子どもの姿	援助活動および指導上の留意点
8：15	〈保育室〉 ・カレンダーの日にちを合わせ、子どもが日にちを確認できるようにする。	○登園 ・身支度をする。 ○自由遊び ・折り紙、積み木等。	・子ども達に元気よく挨拶をし、視診をする。 ・ときどき声掛けをして、身支度を意欲的に行えるようにする。❶ ・前もって片付け始める時間を伝えることで、気持ちの切り替えがしやすいようにする。
9：10	〈遊戯室〉	・片付けをする。 ・遊戯室へ移動する。	・意欲的に片付けた子どもや手伝った子どもを褒めることで、満足感や自尊心を得られるようにする。 ・子ども達が注目できるように、活動を説明する。
9：15	［ステージ図］ 〇＝保育者 ◎＝実習生 ●＝子ども	○ダンスの練習 ・周りとぶつからないように広がって、友だちと一緒に楽しくダンスをする。	・楽しく全身を動かせるように、保育者自身が楽しみながら、大きな動きで行う。
9：30		・水分補給をする。	
9：35	〈保育室〉 ・椅子を持って来て座る。	○朝の会 ・歌（「あさのうた」）をうたう。 ・大きな声で元気よく挨拶をする。 ・当番は一人ずつ名前を言う。 ・みんなで当番に「お願いします」を言う。	・子ども達が自信を持って大きな声でうたえるように、入る合図や歌詞のリードをする。 ・上手に発表できた子どもはみんなの前で褒めることで自尊心やうれしさにつなげる。 ・他の子どもの意欲、自ら気付いてできる力にもつなげる。
10：00		○排泄 ・遊戯室へ移動する。	・帽子、水筒を持って行くよう声掛けをし、裸足になっているか確認する。
10：10	〈遊戯室〉 ［ステージ図］ 〇 ◎ ▲＝コーン	○『コーン倒し』をする。 ・手遊びを通して、保育者によく注目して話を聞く。 ・ルールを確認する。 ・2チームに分かれてコーン倒しを行う。 ・立っているコーンの数を皆で数える。 ・勝ったチームは喜んでいる。	・話し始める前に手遊びをすることで注意を向けられるようにする。❸ ・保育者がコーンの倒し方を見せることで、視覚的にも理解できるにする。 ・ゲームをしている様子から、子ども達の身体能力やチームのバランスなどを見て考える。❹ ・勝った喜びに共感する。 ・勝ったチームは、負けたチームの頑張りを讃えるように言う。
10：40		○シャワーを浴びる。 ・服をたたんだり、体を拭いたり、自分でできることは自分でやるようにする。 ・昼食の準備をする。	・シャワーの気持ちよさに共感する。 ・着替えなどの補助をする。

時　間	保育の流れと環境構成	予想される子どもの姿	援助活動および指導上の留意点
11：10	ランチルーム	○昼食 ・友だちや保育者との会話を楽しみながら食べる。 ・食べ終えた子どもは皿等を返却し、並んで待つ。	・楽しく食事の時間を過ごせるよう、子どもと会話をし、なごやかな雰囲気を作る。 ・食べられているか全体の様子を見守り、声掛けや援助を必要に応じて行う。
12：00	〈保育室〉 ・電気を消し、カーテンを閉じて静かな環境を作る。	・保育室へ戻り、歯磨きをする。 ○午睡	・食べ終えた子どもが多くなってきたら、保育室へ戻り、歯磨きをするよう声掛けをする。 **5** ・ゆったりとした気持ちで寝られるように、体をトントンする。
14：00	 ・積み木は広いスペースに置き、のびのびと遊べるようにする。	○起床 ・自分の布団をたたみ、片付ける。 ・自由に遊ぶ。 ・ままごと、積み木などを楽しむ。	・名前を呼び掛けるなどして起こす。 ・自由遊びの中で、子ども達のイメージを広げるような声掛けをする。 ・怪我やけんかにつながりそうな行動は注意を呼び掛ける。 ・事前に片付け始める時間を伝えることで、前もって気持ちの整理ができるようにする。 **6**
14：50	*（保育室の配置図：ままごと、絵本、積み木）*	・片付けをする。 ○排泄 ○おやつを食べる。 ・皿とコップを出し、グループごとに座る。 ・全員で「いただきます」の挨拶をする。	・おやつの準備をする。 ・牛乳を配膳する。 ・全員に配膳が行き届いたことを確認したら、当番に挨拶を言ってもらう。 ・全体の様子を見守る。
15：10	*（配置図：ゴミ箱、テーブル配置）*	・「ごちそうさま」の挨拶をする。 ・ゴミを捨て、コップ、皿を洗う。	・おいしさに共感しながら一緒に食べる。 ・ゴミの捨て忘れなどがあれば、声掛けをしていく。
15：20	・ゴミ箱を置いておく。 ・保育室を清潔に保つために掃除をする。	○帰りの身支度をする。 ・持ち帰るものをかばんに入れる。 ○かばんの確認をする。 ・1つずつ順に中身を確認していく。	・作ったものを持ち帰るよう声掛けをする。 ・全員が持っていることを確認してから、次のものへと移る。
15：40		○絵本を見る（『いいからいいから』）。 ・手遊びをする。 ○帰りの会 ・当番にお礼を言う。 ・当番は明日の当番の名前を伝える。 ・今日1日の振り返りと明日の予定の確認をする。 ・元気よく帰りの挨拶をする。 ・自由に遊ぶ。	・子ども達に問い掛けたり、反応を見ながら絵本を読み進める。 ・手遊びをし、全体が静かに落ち着くようにする。 ・気持ちを切り替えられるようにする。 ・楽しかったことを振り返り、また明日も活動が楽しみに思えるような言葉掛けをする。
15：45		○順次降園	・全体の様子を見守る。

反省と評価、考察	指導案作りで、改めて気持ちの切り替えに対する保育者の援助の重要性を感じました。「まだ遊んでいたい」という気持ちと「でも、今はお話を聞く時間だ」という気持ちの葛藤を子ども達は持っていて、保育者はその気持ちを理解し、受け止めることが大切だと思いました。そして、子どもへの理解と、その時々の対応をきちんと考えることができるように成長しなくてはと感じました。

指導者からの所見

　4歳児は、できることも多くなってくる反面、沢山の葛藤を持っていると思います。月齢によっても発達がまだまだ違う時期なので、それを考えながら関わるようにしています。また、子ども達の気分や体調などによっても関わりは変わってくることも知っておいてください。

総合評価 ★★★☆

1 ときどきのタイミングはいつ

「ときどき声掛けをする」では、いつ行うのか判然としません。子ども達の動きを見守り、全体の流れを見ながら「適宜」声掛けを行うようにします。「意欲的に行える」にも、タイミングが大切なのです。

改善例

遅れ気味の子どもや、遊んでしまっている子どもには適宜言葉掛けをして、「着替えたら積み木しようか」など次の活動への期待を持たせて意欲を起こせるようにする。

Point!

2 指導案の段階での環境構成

指導案では、細やかな打ち合わせが行われていないため、環境構成図は未確定なものを示すこともあります。実習園での打ち合わせと助言を受けて、実習当日までに自分の中で整理しておくようにしましょう。

3 導入はしっかりと考えよう

「コーン倒し」の説明をする前の導入でしたら、何を行うか指導案の段階で考えておきましょう。手遊びでしたら「とんとんとんとんひげじいさん」など、体を動かすものや、リズム遊びがよいでしょう。体を動かし慣れることで、ゲーム中の怪我や事故を起こすことが減ってきます。

4 何を考えるのか明確に

このコーン倒しゲームは、勝ち負けを競う面もありますが、あくまで身体能力と機敏さを養う遊びです。ここで、ゲームの様子を見て判断できることは、ルールを守って子ども達が一緒になって遊べるかです。

改善例

ゲームを見ながら、子ども達の身体能力を判断し、次の同様の活動に生かせるようにする。

5 遅い子どもが取り残されないように

食べ終えた子ども達だけを見て声掛けをすると、食事が遅い子どもは気にしてしまいます。食べるスピードは個人差があります。この例の場合は、全員への声掛けは大事ですが、遅れている子ども達への言葉掛けを行うことも大切です。全体をつかまえた上で声掛けのタイミングを考えてください。

6 切り替えと見通し

気持ちの切り替えをうながすことも目的の1つですが、もっと大切なことは、片付け始める時間を知らせることで、子ども自身が「あと少しで遊びを終えなきゃいけないんだ」という見通しを立てるようにすることです。

改善例

前もって遊びと時間の見通しを立てられるようにする。

4歳児遊び例

\<コーン倒しゲーム\>　●所用時間：20〜30分　●準備するもの：カラーコーン（パイロン）10本位。なければ空の1.8〜2ℓペットボトルで代用。

遊び方

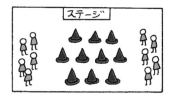

①倒す側と直す側の2チームに分かれ、コーンをはさんで並ぶ。

②スタートの合図で、倒すチームはコーンを倒し、直すチームは倒れたコーンを立て直す。足を使わずに手で倒す。

③一定時間が来たら終了。立っているものと倒れたもの、どちらのコーンが多いかを数える。

④どちらか多いほうが勝ち。チームを交代して続ける。

保育園 全日実習日誌例

4歳 臨機応変に対応して乗り切る

8月5日（水）天気 曇り	指導者：菱川 麻由子先生	実習生氏名：深田 朝

4歳児 ちょうちょ組 男児：10 名	女児：6 名	欠席：0 名

実習のねらい	・1日の流れと子ども達の姿を、活動を通して正しく捉える。
おもな活動	・全身を動かすゲームで、体を丈夫にする。

時 間	環境構成	子どもの活動	保育者の援助と配慮	実習生の動きと気づき
8：15	＜保育室＞ [積み木 ロッカー 机の図] ・積み木は中央の広いスペースに置き、のびのびと遊べるようにする。	○登園 ・身支度をする（タオルを掛ける、歯ブラシを出す等）。 ・自由遊び ・積み木やあやとり等。	・元気よく挨拶をし、視察する。 ・身支度の様子を見守り、声掛けや援助をする。 ・事前に片付け始める時間を伝えることで、見通しを持ってスムーズに片付けられるようにする。	・一人ひとりに元気よく挨拶をする。 ・子ども達が、自力で身支度を済ませるために、見守る。 ・一緒に遊びながら子どもの作った満足感に呼応しながら、一緒に遊ぶ。❶
8：55		・片付けをする。 ・排泄 ・水筒を持って遊戯室へ行く。	・片付けるように声掛けをし、一緒に片付ける。	・時間に気付き、全体に声掛けをしてくれる子どもを褒め認める。
9：00	＜遊戯室＞	○ダンスの練習をする。 ・ポンポンをつけ、ダンスの練習をする。 ・水分補給をする。	・よい手の動きと、あまりよくない動きの例を、子ども達に示すことで、どのように踊ればよいか考えられるようにする。❷	・移動の際に先頭を走り、ダンスの意味を説明する。
9：45	＜保育室＞ [ステージ コーン ライン フラフープ の図]	○朝の会 ・歌をうたう。「おはようクレヨン」「おばけのたまご」。 ・大きな声で元気よく挨拶する。 ・当番に「お願いします」と言う。	・子ども達を見守りながら、一緒にうたう。	・明るく元気にうたえるように、声掛けをする。 ・子ども達に、どのような挨拶をしているかたずねる。しっかりその子に感謝の気持ちを伝え、喜びを感じられるようにする。❸
10：00	＜遊戯室＞	・排泄 ・遊戯室へ移動する。	・帽子、水筒を持っていくように声掛けをし、裸足になっているか確認する。	・帽子、水筒を忘れている子どもがいたら、声を掛ける。 ・導入として、手遊び「とんとんとんとんひげじいさん」を行う。
10：10	[ステージ コーン の図] ・怪我防止のため、ステージで見学するときには、ステージに腰かけておくようにする。❹	○『コーン倒し』をする。 ・手遊びを楽しみ、保育者の説明に注目する。 ・ルールを確認する。 ・保育者の問いに答えながら、ルールを確認する。 ・2チームに分かれてコーン倒しを行う。 ・足を使ってコーンを倒す子どもが出てくる。❺	・話し始める前に一緒に手遊びをすることで、注目を向けられるようにする。 ・保育者がよい例、悪い例を見せることで、視覚的にも理解できるようにする。 ・乱暴なことをしていないかなど安全に注意して見守る。	・子ども達の前で遊び方とルールを説明する。 ・保育者が子ども一人ひとりに合わせて、目の前でやって見せたり、言葉掛けをして、個々に再確認していることに気付く。 ・勝った喜びや、次のゲームへの意欲を子どもと共感し合う。
10：40		○シャワーを浴びる。 ・服をたたむ、体を拭くなど、自分でできることは自分でするようにする。	・シャワーをきちんと浴びているか見守る。 ・着替えなどの補助をする。	・着替え、体を拭くなどの補助をする。

第3章 『年齢別』実習日誌と指導案の実例集

4歳／全日実習指導案例・全日実習日誌例

時　間	環境構成	子どもの活動	保育者の援助と配慮	実習生の動きと気づき
		・着替えが終わったら椅子を片付け、昼食の準備をする。		
11：00	＜ランチルーム＞ 水道	○昼食 ・箸と椅子を出し、座る。 ・「いただきます」の挨拶をする。 ・保育者や友達と会話をしながら楽しく食べる。 ・食べ終えたら片付けをし、並んで待つ。	・配膳をする。 ・全体の様子を見守る。 ・楽しい雰囲気で食事を楽しむ。	全員に配膳が行き届いたことを確認したら当番に「いただきます」を言ってもらう。 ・会話しながら、楽しい食事の雰囲気を作って食べる。 ・食べられているか様子を見守り、声掛けをする。 ・大半の子どもが食べ終え、並べたら保育室へ戻る。
11：40		・保育室に戻り、歯磨きをする。 ・排泄		・トイレに行ったか確認する。
12：00	・電気を消し、カーテンを閉める。	○午睡 ・眠らない子どもは起きて、布団をたたみ、となりの組の部屋で自由遊びする。	・眠らない子どもを連れていく。 ・全体の様子を見守る。	・ゆったりとした気持ちで眠れるよう、トントンする。 ・一緒に絵本を読んだり、遊んだりする。
14：00	ままごと　絵本 積み木	○起床 ○自由遊び ・あやとり、絵本など ・片付けの時間になったことに気付き、みんなに伝える。 ・片付けをする。 ・排泄	・全体の様子を見守り、子ども達の話を聞いたり、一緒に楽しく遊ぶ。	・事前に片付け始める時間を伝えることで、スムーズに片付けに移れるようにする。 ・時間に気付いたことを褒め、伝えてくれたことにお礼を言うことで、<u>満足感や次の意欲につなげる。</u>❻
14：45		・おやつの準備をする。	・机を消毒し、おやつを配膳する。	・トイレに行き、おやつの準備をするよう伝える。 ・全員に配膳が行き届いたら、当番に挨拶をしてもらう。
15：00		○おやつ ・「いただきます」の挨拶をする。 ・「ごちそうさま」の挨拶をする。 ・コップと皿を洗う。	・会話をしながら、一緒に楽しく食べる。 ・子どもと一緒に挨拶をする。	・全員が食べ終えたら、挨拶をしてもらう。
15：30		○帰りの身支度をする。 ○かばんの中身を確認する。 ・1つずつ順に、中身を確認していく。 ・グループごとにかばんをロッカーにしまう。	・帰り支度を見守る。 ・グループを誘導する。	・静かに注目して聞けるように声掛けをする。 ・子ども達が全員用具を持ち上げているのを確認してから、次のものに移る。 ・混雑を避けるためにグループごとに行う。
15：45	・積み木は中央の広いスペースに置き、のびのびと遊べるようにする。	○帰りの会 ・当番にお礼を言う。 ・当番は、明日の当番の名前を言う。 ・絵本を見る（『いいからいいから』） ・元気よく帰りの挨拶をする。 ○自由遊び ・積み木やあやとり等 ○順次降園	・全体を見守る。 ・子ども達と一緒にお礼を言う。 ・走り回っている子どもには危ないことを伝え、怪我やけんかを回避する。	・<u>振り返りの意味に気づく。</u>❼ ・「せーの」で声を揃えてお礼が言えるようにする。 ・手遊び、絵本を読む。 ・子どもの顔を見ながら、帰りの挨拶をする。 ・子どもたちと一緒に遊び、さらに展開していく。

| 本日の実習から学んだこと、明日への課題 | 1日実習をさせていただいて、全体へ話すときの注意の向けかたや、声のトーンのメリハリについて学ぶことができました。また、全員の顔がこちらを向いていることを確認してから話し始めることの大切さや、あえて小さな声で話し、子ども達自身が注意して聞こうとするようにすることや、逆によく通るように大きい声ではっきりと話す場合もあることなど、声の出し方、使い方の大切さに気付きました。実習中は臨機応変に行動し、子どもと落ち着いて関わり、言葉掛けをしていきたいと思いました。 |

指導者からの所見

元気いっぱいの子ども達に合った活動で、興味を持って取り組めてよかったと思います。子ども達に話すのは、まず保育者がしっかりと見通しを持っていることが大切だと思います。ただ、十分に準備をしていても、想定外のことが沢山起こるのが、日々の保育での子ども達の面白さでもあるのです。どんなときでも対応できる臨機応変さを、これからの学びで身に付けてください。

 1 表現が重なるのを避ける

「一緒に遊びながら〜」と「呼応しながら一緒に遊ぶ」という表現のダブリが気になります。日誌に記す場合、何を伝えたいのか、まずその部分を書いてください。この例では、子どもが積み木を作り終えた満足感を喜びを伝えたいのでしょう。

改善例

一緒に積み木で遊び、できあがった満足感と喜びを笑顔でかみしめ合う。

 2 保育者の優れた指導を学ぶ

子ども自身の学びと判断力で答えを導き出せるようにするのは、大変優れた援助です。実習は保育者の優れた援助を学ぶ場でもあり、実習生の観察力と理解度が日誌に現れますので、忘れずに記述しておきましょう。

 3 表現を考え、整理する

「喜びを感じられるように〜」は、誰に何を感じてもらうのかが、はっきりしません。限られたスペースではありますが、もう少し整理して書いてみましょう。

改善例

教えてくれた子どもに感謝の気持ちを伝え、相手にうまく伝えられた喜びを子どもが感じられるようにする。

総合評価 ★★★☆

Point! **4 指導案より優れたものにする**

指導案では未定だった細やかな設定と対応が、形になってきました。実習当日までにブラッシュアップされたことで、環境構成も大きく変わり、よりよくなったことがわかります。

 5 ルールを守る工夫を

あらかじめ「足は使わない」と口で説明していたかもしれませんが「反則したらレッドカードを渡す」などルールを守る工夫があったらよかったでしょう。遊びにもルールがあることは、4歳児なら理解できます。

 6 褒めることは毎日でよい

見通しを持って時間を計り、皆に知らせることができた喜びを実習生が褒めています。このような体験は子どもの心の成長の大きな糧となります。業務に忙殺されがちですが、子どもを褒めることは毎日でも行いましょう。

 7 気づきには学んだ内容を

「意味に気づく」とありますが、何に気付いたのか、具体性が見えてきません。気づきの欄には何に気づき、学んだのかが分かるように書きましょう。

改善例

帰りの会の「振り返り」は、今日の活動を楽しい思い出として、子ども達が気持ちを共有できるように行っていることを、保育者の対応と声掛けから学んだ。

発達のめやすと保育のポイント

仲間と共に協力して教え合い、目標に向かっていくことにうれしさややりがいを感じます。友だちとの話し合いの中で互いの役割分担を考え、主体的に行動できるようになります。また、時間軸や空間を認識できるようになるため、会話や描画表現にも膨らみができてくる時期です。

5歳の生活面・運動面の発達のめやす

【生活面】
- 仲間と教え合い、協力して目標に向かうことにやりがいを感じる。
- 友だちと話をする中で、互いの考えをすり合わせることができる。
- 今を基点とする時間軸を認識し、計画を立てて行動することができる。
- 地面と空、出発地と目的地のように、「間」を認識できる。
- 話し言葉が充実し、書き言葉へと関心が向かう。

【運動面】
- 竹馬や縄跳びなど、空中で重心をコントロールできるようになる。

◆「保育所保育指針」より◆
「3歳以上児の保育に関するねらい及び内容」より抜粋
- 保育所における生活の仕方を知り、自分たちで生活の場を整えながら見通しをもって行動する。
- 自分の健康に関心をもち、病気の予防などに必要な活動を進んで行う。
- 危険な場所、危険な遊び方、災害時などの行動の仕方が分かり、安全に気を付けて行動する。
- 友達と楽しく生活する中できまりの大切さに気付き、守ろうとする。
- 共同の遊具や用具を大切にし、皆で使う。
- 高齢者をはじめ地域の人々などの自分の生活に関係の深いいろいろな人に親しみをもつ。
- 身近な物を大切にする。

保育のポイント ▶▶▶▶▶▶▶▶▶▶▶▶▶▶▶▶▶▶▶▶▶

◆頑張る姿勢を応援しよう
目標を持つと、どうしたらできるようになるのか、自分で考えながら懸命に練習します。「できた！」と子どもが喜ぶ姿勢を十分に受け止めてあげましょう。

◆言葉のイメージをふくらまそう
話し言葉から書き言葉へと関心が広がり、文字を書く楽しみも始まります。言葉のイメージが膨らむような絵本選びや、身近な体験を文字に表す取り組みをしましょう。

◆動植物を育てよう
現在―過去―未来へと、時間軸の認識ができるようになります。動物や植物を身近に置いて観察することで、時間の流れをよりはっきりと感じる取ることができるでしょう。

◆仲間と協力する主体性を尊重しよう
目標に対して見通しを持って計画を立てることができます。子ども達同士で話し合い、考えをすり合わせていきます。子ども達の主体性を損なわないようなフォローをしましょう。

遊びの指導・チェックポイント ▶▶▶▶▶▶▶▶▶▶▶▶▶▶▶▶▶▶▶▶▶

◆遊びに必要な物を作ろう
実際の遊びに必要な物を作ることで、制作意欲がより高まります。仲間と話し合って協力し、いろいろな素材を使って工夫する楽しさを味わいましょう。

◆対抗リレーで遊ぼう
運動能力が高まり、複雑な動きができるようになります。リレーに鉄棒や縄跳びなどの障害物を取り入れて、挑戦する楽しさを体感しましょう。応援したりされたりで仲間との一体感も高まります。

◆ルールのある遊びを楽しもう
子どもたち同士でルールのある遊びを楽しめるようになります。多少のもめ事が起こっても、干渉し過ぎないように見守りましょう。

◆合唱や輪唱を楽しもう
さまざまなメロディーや歌詞を楽しむことができるようになります。合奏や輪唱など、子どもたちが自由に主体的に表現できるようにしましょう。

具体的な5歳児の遊びの例は、「カタカタがいこつを作ろう」（P113）や「じゃんけん遊び」（P118）などがあります。

幼稚園 参加（補助）実習日誌例

5歳 子どもの気持ちに寄り添う

6月6日（土）天気　くもり		指導者：竹中　章子先生	実習生氏名：村田　光

5歳児　みどり組　　男児：6名　　女児：9名　　計15名　　欠席：0名

実習のねらい	・子どもの気持ちに寄り添った保育を学ぶ。
保育のねらいとおもな活動	・参観日として保護者の方に幼稚園でのくらしぶりを見ていただき、一緒に遊ぶ。

時　間	環境構成	子どもの活動	保育者の援助と配慮	実習生の動きと気づき
7：50			・あか組の先生と一緒に保護者参観の打ち合わせ。歌の録音の準備や黒板に歌詞を書く、室内の配置などについて確認する。	・先生方に挨拶をし、部屋、テラスの掃除を行う。 ・保護者の方からなるべく子どもの表情が見ることができるように、❶椅子の配置などを考慮されていた。
8：00	・保育室 （図：ロッカー、テラス←園庭へ、ピアノ、黒板、保護者、日付とスケジュール❸） ○＝保育者　□＝実習生　●＝子ども	○順次登園する ・登園してきた子どもから着替えを済ませ、タオル、コップなどの持ち物を決まった場所に置くなど、朝の支度を済ませる。❷ ・帳面に出席シールを貼り、テーブルの上のかごに順次入れる。 ・Sくんは教室にいったん入ったものの、保護者が来るかどうかが気になって、玄関まで戻り、そこでずっと待っている。 ・Sくんのことが気になる女の子（MちゃんとTちゃん）が先生に理由を聞きにくる。	・H先生は玄関で登園してくる子どもを迎え、元気よく挨拶する。 ・K先生は保育室で、保護者と子どもに笑顔で挨拶する。 ・保護者の方々に教室の奥に入ってもらうようにお伝えする。 ・連絡帳を確認する。 ・Sくんがなかなか教室に入ろうとしないので、K先生がSくんを呼びに行く。 ・朝の会が少し遅れる旨を、子ども達と保護者に伝える。 ・Sくんが保護者と共に教室に入ってきたので、Sくんに「よかったね」と声を掛け、保	・H先生と共に玄関に出て、登園してくる子どもに元気よく挨拶する。 ・登園された保護者の方にも、元気よく挨拶する。 ・全員が教室に向かったことを確認して、H先生と共に保育室へ向かう。 ・連絡帳のシールについて子どもと会話する。Kちゃんは猫が大好きで、今月の猫のシールがとてもかわいいと気に入っている様子だった。 ・Sくんのことが気になり、K先生と一緒に行ってみようかと思い、H先生に相談した所、保育室に残って他の子ども達の様子を見ていてほしい、とのことだったので、保育室に残った。 ・子ども達や保護者の方と話をしながら、Sくんが保育室に入るのを待つ。
8：30		○朝の会 ・歌「おはよう」、「小さなカエルさん」 ・1番は声が小さかったが、2番、3番と保護者の方も加わり、子どもたちの声も大きくなった。	護者に挨拶をする。 ・朝の会の始まりの挨拶をする。 ・子ども達と共に、保護者の方にもうたってもらえるように、歌詞を書いた黒板を保護者から見られる位置に移動し、一緒にうたうように呼び掛ける。 ・よくうたえたことをたたえ、保護者に一緒にうたってくださったことへの感謝の言葉を伝える。 ・今日一日の流れと注意事項を黒板を使って保護者と子どもに伝える。	・Sくんが無事にお父さんと保育室に入ってきたため、安心した。Sくんのお父さんに挨拶し、Sくんが普段、縄跳びをとても頑張っていることなどを手短かに話した。 ・子どもと一緒に歌をうたう。保護者の方が声を出してくれると、子どもの表情が明るくなり、喜んでいることがよく分かった。保護者の方に積極的に参加いただくことの大切さを感じた。
9：00	・園庭 保護者の方にも畑を見ていただく。	○班に分かれ、園庭に出て育てている野菜に水やりをする。 ・保護者の方にそれぞれの班の畑を案内する。 ・手洗い、うがい、排泄をする。水分補給を行う。	・テラスから出て、園庭の畑の水やりをすることを伝える。子ども達のそれぞれの役割を確認する。 ・保護者の方に野菜について説明をしながら、子ども達の頑張りと感想を聞く。 ・土をいじったので入念に手洗いし、トイレと水分補給の後、ホールへ移動するように伝える。	・子ども達と共に園庭に出て、野菜の成長について話をしながら観察する。❹ ・子ども達と一緒に手洗いを行うと同時に、きちんと洗っているかチェックする。

第3章　『年齢別』実習日誌と指導案の実例集

5歳／発達のめやすと保育のポイント・参加（補助）実習日誌例

時　間	環境構成	子どもの活動	保育者の援助と配慮	実習生の動きと気づき
9：30	・ホール（舞台／ピアノ／子どもチーム／保護者チーム／入口の図）表裏で色が違うカード ・白と黒が同じ数になるように床にカードをちらばし、合図とともに自分の色と違うカードを裏返す。 ・時間が来たら終了、それぞれの色のカードを数え、多いほうが勝ち。 ・ゲームの間は音楽を掛けて楽しい雰囲気を作る。	○準備体操 ・ピアノに合わせ、ストレッチ体操を行う。 ・Tくんだけ、体操を皆と一緒にやらず、最後までじっと座りこんでいた。 ○オセロゲーム ・すでにやったことのあるゲームのため、おおはしゃぎをして喜び、皆で手を取り合って飛び回っている。 ・Tくんも友達と一緒に喜んで「勝つぞー！」とうれしそうにしている。**6** ・3チームに分かれ、オセロゲームを楽しむ子どもチームの勝ちが決まったときは皆で大声を上げて喜んでいた。 ・保護者の方に向かって皆で声を合わせ、お礼を言う。 ・カードを片付け、保育者に渡す。	・ピアノの弾く担当と、前で子どもの手本になるように鏡合わせで体操を行う担当に分かれて行う。 ・Tくんに「一緒にやろう」と声を掛けるが、無理強いはしない。 ・親子対抗のオセロゲームを行うことを伝え、ルールを説明する。 ・保護者の方に集まっていただき、子ども達と共にカードを床にちらばし、準備する。 ・頭をごっつんこしないように注意を促す。 ・3チームに分かれ、待っているチームは沢山応援するように伝える。 ・3回戦行い、ゲームを始める前に「頑張るぞー」と声掛けを行い、子どもの意欲を高める。 ・終わりに、子どもたちの頑張りを褒め、保護者の方々に一緒にやってくれたお礼を言うように子ども達に伝える。 ・ゲーム終了とクラスの部屋まで戻ることを伝え、カードの片付けを呼び掛ける。	・子どもたちと一緒に、体操を行う。 ・Tくんが一緒に体操をしないことが気になった。どうしてやりたくないのか、理由を聞いてみたほうがいいのか、そのままにしておいたほうがいいのか、対応の仕方にとまどった。**5** ・子どものチームの中に入り、一緒にゲームを楽しむ。 ・保護者、子どもが頭をぶつけないように、注意しながら見守る。 ・対戦が終わったら各チームの色の数を子どもと一緒に数える。 ・子どもチームの勝ちを、子どもと共に喜ぶ。 ・保護者の方に子どもと一緒にお礼を言う。 ・ホールの片付けを行う。
10：15 10：25	・保育室（ピアノ／保護者の図）	○排泄、水分補給をする ○降園の準備をする ・制服に着替える ・荷物をまとめる ・保育者の話を聞く ・今日楽しかったことを、一人ひとり発表する。 ・オセロゲームのやり方について、少し議論になる。 ・もっと面白くするためのアイデアが出る。	・排泄、水分補給が行われているかを確認する。 ・オセロゲームで沢山汗をかいたので、水分をちゃんととるように伝える。 ・子どもに連絡帳を配る。 ・明日の予定を伝える。今日楽しかったこと、心に残ったことを一人ずつ話してほしいと子どもに伝える。 ・オセロゲームについて、子ども達からカードの取り合いになったときにどうすればいいかという提案があり、提案してくれたことを褒め、新たなルール決めを明日考えることを提案する。	・風邪をひかないように、汗をたくさんかいている子どもにタオルで汗をよく拭くように、また、お茶も飲んで水分を補給するように伝える。 ・制服の着替え、荷物のまとめがスムーズに行われているか、子ども達を見守る。 ・子どもたちの話を聞き、一人ひとりに拍手を送る。 ・ゲームの仕方について、子どもからルールの見直し案が出たのは驚いた。**7**
11：15		・園長先生のお話を聞く ○降園する 「さようなら」の挨拶をして、保護者と一緒に降園する。	・保護者の方々に、園の様子などをそれぞれ伝えるなどして、保護者とコミュニケーションをとる。	・保護者の方や子ども達に笑顔で明るく挨拶をする。

本日の実習から学んだこと、明日への課題	今日は参観日を初めて見学させていただき、大変勉強になりました。多くの保護者が参加され、最初は緊張気味だった子ども達も、だんだん緊張がほぐれ、親子で遊ぶオセロゲームではいつも以上にはりきっている様子がほほえましかったです。終わりの会では、いつもおとなしく、自分からあまり発言しない子ども達の感想と親御さんとの交流の様子を見ることができ、これまで以上に子ども達に親しみを感じた1日でした。

指導者からの所見

実習お疲れ様でした。平日ではなく、土曜日の参観日ということで、お父さんも多く参加され、親子の表情がとてもよかったですね。また、いつもとは少し違う子ども達の素顔が見られたように思います。年長さんの実習で大切なのは手を出し過ぎない一方で、傍観者にならず、子どもと一緒ににクラスの雰囲気を作っていく姿勢だと思います。明日も頑張ってください。

総合評価 ★★☆☆

1 保育者の配慮を学び、記録する

椅子の配置一つとっても、安全面や、子どもが楽しく過ごせるような細やかな配慮が隠れています。結果だけ記録するのではなく、保育者が日々行っている細かい配慮を、その理由も含めて記録するようにしましょう。

 ## 2 日々繰り返しの動作は省略可

朝の身支度など、園で毎日行われる子どもの動作は、1日目にその様子を書いたら、実習2日目からは特筆すべきことがない限り、細かい内容は省略してもいいでしょう。

改善例

（2日目より）○順次登園する
・持ち物の始末をし、体操着に着替える。

 ## 3 黒板への日付表示は何のため？

5歳児では多くの子どもが文字に関心を示し、読めるようになります。黒板に日付やスケジュールを書くことで、連絡帳に出席シールを貼る際に日付を確認したり1日のスケジュールを子どもと一緒に確認することができます。日誌に書くときも、そのことを加えて書くようにしましょう。

改善例

子ども達が連絡帳のシールを貼る場所が分かるように、黒板に日付を書く。また、1日のスケジュールも書いておく。

4 会話の内容は具体的かつ簡潔に

子どもとの会話は、具体的にしかも内容を簡潔にまとめて書くようにしましょう。

改善例

子どもたちに畑で青いプチトマトの実がたくさんついている所を見せてもらった。トマトは嫌いだけど、これなら食べられるかもしれない、とのことだった。

5 困った子どもの対応は指導者に聞いてみよう

皆と一緒のことをしたがらない、言うことを聞かないなど、保育者が手をやく子どもがいることは、園生活では日常的なことです。沢山の経験を積んできた先生方にその対処法をたずねることは、保育士をめざす実習生にとって、大変貴重な経験になります。

改善例

Tくんが一緒に体操をしないことが気になり、降園後に先生に対応について伺ってみた。そういうときは「頑張りなさい」「なぜやらないの」と追いつめるのではなく、Tくんの気持ちを受け入れ、自発的に参加するのを気長に見守ることが大切とのことだった。

6 子どもの心の変化に着目しよう

保育者にとって子どもとの信頼関係を築くことは、最も大切なことです。そのためには、個々の子どもの心の変化に着目し、性格や気質を把握する必要があります。忙しい実習期間ですが、全体の流れや安全面への配慮を学ぶ以外に、時には一人の子どもの心の変化に着目し、記述してみるのも、よい勉強になることでしょう。

Point! 7 感想だけでなく、考察も入れて

実習中に印象に残った子どもの成長や保育者の援助については、「驚いた」と感想を述べるだけではなく、できればそのことについて、自分なりにどう考え、考察したのかも入れるようにしましょう。

改善例

ゲームの仕方について、子どもからルールの見直し案が出たのは驚いた。保育者が決めるのではなく、子どもたちが話し合いで決めることで、ルールを守ろうという意識が生まれると思った。

カタカタがいこつを作ろう

10月 20日（金） 日案・⦿時案	指導者： 竹中 章子先生	実習生氏名：村田 光

5歳児 みどり組　男児：6名　　女児：9名　　計15名

子どもの姿	・年長として年中、年少の子ども達の面倒をよく見る姿が見られる。 ・はさみやのりを上手に使い、工作を楽しむ。	ねらい	・クレヨンで絵を描き、のりやはさみを使って制作をすることで、色彩感覚や手指の発達を、活動を通して養う。	活動内容	・カタカタがいこつを作って遊ぶ。

時　間	保育の流れと環境構成	予想される子どもの姿	援助活動および指導上の留意点
10：00	準備するもの 1）底に穴をあけた紙コップ 2）割り箸 3）がいこつの輪郭を入れた色画用紙（6色） 4）紙コップの周りに貼る紙（3色） ・はさみ・のり・ボンド ・クレヨン・ビニールテープ	○導入の話を聞く ・ハロウィンのキャラクターで知っているものを手を上げて発言する。 ・何人かの子どもが手を上げ、キャラクターをあげていく。 ○絵本『がいこつさん』を聞き、がいこつのイメージを膨らませる。 ○工作の作り方を聞く。 ・集中して聞けない子どもがいる。 ・実習生から紙をもらい、がいこつの形に切り抜き、クレヨンで顔を描く。 ・紙コップにまく紙にも好きな絵を描く。 ・描き終わった子どもは線に沿ってがいこつの形に切り抜く。 ・紙コップと割り箸を受け取り、組み立てる。 ・貼り方がわからない子どもがいる。 ・完成して、他の子どもの作る様子を見ている子どもがいる。 ・全員作り終わったら、カタカタと鳴らして遊ぶ。	・導入としてもうすぐハロウィンであることを伝え、仮装に出て来るキャラクターにどんなものがいるか、子どもに聞く。 ・手を上げる子どもを当て、挙がったキャラクターを黒板に書いていく。➊ ・「がいこつ」と答えた子どもを褒めて、今日は音のなるがいこつのおもちゃを作ることを伝える。 ・関心がさらに高まるように、『がいこつさん』の絵本で導入する。➋ ・作り方を説明するから、よく聞いてほしい旨を伝える。 ・全員が見える場所で、それぞれの材料を手に取りながらゆっくりと説明する。 ・集中して聞いていない様子の子どもは名前を呼び、しっかり聞くように伝える。 ・前の机の上に色画用紙を紙を置き、各自取りに来るように伝える。 ・道具箱を準備するように伝える。 ・絵を描くだけでなく、線でふちどりをしたり、様々な色を使うように促し、発想を援助する。 ・利き手でないほうの手で紙を押さえるとうまく描けることを伝える。➍ ・はさみを気をつけて使うように伝える。 ・描けた子どもから紙コップと割り箸を渡し、のりで貼るように伝える。わからないことはいつでも聞くように伝える。 ・あごは先生がボンドで貼るので持って来るように伝える。 ・全員完成したら、カタカタと鳴らして遊ぶ。 ・「○○くんのがいこつかっこいいね」と達成感が感じられるように言葉掛けをする。
10：10 ➌	・保育室 ロッカー 机 テラス　入口 机 黒板　ピアノ ◎＝実習生 ⓐ＝子ども		
10：40			

反省と評価、考察	初めての設定保育で、子どもたちが関心を持ってくれるか、心配しましたが、積極的に取り組んでくれて、安心しました。何にどのくらいの時間をかけるか、子どもの制作のスピードの違いなど、臨機応変に動ける能力をつけなければいけないと感じました。自分で指示を出せず、先生にたよってしまった面もあり、今後、見直していきたいと思います。

指導者からの所見

初めての設定保育、ご苦労様でした。気づかれているように、制作では子ども達一人ひとりで、集中力や完成までの時間が異なります。それぞれの子どもが満足できるようにしていくためには、余裕を持った時間設定が必要になります。年長さんは次の動作を自分で判断できる子どもが増えてきているので、ペースがゆっくりな子どもに先生が対応してくださってよかったと思います。

総合評価 ★★☆☆

Point!

1 様々な子どもへの配慮を

ここでは、自分から手を上げることができる積極的な子どもだけが想定されていますが、しゃべりたくてもはずかしくて発言できないでいる子どもの配慮も忘れずに行うようにしましょう。

改善例

積極的に手を上げて発言する子どもが繰り返し答える場合は、なかなか手を上げられない子どもに「○ちゃん知っている?」とこちらから呼び掛け、発言を促してみる。

2 導入に絵本を取り入れることは good!

制作の導入に、関連する絵本を取り、入れ読み聞かせを行うことは、子ども達の発想をより発展させる援助となることでしょう。

3 導入にかける時間はあらかじめ設定しておこう

制作に入る前の導入部分にかける時間をあらかじめ設定しておくことで、当日、時間配分を考える際の目安になります。

4 言葉掛けは注意点だけでなく、作品の評価もしよう

制作活動では、つい安全面や、上手に行う方法など技術面についての言葉掛けが主体になりがちですが、描いている作品を褒め、子ども達に伝えることも忘れずに行いましょう。工作が苦手な子どもも、褒められると、がぜんやる気がわくものです。

5歳児遊び例

<カタカタがいこつを作ろう>

作り方　遊び方　●所用時間：30分

●準備するもの：底に穴をあけた紙コップ、割り箸、がいこつの輪郭を入れた色紙、紙コップの周りに貼る色紙、はさみ、のり、木工用接着剤、クレヨン、ビニールテープ

①がいこつの輪郭を入れた色紙に顔を描き、がいこつの形に切り抜く。あごも切り抜く。

②紙コップに貼る紙に思い思いの絵や模様を描く。

③②の紙を切るなどして紙コップにのりで貼り、その上からがいこつの紙を貼る。

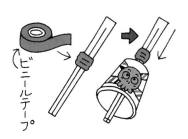

④紙コップに割り箸を差し込み、抜けないようにビニールテープをぐるぐる巻きにする。

⑤割り箸の先端に木工用接着剤であごを貼って完成。

⑥割り箸を持って上下にゆらし、カタカタを音を鳴らして楽しむ。

5歳 制作への意欲を引き出す

10月20日（金）天気 晴れ	指導者：竹中 章子先生	実習生氏名：村田 光

5歳児 みどり組 男児：6名	女児：9名 計15名	欠席：0名

実習のねらい	・子どもたちの制作意欲を引き出すような導入と言葉掛けを行う。
保育のねらいとおもな活動	・クレヨンで絵を描き、のりやはさみを使って制作をすることで、色彩感覚や手指の発達を、活動を通して養う。

時 間	環境構成	子どもの活動	保育者の援助と配慮	実習生の動きと気づき
10：00	・保育室 ロッカー 入口 机 机 黒板 ピアノ テラス ◎=実習生 ＝子ども ○=保育者 ＊準備物はロッカーの中にしまっておく	○「カタカタがいこつ」を作る。 ・実習生の話を聞く。 ・何人か隣の子どもとおしゃべりをして話を聞かない子どもがいる。 ・ハロウィンのキャラクターについて、「かぼちゃ」「コウモリ」など次々と声が出る。 ・Fくんはkくんが当てたことをくやしがり、自分が先に手を上げたのに当ててくれなかったと主張する。 ・絵本『がいこつさん』の読み聞かせを聞く。 ・読み聞かせが終了後、保育者に促されて拍手する。 ・完成した作品を見て、「音がどうやってなるのか」などと疑問が飛び交う。 ・「先生の絵下手！」と笑う子どもがいる。 ・それぞれが前の机から紙を取り、道具箱を出して絵を描き始める。 ・なかなかアイデアがうかばず、絵を描き始めない子どもがいる。 ・はさみで切り抜くのに時間がかかる子どもがいる。 ・近くの子ども同士でアイデアを出し合い、描くものを決めていく。	・子どもたちに実習生のほうに注目するように声掛けしてくださる。 ・おしゃべりをやめない子どもに注意をし、実習生の話を聞くように促す。 ・いろいろな答えを積極的に出す子どもを「よく知っているね」と褒める。 ・「間違ってもいいから手を上げてごらん」と手を上げられずにいる子どもを促す。 ・Kくんが手を上げたことを喜び、「いいぞ！Kくん」と褒める。 ・Fくんに友だちが当てたことを一緒に喜ぶように伝える。 ・子どもと共に、実習生の絵本の読み聞かせを聞く。 ・読み聞かせが終わった所で、実習生に拍手を送ることを子ども達に伝える。 ・実習生の作った完成品を見ながら「楽しそうだね」と子どもに声掛けしてくださる。 ・実習生をからかってはいけないことを子どもたちに伝える。 ・制作に取りかかる子ども達を見守り、困っている子どももいないか、確認する。 ・しばらく見守るが、絵を描こうとしない子どもには、上手に描こうと思わなくてもいいこと、描きたいものが浮かばない場合は、絵本などを見てもいいことを伝える。 ・はさみをうまく使えない子どもには、細かくて難しい部分は援助を行う。 ・子ども同士の話し合いを見守り、皆同じ絵でなくてかまわないことを伝える。	・準備物の個数などを確認する。 ・これから工作をすることを、子ども達に問い掛ける。 ・ヒントを言い、分かった人は手を上げて答えるように伝える。 ・沢山の子どもが手を上げ、順番にあてていく。 ・いつもはおとなしいKくんがめずらしく手を上げたので当てた所、「がいこつ」と答えてくれた。 ・正解はがいこつであることを伝え、工作の前にがいこつの絵本を読むことを伝える。 ・絵本『がいこつさん』を読む。 ・初めて読むので、子どもへの問い掛けを多めに交えながら、ゆっくりと話す。 ・工作の説明をすると共に、完成品を見せる。 ・作り方の手順を、黒板にイラストを描きながら説明する。 ・「下手でもていねいに描けばいいんだよ」と伝える。 ・材料をロッカーから出し、子ども達に配る。 ・絵を描く子ども達を見回り、絵について質問を投げ掛けたり、きれいな色使いを褒めたりする。 ・何を描いていいかわからず困っている子どもに、水玉や線など、もようでもいいことを伝える。 ・保育者の援助の仕方を学びながら、はさみに手こずっている子どもには難しい部分だけ援助する。 ・のりがうまくつかないで困っている子どもには、接着剤で貼るので持って来るように伝える。
10：15				

時　間	環境構成	子どもの活動	保育者の援助と配慮	実習生の動きと気づき
		・絵が描けた子どもから実習生の所へ持って行き、仕上げをしてもらう。 ・自分の作品をふって、カタカタと音が鳴るのを楽しむ。 ・友達が作った作品を見合って、どれがかっこいいかを競い合う。 ・工作物を、それぞれのロッカーにしまう。	・制作が遅れている子どもを見守るが、できるだけ手を出さずに見守る。 ・全員でできたことを確認し、子ども達の頑張りを褒める。 ・子どもたちの作品でカタカタと音を鳴らして一緒に楽しむ。 ・がいこつの表情に個性があることを褒める。 ・排泄後、園庭でドッジボールをすることを伝え、準備ができた子どもから園庭に出るように伝える。	・子ども達が持ってきた紙コップと割り箸にビニールテープを巻き、あごをボンドで貼り、完成させる。 ・割り箸を軽くふってカタカタと音を鳴らして楽しむ。うまく鳴らない子どもは持って来るように伝える。 ・子ども達が作ったがいこつを机の上に並べ、みんなで鑑賞する。 ・音鳴らしをやり過ぎてあごがとれてしまったMちゃんのがいこつを修理する。 ・片付けを行う。
10：40	・工作物、道具箱を片付ける。			

本日の実習から学んだこと、明日への課題	今日は部分実習をさせていただき、大変勉強になりました。子ども達の集中力には私のほうが驚くほどで、仕上げまで、飽きることなく行えたことはよかったと思います。導入のときに先に答えを言えなかったFくんが怒ったことに、ゆっくり対応している余裕がなく、先生に頼ってしまいました。申し訳ありません。いつもおとなしいkくんが手を上げてくれたのは、とてもうれしかったです。後でkくんにありがとうと伝えると、うれしそうに笑ってくれました。

指導者からの所見

部分実習、大変お疲れ様でした。さまざまな表情のがいこつができましたね。クレヨンもいつもよりも沢山の色を用意したこともあり、カラフルですてきな作品ができました。導入ではクイズあり、絵本ありで、少々盛り沢山かと感じましたが、比較的スムーズに制作に入れて、よかったと思います。明日も頑張ってください。

Point!　総合評価 ★★★☆

① とがめずに子どものよい面を引き出す

自分が先だったと怒るFくんをとがめず、気持ちを理解した上で、友だちが当てたことを一緒に喜ぶことをFくんに提案することで、相手を受け入れるやさしい気持ちを引き出しています。

② イメージ作りのために参考作品を

制作物の手順は、なかなか口で言うだけではイメージできないことがあります。そのため、あらかじめ参考作品を作っておき、イメージがわかない子ども達に見せるようにするとよいでしょう。ただし、最初から見せてしまうと全員同じような作品になってしまうので、注意してください。

③ 手を出し過ぎないのは大切

制作活動では自主性を重んじるため、保育者は手を出し過ぎないように注意しています。それも大切な援助になるのです。

④ 子どもの感想は具体的に

「鑑賞する」とだけ書いても、実際にどんな意見が出たのか、その場の雰囲気も伝わりません。子どもの感想はできるだけ具体的な言葉を使って書きましょう。

（改善例）

子ども達が作ったがいこつを机の上に並べ、みんなで鑑賞する。「○くんのガイコツ、こわくて上手」「○ちゃんのはハートの目がかわいい」と友だちの作品を認め合う感想が聞かれた。

ルールを意識して楽しく遊ぶ

10月 20日（木）日案・時案	指導者： 柿崎 道夫 先生		実習生氏名：加藤 小春

5歳児　たいよう組　男児：10名　　　女児：10名　　　計20名

子どもの姿	・コマなど伝承遊びに興味を持ち、友だちと教え合いながら練習する姿が見られる。 ・むし暑い日が続き、水分補給を忘れないように促しながら戸外で水や泥を使って遊ぶ。	ねらい	・ルールを意識し、理解しながら集団で遊ぶ。❶ ・生活に必要な活動を自分から進んでする。	活動内容	・好きな遊びをし、片付けを協力して行う。 ・じゃんけん遊びのルールを理解し、守りながら遊ぶ。

時　間	保育の流れと環境構成	予想される子どもの姿	援助活動および指導上の留意点
8：30	○保育室の窓、カーテン、ドアを開けて、室内の換気をする。 ○連絡帳入れを机の上に出しておく。 〈保育室〉 ［保育室の図］ 机／連絡帳入れ／テーブル／ロッカー／棚／本棚 ［遊びの場の図］ ①②③④⑤⑥ ❸	○順次登園する。 ・友達や保育者と挨拶を交わす。 ・朝の支度（帽子、靴をロッカーに整理するなど）を行う。 ・保育者の問い掛けに答えたり、友達と昨日の遊びの話などをしながら連絡帳にシールを貼る。 ○支度の終わった子どもから好きな遊びをする。 ①お絵描きグループ（M、Jなど） ②ままごとグループ（Y、Oなど）。メンバーと役割が固定しつつある。 ③絵本グループ（H、Uなど）。絵の中にかくれたものを探す絵本が流行っている。 ④こま回しグループ（D、Fなど） ⑤けん玉グループ（Tなど）。他の子どもも加わるかもしれない。 ⑥鉄棒グループ（S、Kなど）前回りなどを練習するだろう。その他、園庭で縄跳びなど。	・気持ちよく園生活を迎えられるように換気を行い、カーテンを開けて日を室内に通す。 ・子ども達と保護者に挨拶をしながら、顔色などをチェックし、保護者の方と子どもの健康状態などについて会話する。 ・子どもに今好きな遊びや家であったことなどを話し掛ける。 ・子ども達が連絡帳にシールを貼る姿を見守る。 ・朝の支度ができないまま、遊びに行っている子どもはいないかチェックする。❷ ・各遊びの場を周り、以下のような援助を行う。 ①描いているものについて問い掛け、会話を楽しむ。 ②客として招待されたらなりきって参加し、ごっこ遊びに加わる。 ③場所がせまいようなら、テーブルの位置を調整する。読んでいる絵本について個々の子どもに問い掛ける。 ④こまを回しやすいように、また床を傷つけないように板を敷く。 ⑤、⑥一生懸命練習していることを褒め、わざを見せてもらう。
10：00 10：20	○片付けの合図の曲を流す。 ［テーブル配置図］ ⑥ ◎＝実習生　◎＝子ども 〈ホール〉	○曲で片付けの時間であることに気づき、使ったものを片付ける。 ○排泄、手洗い ○朝の会 ・グループごとに欠席している子どもがいるかを確認する。 ・今日のクラス活動の内容にわくわくした表情を見せる。	・子ども達が楽しく片付けができるように、みんなの好きな曲を流す。保育者も片付けを手伝う。 ・手をきちんと洗ったかを子どもに確認する。 ・欠席している子どもがいた場合は、欠席の理由を紹介し、友だちを思いやる気持ちを促す。 ・今日のクラス活動の内容を発表し、子ども達がクラス活動に対して関心や興味を高められるような声掛けをする。 ・ホールへ移動することを伝える。
10：40	［ホールの図］ ステージ	・ホールへ移動する。 ○クラス活動　じゃんけん遊び ・3名ずつのグループに分かれ、グループができたチームから座る。 ・話し合いをして出すものを決め、ゲームを楽しむ。 ・何回か練習戦を行う。 ・勝ち抜き戦を何度か行う。	・子ども達が落ち着いて話が聞けるように、床に座るように指示し、全員が座ったら話を始める。 ・子ども達にルールを説明し、3名一組のグループになることを伝える（実習生も入る）。 ・ルールが分からない子どもがいたら、教え合うように伝える。 ・じゃんけんの合図をし、練習戦を行う。 ・勝ち抜き戦をすることを伝える。

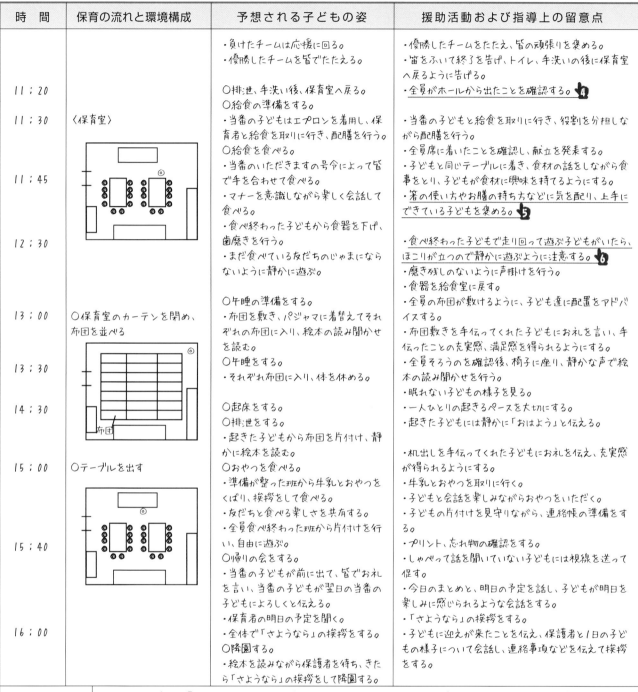

時　間	保育の流れと環境構成	予想される子どもの姿	援助活動および指導上の留意点
		・負けたチームは応援に回る。 ・優勝したチームを皆でたたえる。	・優勝したチームをたたえ、皆の頑張りを褒める。 ・笛をふいて終了を告げ、トイレ、手洗いの後に保育室へ戻るように告げる。
11：20		○排泄、手洗い後、保育室へ戻る。 ○給食の準備をする。	・全員がホールから出たことを確認する。❹
11：30	〈保育室〉	・当番の子どもはエプロンを着用し、保育者と給食を取りに行き、配膳を行う。 ○給食を食べる。	・当番の子どもと給食を取りに行き、役割を分担しながら配膳を行う。 ・全員席に着いたことを確認し、献立を発表する。
11：45		・当番のいただきますの号令によって皆で手を合わせて食べる。 ・マナーを意識しながら楽しく会話して食べる。 ・食べ終わった子どもから食器を下げ、歯磨きを行う。	・子どもと同じテーブルに着き、食材の話をしながら食事をとり、子どもが食材に興味を持てるようにする。 ・箸の使い方やお膳の持ち方などに気を配り、上手にできている子どもを褒める。❺
12：30		・まだ食べている友だちのじゃまにならないように静かに遊ぶ。	・食べ終わった子どもで走り回って遊ぶ子どもがいたら、ほこりが立つので静かに遊ぶように注意する。❻ ・磨き残しのないように声掛けを行う。 ・食器を給食室に戻す。
13：00	○保育室のカーテンを閉め、布団を並べる	○午睡の準備をする。 ・布団を敷き、パジャマに着替えてそれぞれの布団に入り、絵本の読み聞かせを読む。	・全員の布団が敷けるように、子ども達に配置をアドバイスする。 ・布団敷きを手伝ってくれた子どもにおれを言い、手伝ったことの充実感、満足感を得られるようにする。
13：30		○午睡をする。 ・それぞれ布団に入り、体を休める。	・全員そろうのを確認後、椅子に座り、静かな声で絵本の読み聞かせを行う。 ・眠れない子どもの様子を見る。
14：30		○起床をする。 ○排泄をする。 ・起きた子どもから布団を片付け、静かに絵本を読む。	・一人ひとりの起きるペースを大切にする。 ・起きた子どもには静かに「おはよう」と伝える。
15：00	○テーブルを出す	○おやつを食べる。 ・準備が整った班から牛乳とおやつをくばり、挨拶をして食べる。 ・友だちと食べる楽しさを共有する。 ・全員食べ終わった班から片付けを行い、自由に遊ぶ。	・机出しを手伝ってくれた子どもにおれを伝え、充実感が得られるようにする。 ・牛乳とおやつを取りに行く。 ・子どもと会話を楽しみながらおやつをいただく。 ・子どもの片付けを見守りながら、連絡帳の準備をする。 ・プリント、忘れ物の確認をする。
15：40		○帰りの会をする。 ・当番の子どもが前に出て、皆でおれを言い、当番の子どもが翌日の当番の子どもによろしくと伝える。 ・保育者の明日の予定を聞く。	・しゃべって話を聞いていない子どもには視線を送って促す。 ・今日のまとめと、明日の予定を話し、子どもが明日を楽しみに感じられるような会話をする。
16：00		・全体で「さようなら」の挨拶をする。 ○降園する。 ・絵本を読みながら保護者を待ち、きたら「さようなら」の挨拶をして降園する。	・「さようなら」の挨拶をする。 ・子どもに迎えが来たことを伝え、保護者と1日の子どもの様子について会話し、連絡事項などを伝えて挨拶をする。
反省と評価、考察	初めての全日実習で緊張しましたが、子ども達が積極的に手伝いをしてくれ、大変助かりました。これまでの実習で学んだ経験と反省を生かして行うことができたと思います。園の方針である自主性を尊重し、自分から進んで行動する、という考えに沿った保育で、子ども達がたのもしく成長していることがうかがえました。		

指導者からの所見

全日実習、お疲れさまでした。何よりも先生が子どもたちと一緒になり、楽しんでいることはとてもよいことだと思います。楽しいと笑顔が増え、子どもたちが先生に自然とついて来るようになります。保育は何よりも、自分自身が楽しく思うことが大切です。これからも頑張ってください。

総合評価 ★★★☆

ルールを守ることの意図は?

子どもにルールを意識させることはとても大切なことですが、その先には結果としてどのような姿をめざしているのかについて、もう少し詳しく書きましょう。

改善例

ルールを意識し、守りながら遊ぶことで、友達との信頼や協力を大切にしながら、集団で楽しく遊ぶ。

 ## チェックした後の対応も

子どもの様子をチェックした後、どのような援助を行うかも、考えておきましょう。

改善例

朝の支度ができないまま、遊びに行っている子はいないかチェックし、終わっていない子どもには「遊ぶ前にすること終わった?」と声を掛け、子どもが今何をするときかを気付くように促す。

 ## 遊びの配置図はgood!

遊びの種類と配置を環境図に表すと見やすく、とてもいいでしょう。注意事項も加えるとさらによくなります。

改善例

（①の横に）＊せまいようならテーブルを動かす
（④の横に）＊こま用の板を敷く

退出のチェックは忘れずに

5歳児になると様々なことが子ども達でできるため、つい部屋の移動の際も油断してしまいますが、全員がきちんと移動したかどうかの確認だけは、最後に忘れずに行うようにしましょう。

Point!
皆の前でほめよう

箸の使い方など、子どもによって個人差のあるものは、できないことを皆の前で指摘せず、できている子どもを褒めることで、自信につながり、また、まだうまくできない子どもも、自分も頑張るぞというファイトがわいてきます。

しかる場合は理由も必ず述べる

しかる場合は、なぜそれをしてはいけないのかの理由も、必ず伝え、日誌にも書くようにしましょう。特に年中、年長ではその理由もきちんと説明することで、納得して行動することができます。

5歳児遊び例

<じゃんけん遊び>　●所用時間：40分　●準備するもの：笛（合図用）

遊び方

①グループに分かれ、グー、チョキ、パーのときにどのように立つかをあらかじめ決める（図は3名の例）。

②グループごとに話し合い、何を出し、誰が立つかを決める。

③ジャン、ケン、ポンの合図でそれぞれのグループが話し合ったように立ち、勝ち負けを決める。

5歳　年長児に必要な援助を考える

10月20日（木）天気　晴れ	指導者：柿崎　道夫先生	実習生氏名：加藤　小春

5歳児　たいよう組　男児：10名	女児：10名	計：20名	欠席：0名

実習のねらい	・子どもの自主性を尊重し、見守りながら必要な援助を心掛ける。❶
おもな活動	・クラス活動（じゃんけん遊び）、自由に遊ぶ。

時　間	環境構成	子どもの活動	保育者の援助と配慮	実習生の動きと気づき
8：30	○窓と戸を開け、換気を行う。 <保育室> （配置図） ②＝連絡帳入れ ①＝机 ロッカー 本棚 ③鉄棒 ◎＝実習生　●＝子ども ○＝保育者	○順次登園する ・友だちや保育者と挨拶を交わす。 ・Mくんが元気がなく、ふさぎ込んでいる様子。 ・朝の支度を行う。 ・友だちや保育者と昨日の遊びの話などをしながら連絡帳にシールを貼る。 ○支度の終わった子どもから好きな遊びをする。 ①ままごと遊び　いつものメンバー（Y、Oなど）に加えてM、Iなど新しい子どもも加わり、それぞれが家をかまえた新しい構成が展開されている。 ②お絵描き（M、Iなど）好きなキャラクター描く。 ③戦隊ごっこ（T、Sなど）新しく始まった遊び。 ④こま回し（D、F）自分達で板を運んで敷き、遊ぶ。 ⑤鉄棒（S、Kなど）新しい技にみんなで挑戦している。	・つき組の先生と打ち合わせをし、分担して部屋、廊下、トイレなどを確認する。 ・子ども達や保護者と挨拶をしながら、一人ひとりと顔を合わせ、健康状態をチェックする。 ・Y先生がMくんの家での様子を保護者の方に伺っている。飼っているが病気で昨晩から具合が悪いのを心配しているとのこと。 ・連絡帳が全部提出されているかチェックする。 ・自由に遊んでいるそれぞれの所を見回り、安全面をチェックしながら、子どもの様子を見守る。 ・K先生は園の畑に行く用事があり、これから少しの間、留守にすることを子ども達に告げる。 ・Y先生はMくんの様子を注意深く見守り、抱きしめてあげながら、話を聞いている。❸ ・鉄棒で新しい技に取り組み子ども達にアドバイスをする。 ・子ども達が怪我のないように楽しく遊んでいるか、見守る。	・先生方に挨拶をし、保育室と廊下の掃除を行う。 ・子どもや保護者と挨拶をし、保護者の方と家での様子などについて会話をする。 ・子ども達の朝の支度を見守り、自由遊びで何をするかなどの会話をする。 ・それぞれの遊びの場を見て回る。新しい遊びとして廊下でTやSによる戦隊ごっこが行われていた。取っ組み合いもあり、少し危ないのではないかと感じ、別な遊びを提案したが、子ども達に拒否されてしまった。❷ ・K先生が子ども達に行き先と戻る時間をきちんと告げて行かれたことは、子どもに安心感を与えると感じた。 ・ままごとでYさんからお客様の役をお願いしたいと言われ、参加する。敬語の使い方などが大人のように上手で驚く。 ・こま回しでは、回っている時間の最高記録を出したいので、時間を計ってほしいとたのまれ、ストップウォッチで計る。 ・Y先生と連携しながら、子どもたち全員に声が掛けられるように、それぞれの自由遊びのグループを回る。
10：00	○片付けの合図の曲を流す。 ○テーブルをもう1つ出す。	・音楽で片付けの時間であることを知り、それぞれが競い合うように片付けを行っている。 ・排泄、うがい、手洗い	・K先生が畑から戻り、Y先生がMくんが少し明るくなってきた様子を伝える。 ・片付けを友だちと協力し合って行うように、子ども達に声掛けを行う。 ・朝の会の前に各自で排泄、うがい、手洗いをするように伝える。	・片付けの合図の曲をCDプレーヤーで流し、子ども達に片付けを始めるように促す。 ・子ども達とともに片付けを行うが、子どもがやれる所は手を出さずに見守る。 ・朝の会の準備をしていると、子ども達が話し掛けて来る。抱きついて来る子どももいるので、抱きしめたり、ほっぺを触るなどしてスキンシップを行うと、恥ずかしそうだがうれしそうに笑った。
10：20	（配置図）	○朝の会をする ・全員が椅子に着席する。 ・当番の子どもが前に出て挨拶を行い、班ごとに欠席者がいないか、確認し、先生に報告に来る。	・手洗いが終わったものからすみやかに椅子を出し、班ごとに座るように促す。	・子どもたちが全員、椅子に座るのを確認し、これから朝の会を始めることを伝える。

時　間	環境構成	子どもの活動	保育者の援助と配慮	実習生の動きと気づき
10:40	＜ホール＞ ステージ （座席図） ステージ （座席図）	・Kくんが遊び方を説明してほしい、と手を上げて言う。 ・ホールに移動する。 ○クラス活動　じゃんけん遊び ・班ごとに並び、先生の指示で座る。 ・3名1組になり、残った2名は実習生と組になる。 ・何を出すかを組ごとに話し合う。 ・Mくんが隣の組に聞こえないようにという注意の声を出す。❹ ・ジェスチャーを間違える子どもがいる。 ・勝ち抜き戦で優勝したチームは手を取り合って喜ぶ。 ・優勝チームを拍手でたたえる。 ○排泄、手洗い後、保育室へ戻る。	・私語をする子ども達に注意し、実習生に注目するように伝える。 ・全員が保育室から出たことを確認してホールへ向かう。 ・前を見て座り、静かに実習生の話を聞くように伝える。 ・集中していない子どもに聞いていないと遊べないことを伝え、ルールをよく聞くように伝える。 ・子ども達の様子を見守り、楽しそうに行っているか見守る。 ・「いいことに気づいたね」とMくんの発言を褒める。 ・間違った子どもを励まし、アドバイスをする。 ・子ども達と一緒に対戦するチームを応援する。 ・優勝したチームに拍手を送る。負けたチームの頑張りもたたえる。 ・ホールの片付けを確認し、保育室へ移動する。	・クラス活動の内容を発表する。 ・Kくんからの問いに「遊び方はホールで説明します」と答え、ホールへ移動するように伝える。 ・全員がホールに到着し、前を見て座ったことを確認して、ルールを説明するので、よく聞いてほしい旨を伝える。 ・一通り説明が終わった時点で、3名1組になり、組みになった所から座るように伝える。 ・残った2名の所に行き、笛を合図にゲームを始める。 ・練習戦を何度か行う。 ・チョキのジェスチャーを間違う組が多く、何度かやり直しになる。正しいジェスチャーを伝える。 ・間違えずにできたことを褒め、頑張りを認める。 ・優勝したチームに拍手を送り、ルールを守って楽しく遊べたことを褒める。 ・排泄、手洗いの後に保育室へ戻ることを伝える。
11:30	＜保育室＞ （座席図）	○給食の準備 ・当番が手分けして配膳を行う。 ○給食を食べる ・献立が人気のカレーで、おかわりが相次ぐ。 ・ごちそうさまの挨拶をして片付けと歯磨きを行う。 ・布団を運び、皆で配置を考えながら敷く。	・給食室から給食を運び、子ども達と一緒に配膳をする。 ・子ども一人ひとりの様子や、その子に合わせてご飯の量などを調整する。 ・会話をしながら、楽しい雰囲気を作りつつ、子ども達がちゃんと食べているか全体の様子を見守る。 ・歯磨きがきちんとできているかを確認する。 ・子どもと布団を運び、人数分布団を敷くためにはどう敷けばいいかを子どもに問い、考えてもらう。❺	・全員がホールから退出したことを確認し、戸締まりをする。 ・全員に配膳が行き届いていることを確認したら、当番の子どもに合図をおくり、いただきますの挨拶をする。 ・子ども達と食材の話などをしながら、楽しい雰囲気で食事をする。 ・片付けを行い、歯磨きをするように伝える。 ・布団の敷き方など、子ども達にできるだけ自分達で考えて行動する機会を与えることで、自主性を育んでいると感じた。
13:00	○保育室のカーテンを開め、布団を並べる。 （布団配置図） 布団	・布団に入り、絵本の読み聞かせを聞く。 ○午睡する。 ・それぞれの布団に入り、体を休める。 ・眠れない子は静かに絵本部屋へ移動する。	・子どもがゆったりとした気持ちで眠れるように、体をトントンとたたくなどする。 ・見回りをして布団がはだけている子どもにはかけ直すなどする。 ・眠れない子どもには静かに絵本部屋に移動するように伝える。	・絵本の読み聞かせを行う。 ・寝付きが悪い子どもに添い寝をして、手をにぎったり、体をやさしくトントンし、見守る。 ・絵本部屋に行き、絵本を読んでいる子どもと絵本の話などをしずかにする。
14:30	○カーテンを開ける。	○起床する。 ・起きた子どもから静かに着替え、布団を片付ける。 ○排泄、手洗いをする。	・子どもの名前を呼ぶなどして、起こす。 ・着替えと布団たたみの様子を見守る。	・名前を呼ぶなどして起こし、着替えと布団たたみを見守る。 ・Yちゃんがトイレについてきてほしいというので、手をつないで一緒に行く。
15:00	○テーブルを出す。 （座席図）	○おやつを食べる。 ・協力し合ってテーブルを出し、全員そろったら挨拶をして食べる。 ・片付ける。	・おやつの配膳の様子を見守る。 ・おやつを一緒に食べ、子どもと会話を楽しみながら楽しい雰囲気で食べられるようにする。	・おやつの準備をする。 ・全員そろったら当番に挨拶をしてもらうように伝える。
15:40		○身支度をする。 ○帰りの会をする。 ・当番が前に出て、今日の振り返りを行う。	・おやつの片付けと帰りの身支度を子ども達がスムーズに行うように、なるべく手を出さずに見守る。	・連絡帳の準備をする。 ・今日の内容を一緒に振り返り、楽しかったことが心に残るように話す。 ・明日の登園が楽しみになるように、明日の予定を話す。

時　間	環境構成	子どもの活動	保育者の援助と配慮	実習生の動きと気づき
16：00		・「さようなら」の挨拶をする。 ○降園する。 ・絵本やお絵描きをしながら保護者を待ち、来た子どもから挨拶をして降園する。	・お迎えに来られた保護者に、園での様子を伝え、挨拶する。特にMくんの保護者にはMくんが少しずつ気持ちが明るくなったようであることを伝える。	・手本になるように大きな声で挨拶する。 ・お迎えに来られた保護者にクラス活動の様子をお伝えする。 ・保護者と子どもに「さようなら」の挨拶をし、「明日また元気で会おうね」と伝える。
本日の実習から学んだこと、明日への課題	今日は全日実習をさせていただきました。朝の会が始まり、前に立ったときはすごく緊張して最初はうまく話ができませんでしたが、子どもたちの生き生きとした笑顔で緊張がほぐれ、自然に会話ができるようになりました。朝、Mくんが元気ない様子だったのが気になりましたが、先生がすかさず保護者の方にお話を伺っていたのは驚きました。明日は、子ども達の表情や様子をじっくり見ることで、サインを見逃さないことを課題にしたいと思います。			

指導者からの所見

全日実習、ご苦労さまでした。先生の一生懸命さが伝わる1日でした。5歳児は沢山のことができる反面、精神面では、まだ甘えたい面があり、スキンシップをすることで気持ちが落ち着き、安心します。一見元気そうに思えても心の中に不安を秘めていることがありますので、そのサインを見逃さず、援助することが大切です。明日も頑張ってください。

総合評価 ★★★☆

 1 不必要な援助に注意！

実習生が頑張るほど、つい不要な援助を子どもにしてしまいがちです。子どもの自主性を尊重するためにも、少し引いた位置から、必要な援助だけを行うようにしましょう。

 Point!
2 子どもの遊びは先入観を持たずに対応しよう

子どもたちは日々、遊びを発展させていきます。中には注意しないと危険を伴う遊びもありますが、取っ組み合いをしているからといって、すぐに危険→やめさせると判断するのは、男の子の遊びはあぶない、という先入観からかもしれません。子どもには思う存分に体を動かして遊びたいという欲求があるので、どうしたら怪我なく遊べるかを考え、アドバイスをするようにしましょう。

改善例

取っ組み合いもあり、少し危ないのではないかと感じたので、取っ組み合いはマットの上だけですること、相手の頭やおなかをたたかないことなどのルールを決めて続けることを提案した。

 3 スキンシップを効果的に

子どもが不安に思っているときは、幼児でなくても、抱きしめたり、手をにぎるなどのスキンシップをすることで、子どもに安心感を与えることができます。慣れるまで少し恥ずかしいかもしれませんが、ぜひ取り入れるようにしましょう。

 4 子どもの自発的な行動は明記

保育者に言われたことではなく、子どもが自分で気づき、行動することは、保育の大事なポイントになります。日誌にも明記しておくようにしましょう。

 5 子どもに投げ掛けることも大事

つい「こうすればうまくいく」と子どもに指示を出してしまいがちですが、それでは子どもが自分で考え、判断する習慣がつきません。少しまどろっこしくても、子どもに投げ掛けて自分で判断させるように配慮しましょう。

実習のまとめと反省のポイント

「実習のまとめ」「10日間の反省」など、名称は養成校によって異なりますが、実習の期間が終了すると、期間全体を通して学んだこと、感じたこと、反省点、今後の課題などをまとめ、日誌とともに提出します。まとめの文章を書くに当たっては、以下のようなポイントをおさえておくとよいでしょう。

Point 1　実習の日々を通して変化した心境の変化を書く

実習に入った当初、どのようなことを考え、何を目標にしていたかを振り返り、その思いが期間中どのように変化していったのかを書くことで、実習を通して成長した自分の姿をありのままに書くことができるでしょう。

Point 2　実習中に発見したこと、悩んだことを書く

実習中は、予想していなかったような出来事が起こり、それに臨機応変に対応する保育者の姿にも、また多くの発見があることでしょう。現場で学ぶというのはそういうことです。その発見の数々から、保育のあり方につながる事例をいくつかピックアップし、考察してみましょう。また、同様に悩んだことについても、どんなことについて、なぜ悩んだのかを掘り起こし、自分なりに考察してみましょう。

Point 3　感銘を受けた保育者の援助と、自分への課題を書く

実習中、はっとさせられた保育者の援助や、毎日当たり前のように行われているけれど、大事な援助など、感銘を受けた保育者の援助について考察し、これからの自分への課題につなげるようにしましょう。

Point 4　「子どもに慕われてうれしかった」はNG

実習中、子どもに慕われることは大切なことですが、それが目的ではありません。子どもと心を通わせることができたプロセスや、自分なりに感じた子どもの姿とそれに対する保育のあり方など、子どもとの関わりを入れる場合は、あくまでどのような保育をめざし、そのためには何が必要かという視点から書くようにしましょう。

Point 5　指導していただいた先生方に感謝の意を述べる

まとめの出だしあるいは最後に、これまで指導していただいたことについてのお礼の言葉を必ず入れましょう。実習期間中は実習生も大変ですが、指導していただく先生も同様に大変です。忙しい中、時間を割いて指導してくれたことへの感謝の気持ちを、忘れずに述べるようにしましょう。

0歳 実習のまとめと反省例 初めての乳児保育実習

保育園

　今回、10日間実際に保育現場に入らせていただいて感じたのは、自分自身の経験の少なさでした。乳児クラスで実習させていただくのは初めてのことだったので、子どもとの関わり方、安全管理の仕方、食事や排泄等の生活に関する援助、全てにおいてとまどいや不安を感じる場面がありました。先生方に質問するタイミングが分からず、勝手な判断をして動いてしまった部分があるように思います。①先生方の動きや援助を見て真似しつつ、分からない部分はもう少し早い段階で質問できていればよかったと思いました。また、机上だけではなく、実際に乳児と関わる機会を実習前に経験していれば、もう少しおむつ替えや木服の着脱、食事の援助等をスムーズに行えたのではないかと思いました。0歳児でも大人の話すことをよく聞いていたり、「お片付け」という言葉を聞いておもちゃをかごに片付けたり、スプーンを手に持っておかずを口に運べたりと私が思っている以上に自分でできることもたくさんあるのだと知りました。特に驚いたのは「これがしたい」「これはしたくない」という意思表示をしっかりと表情や動作で伝えてきてくれたことです。そのことを学んでから、表情や身振り手振りから目の前の子ども達が今どんなことを訴えようとしているのかを、読み取るよう心掛けました。

　また、保育所に通っている子ども達の背景には、それぞれ家庭があり、保護者の方達がおられることを今回の実習では強く意識しました。お仕事が忙しくお迎えがいつもより遅くなる等、子ども達が不安に感じることや淋しさを感じることもあると思います。そのような場面で、保育者がどれだけ子ども達の気持ちを受け止め、<u>楽しい気持ちに切り替えてあげられるか</u>が重要ではないかと思いました。②また、子育てに関する悩みや不安を抱えていらっしゃる保護者の方達に対して寄り添い、共に<u>子どもを育てるという気持ちで接することのできる保育者でありたいと思いました。</u>③実習生という立場から、保護者の方に関わる機会はあまりありませんが、保育は家庭との連携で成り立っているのだということを念頭に、子どもだけでなくその周りの人達との関わりも大切にしていけたらと感じました。この10日間、毎日がとても充実していて、学ばせていただいたことも多くありました。こうのとり保育所で経験したことや学んだこと、そして、改めて感じた保育の素晴らしさを忘れずに、将来へ生かしていきたいと思います。

指導者からの所見

　10日間を通して、多くのことを感じ学ばれましたね。山本さんが感じられたように、子ども達の育ちは一人ひとり違います。その部分をしっかり受け止めて関わりを持ち、保護者と共に、それぞれの子どもの育ちを保障していきたいと私も常々思っています。

総合評価 ★★★☆

---

① 自己分析と反省点を始めに

　反省をまず述べることが大事です。特に初めての実習では、とまどうことも多いと思いますが、それは当然のことです。とまどい悩むことが、実習生の育ちになるのです。反省点を反省点として、しっかりと認識し、それを表示させるのがこのレポートなのです。

② 気づきを端的に表す

　このレポートは、単に実習の報告書ではありません。実習を通して、実習生が何を気付き、何を得てきたのかを伝えるものです。実習生は、いかに子どもの気持ちを楽しいものに切り替えるか、その大切さに気付きました。小さなことでも、それをしっかりと話すことを心掛けてください。

Point!

③ 理想を伝えることが大切

　実習終了で指導者が知りたいのは、実習生の保育技術はもとより、その心の成長です。その点をしっかりと伝えるには、自分の思いを素直に記すことに尽きます。

とまどいもよい経験に

保育園

今回の実習では、初めての乳児さんクラスだったので、1日目はコミュニケーションがうまくとれずとまどうことだらけでしたが、信頼関係ができてくると同時に私が伝えたいことも子ども達が言っていることも分かるようになり、子ども達が自分から甘える姿もたくさん見ることができました。❶10日間の活動の中で子ども達の様々な姿を見ましたが、私がチューリップ組に来る前はできなかったことが、今は当たり前のようにできていて、私がチューリップ組に来てからもできなかったことが10日間の間でできるようになっていたり、遊びが展開したり、1歳児の成長の早さを実感できました。また、3名の先生方の連携によってスムーズに保育が進められ、毎日子どもについての話を共有したり話し合ったり、そういった素敵な姿を見ることもできました。チューリップ組だけでなく、はなずの保育園の先生方皆が他クラスの応援に行ったり、連携していると感じました。設定保育ではロケット飛ばし遊びをしましたが、ロケット作りについての気付きや発見、子ども達が粘土を使ってどう遊び、どんな手先の動かし方をするのか、導入の仕方など、学べたことがたくさんありました。私は今まで乳児さんには向いていないと思っていましたが、先生方にうれしい言葉をいただいて自信になりました。❷

　食事の場面でも学ぶことが沢山あり、毎日の給食の献立表を保育者の方全員が把握されているのだと感じました。アレルギーを持っている子どもは椅子も個人のもので、テーブルも別のもので、ダスターも違うものを使っており、とても徹底されていると思いました。どう対応すればよいか分からなかったとき、先生に"沢山の場合を考えて、自分の中で子どもに対しての対応をいくつか考えておくと、その子にぴったりと合うものがある"とアドバイスしていただき、家に帰ってから考えることも沢山ありました。しかし、子どものことを考える時間を全く苦痛だとは思わず、明日は今日考えたことを試してみようと、明日が楽しみだったり、私は本当に保育に道に進みたいのだなと改めて思うこともできました。設定保育では反省点も沢山ありましたが、子ども達の笑顔や言葉を聞いて本当にやってよかったと思えました。自分の中の保育の引き出しを、また増やすことができました。先生方には多くの指導をしていただき、私が疑問に思ったことも快く答えてくださったことがとてもうれしかったです。

☝1 長くダラダラと書かない

この実例は、全体を通して各センテンスが長いのが特徴です。少し読みづらい面もあります。もう少し短くまとめましょう。

改善例

初めての乳児さんクラスで、1日目はコミュニケーションがうまく取れずとまどいましたが、次第に信頼関係ができてくるのを感じました。数日が過ぎて、私の伝えたいことがも分かってもらえるようになり、子ども達が心を開いてくれる姿も沢山みることができました。

Point! ☝2 素直に書くことが大事

実習生の、新たな自分を発見できた喜びが伝わってきます。1歳児に初めて接した不安や混乱を、この実習で自分の体験から実りあるものにしています。素直な感想が、実習生の学びの確かさを伝えています。様々な迷いや失望、不安もあった実習をありのままに書いて、その後の成長も見せている点がよいでしょう。

指導者からの所見

当園は、子どもの保育時間が長いので、担任だけではなく、園全体でお預かりすることになります。その中で保育者同士の連携は最も大事なことです。10日間でしたが、子ども達や保育士の動き等、実際に見て、感じ、学んでいただけたと思います。

総合評価 ★★★☆

2歳 成長した姿を伝えよう

実習のまとめと反省例

幼稚園

10日間にわたり熱心にご指導をいただき、ありがとうございました。初めての乳児の保育で悩んだことは、子ども達との関係作りです。話し掛けても答えてくれず、名前を聞いても教えてくれず、本当に子どもと仲よく過ごせるのかどうか、不安でいっぱいでした。仲よくなることに一生懸命になり過ぎて、子どもを泣かせてしまったことも何度かありましたが、色々な失敗を繰り返して少しずつ子どもと一緒に遊んだり、話したりできるようになると、悩んでばかりだった実習が楽しく感じられるようになりました。①幼児とはまた違った、乳児の遊び方や関わり方、理解できるような話し方などが何度も関わっているうちに少しずつ見えてきて、日を追うごとに新しい発見が沢山ありました。

しかし、子ども達と仲よくなれたとき、また1つ壁ができました。それは、子どもばかりでなく、保育者の動きについて学びたいと思ったときに、先生の動きを見て一緒に作業をしていると、子どもの様子を全く見ていないことに気が付いたのです。「全体を見る」ということの難しさを強く感じました。先生の動きを見て、子どもの次の動きの準備をどのようにされているのか学びながら、子どもの様子、そして子どもと接している先生の関わり方を見るには、私はどこにいたらいいのか分からず、悩んでいました。その際城崎先生から"その日の目標に沿って、見たい部分が見られる場所にいればよい"とアドバイスをいただきました。②一度に全てを見ようとして曖昧にするのではなく、その日ごとにポイントを絞って取り組むように心掛けると、少しずつ先生方の意図を、自分なりに考えることができるようになりました。日誌に関しても、何度もご指導をしていただき、失敗を繰り返しながら、簡潔に書くことを目指して練習させていただきました。指導案も、添削をしていただいたおかげで、無事設定保育を終えることができました。まだまだ子どもの様子を予想する力が必要だとわかり、反省点も沢山ありましたが、何より子どもと一緒に私自身が楽しんで保育をすることができたのでよい形で終えることができたと思います。

また、日々の生活では安全に気を付けることの大切さを学びました。全て私の失敗から学んだことですが、失敗を見逃さずに気付き、ご指導をいただけたので、強く記憶に残り学習することができました。今後、保育者として子どもと関わっていくときは安全を第一に考え、その上で楽しく保育ができるように考えていきたいと思います。③

1 はじめから順に書く

実習期間中の変化を順に述べていく構成は、読む側に安定した印象を与えます。また、実例文の掟の一つでもあります。ただ、「楽しく感じる」だけでは説得力がありません。細やかなエピソードを重ねてこそ、生きた言葉になります。

Point! 2 先生の言葉を忘れずに

アドバイスが正確に記録されていて、それに対する実習生の変化がよく描かれています。この記述がないと、実習生の学びも伝わってきません。例えば「その際、城崎先生から貴重なアドバイスをいただきました」と内容を省略してしまうと、次の実習生の変化が浮いてしまいます。

3 成長の証しを伝える

指導教員の言葉にもあるように、子どもや園に慣れて「楽しかった」で終わっては、何を学び、どう変わったがのかわかりません。「楽しく感じた」始めの頃から「安全に気を付ける大切さ」を体験しました。この成長を伝えることが大切なのです。

指導者からの所見

実習を通し、失敗から経験することもありましたが、その経験はきっと長く生き続けていくものになると思います。実習後の感想に「楽しかった」だけではなく、"子どもの命を預かる立場として安全に配慮した関わりを目指していく"という意識が出たことはとてもうれしいことです。

総合評価 ★★★☆

3歳 子どもを把握する力

幼稚園

今回、初めて幼稚園実習、そして責任実習を経験させていただきました。全体の活動を把握しながら一人ひとりの活動を意識することの難しさは、責任実習をさせていただいて、やっと気付けたように思います。先生方は何気なくされているように見えていたのが、「今その活動をしている子ども」「既にその活動を終えている子ども」「まだ前の活動をしている子ども」を把握し、それぞれへの援助を行っているのだと知りました。

自分で気付いた反省点の一つは、考え過ぎて行動に移せなかったことです。❶「どうしよう」と悩んでいる間に、子ども達は次の活動をしており、ほとんどの子ども達に働き掛けることができず、結局何度も先生に助けていただきました。また、全体を見ようと思っていても、気が付くと一部の子ども達しか注意していないことが多かったです。

他にも弾き歌いや読み聞かせなど反省点は沢山ありますが、これまで子ども達とあまり関わってこなかったことも原因の一つだと思いました。今後は、知識ばかり詰め込んで頭でっかちになるのでなく、積極的に子ども達と関わる機会を設け、実践に結びつく技術を身に付けていきたいです。

自分では気付けなかった反省点は、立ち位置と目の配り方です。全体を見ることは基本なのに、朝、子ども達が入ってくる入り口に背中を向けてしまうことや、多くの子ども達全体を見ることは基本なのに、遊んでいるグラウンドに背中を向けて、端のほうで遊んでいる一部の子どもばかり見てしまうときがありました。❷

そして、子ども達の発達への理解も不十分でした。設定保育の中で、子ども達が座って話を聞く時間が長過ぎたことなどは、ご指摘いただくまで気付けませんでした。先生が手遊びを頻繁にしていらっしゃったように、じっと座っているだけでなく、活動を楽しみながら保育者に注目し、話を理解できる方法を考えるべきでした。

実習の中で改めて、子ども達をよく見て信頼関係を築くことは、とても大切なのだと感じました。自由遊びや排泄のときもそうですが、食事の援助は、子ども達一人ひとりをよく見て理解していないとできないことだと思います。一人ひとりが食べられる量の把握は、子ども達を意識して見ないとできないだろうし、子ども達も先生が自分を見てくれていると知っているからこそ、頑張って食べようと思えるのだと感じました。❸たった2週間の実習では、子ども達の一部分しか知ることができなかったですが、今回の反省を生かして今後も励みたいと思います。

Point!

1 全体の印象を大切に

レポート全体を反省点が占めている印象です。反省点を挙げることは大切ですが、その反省点にどう対処したかも記すことで、積極的な実習だったという印象を強く出すようにしましょう。

2 指導の先生の言葉を記す

指導の先生方から指摘を受けたようですが、どのような状況で、どのようなアドバイスを受けたのかを記すと実習生の学びが説得力が増します。

改善例

万が一の怪我や事故にすぐ対応できるように、「子ども達全員が見える所で、視野を広く」持つように、助言をいただききました。

3 文章を分けて明快に

文章が長くよく意味が通らないので、「量の把握は子ども達を意識して見ることが大切」と「子ども達は先生に見られることで頑張って食べようと思う」の二つの文章に区切りましょう。

指導者からの所見

保育をする中で、全体に目を配ることはとても大切です。子ども達の動きを予想しておくことは大切ですが、予想通りに動いてくれないのが子どもです。沢山考えることも大切ですが、小さなことでも認め、できたことを褒めることを何より心掛けてほしいです。

総合評価 ★★★☆

4歳 実習のまとめと反省例
10日間の学びを的確に

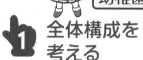

幼稚園

　10日間ご指導いただき、本当にありがとうございました。この実習で新たな学びや、自分の今後の課題を見つけることができました。

　今回の実習で一番学んだことは、子ども一人ひとりを見る大切さです。**1** 私は今まで、子どもと保育者との関係や保育者の声掛けや援助、その意図等を実習の中で注目してきたため、子ども一人ひとりの遊びの中での会話や言葉にあまり耳を傾けていませんでした。しかし、今回の実習では毎日1つの遊びを子ども達と共に行うことで、一人ひとりがどのようなことに楽しみや面白さを感じているのか、また、気付きや発見をしているのかをじっくり見ることができました。それがクラス全体を見ることにつながるのだと感じました。まずは、保育者も遊びの中に一緒に解け込み、一人ひとりの言葉や姿をよく見て個人の理解を深めていくことが一番大切なことだと学びました。また、子ども達と遊ぶことで子どもが何を楽しいと思うのかや子どもの特性が見えてきて、言葉掛けや援助を行う前に、どのような声掛けをすべきか、逆にここは何も言わず見守るべきかというように、そのときどき、その子どもに合った声掛けや援助が今回の実習を通じてできるようになったと思います。**2**

　多くの学びがあった今回の実習ですが、今後への課題も見つけることができました。1つ目が、子どもと話すときに「間」を意識するということです。実習中何度かご指摘をいただいた点は、私は子ども達にばーっとたたみかけるように話し掛けてしまい、子ども達に通じていないということでした。ゆっくり言葉を区切りながら、子ども達が内容を理解する「間」を取っていくことが大切だと気付きました。

　2つ目の課題は、話す内容を常に子ども目線で考えるということです。今回の一斉保育では説明が長過ぎ、なおかつ色々なことを一気に伝えてしまったため、子ども達の集中力が続きませんでした。どのような内容は必ず伝えないといけないのか、どのような言葉や視覚的は実物を使えば子ども達は理解しやすいのかを、聞き手側の子どもたちの視点で考えるということが、自分の弱い所だと気付くことができました。また、小南先生が反省会で仰っていたように、事前の教材研究をしっかり行うことで題材のよさや楽しさ、子どもに伝えるべき内容が見えてくるということを学びました。

　10日間の実習で多くの学びや、自分に足りないものを見つけることができました。今回で得た学びや課題を意識しながら、ボランティア先やゼミのワークショップで訪れる幼稚園の子ども達と関わり、よき保育者となれるよう努力していきます。**3**

指導者からの所見

子ども一人ひとりの感じている面白さを見取るということが一番大切だと思います。子どもの姿を見取ることができないと、いくら声掛けや援助を考えても子どもの姿とずれてしまい、意味のないものになってしまいます。今回の実習で学んだことを生かしていってください。

総合評価 ★★★☆

---

1 全体構成を考える

　実習で得た学びの、最も大切に思うものをはじめに書いています。このレポートの眼目をはじめに記すことで、全体の構成がままっています。以下に、学びの細目を項目立てて述べていくという進行ができているのです。主題(眼目)→細目(分析)→まとめ(願望)という形で読みやすく、説得力もある構成です。

2 学びを具体的に書く

　自分が得た学びや成長を、具体的に書いており、大変伝わりやすいものになっています。事例を挙げてからの結論(学びのまとめ)という流れができていて、読みやすく工夫されています。

Point!
1 今後の指針を示す

　今後、具体的にどのように学びを積んでいくのかを、明確に示しています。実習を終えて、子どもに対する認識が変化したことを今後にどうつなげていくかが書かれており、好感が持てます。

127

5歳 学びを素直に書く

今回の実習では、初めて1日責任実習を経験させていただき、実際にやってみて初めて気が付くことが沢山ありました。私と先生の保育の仕方で一番違うと感じた点が、子ども達の活動をメリハリのあるものにできているかということです。❶私の場合、活動ごとに子ども達に集合をかけ、内容を振り返り次の内容を指示するという流れがないときがあり、子ども達もどうすればよいのか迷っているような様子が見られました。責任実習を終えてからは、先生はどのようにして活動ごとのメリハリをつけていらっしゃるのかというところを特に注目して見るようになりました。

私はとにかく時間通りに進めることに必死になっていましたが、その時々の子ども達の様子をしっかり見て、静かにするように呼びかけるときか、発言にしっかり耳を傾けるように指導するときかの見極めができるようにならなければいけないと思いました。活動後に集合を促し注目を集めた後は、年長組の発達段階に合わせて次に何をすべきかという指示を3、4点続けて出す、この流れができるようになるとメリハリのある保育になるのだと学びました。

そして、今回の実習でピアノの技術がまだまだ足りないことを実感しました。❷子ども達の前で弾くと緊張し、更にうまく弾けない上に、ピアノを弾くことに必死で、肝心な子どもの様子があまり見えていなかったため、もっと余裕を持って弾けるように技術を向上させなければならないと反省しました。1日責任実習を経験したことで、自分ができていない部分がはっきり見えた本当に学びの多い実習でした。

10日間の中で、保育園との交流会に行ったり警察官に来ていただいてお話を聞いたり、じゃがいも掘りに行ったりと、様々な行事に参加させていただきました。午前中にじゃがいも掘りに行き、午後にはパンダ組のアゲハが蝶になった日、帰りの絵本を借りる際に、『じゃがいも』という絵本を借りた子どもと『アゲハ』という絵本を借りた子どもがうれしそうに絵本を見せに来てくれました。❸様々なイベントは子ども達の心に残り、成長に大きく関わっていくものだと実感しました。そして、ただ行事をして終わりということではなく、どのようにするか子ども達自身で決められるようにしたり、内容はどうであったか気持ちを聞いて、それに合わせた様々な言葉掛けをしたり、絵に表して想い出に残るようにしたりと保育者の働き掛けによって、より中身の充実した活動内容になるのだと学びました。10日間、ご指導どうもありがとうございました。

指導者からの所見

実習期間中は、園での行事がいろいろありましたが、その中でもやはり、活動にメリハリをつけることは大切です。ピアノは得手不得手はあると思いますが、人前で弾くことに慣れていってください。間違えても右手は止めず、先生の声でカバーしましょう。

総合評価 ★★★☆

---

1 表現に注意して

「私と先生の保育の仕方で～」という表記は、たとえそれが、自分の仕方が先生に比べて劣っているということを言いたい場合でも、やや慢心しているようにとらえられることがあります。表現に注意するようにしましょう。

改善例

特に園の先生方と、自分の保育の大きな違いは、先生方が子どもの活動にメリハリをつけている点です。

Point! 2 自分の不足部分に気付く

ピアノの技術不足を「実感した」と実技面での反省が素直に記されています。自分にとって今、何が足りないのかが分かることは、実習の大きな収穫と言えます。指導教官からも具体的なアドバイスがもらえ、今後のステップにつながります。

3 立体的な文章にする

子ども達とのエピソードを入れることで、その後の文章により説得力が生まれています。

第**4**章

『施設別』
実習のポイントと日誌例

実習が行われる福祉施設別に、実習日誌の書き方のポイントを紹介。
各施設の特色と日常の援助が分かります。

福祉施設の種類と実習のポイント

保育実習では、福祉施設での実習も必要になります。国家資格である保育士の資格は保育所のみならず、施設で生活を送る子ども達の養護にも関係しているからです。しかし、実習で初めて施設を訪れる実習生も少なくありません。最初はとまどうことも多いと思いますが、実習をきっかけに施設での仕事に実感を抱き、施設保育士をめざすようになる方もいます。ぜひ、実習を実りのあるものにしてください。

・・・・・・・・・・ 実習先となるおもな福祉施設 ・・・・・・・・・・

養護系施設

子どもの養育に対応
・乳児院
・母子生活支援施設
・児童養護施設

●乳児院・・・・・病気や別居など、さまざまな理由で家庭で養育を受けられない乳幼児を養育する入所施設。一般的には1歳未満の乳幼児が対象だが、小学校就学前まで入所できる。

●母子生活支援施設・・・・・おおむね18歳未満の子どもを養育している母子家庭または何らかの事情で離婚できないなど母子家庭に準じる家庭の女性が、子どもと一緒に入所できる施設。それぞれの家庭が独立した居室で生活し、母親はそこから職場へ通うことができる。

●児童養護施設・・・・・様々な家庭の事情で、家族と暮らせない子どもが生活する施設。おおむね1～18歳の子どもが入所し、幼稚園や学校などに通う。

その他の児童福祉施設

子どもの非行や情緒的な問題に対応
・児童自立支援施設
・情緒障害児短期治療施設

●児童自立支援施設・・・・・非行や生活上の問題を抱え、家庭や学校に適応困難なおおむね18歳未満の子どもが通所または入所し、社会の一員として自立することを支援する施設。施設内で授業も行い、ほとんどに運動場や農場などが併設されている。

療育・療護系施設

子どもと大人の障害に対応
・障害児入所施設
・児童発達支援センター
・障害者支援施設
・指定障害福祉サービス事業所
など

●障害児入所施設・・・・・障害のある子どもが入所し、保護、日常生活の指導と自活に必要な知識と技能の付与を行う施設。福祉サービスを行う「福祉型」と、福祉サービスに併せて治療を行う「医療型」がある。以前は障害の種別に分かれていたが、複数の障害に対応できるように一元化された。

●児童発達支援センター・・・・・障害のある子どもが通い、日常生活の指導や自活に必要な知識と技能の付与、集団生活への適応の訓練を行う施設。福祉サービスを行う「福祉型」と、福祉サービスに併せて治療を行う「医療型」がある。以前は障害の種別に分かれていたが、複数の障害に対応できるように一元化された。このうち、実習の対象となるのは児童発達支援及び医療型児童発達支援を行っている施設のみ。

・・・

　上記以外に、障害者支援施設、指定障害福祉サービス事業所(生活介護、自立訓練、就労移行支援又は就労継続支援を行うものに限る)、情緒障害児短期治療施設、児童相談所一時保護施設、独立行政法人国立重度知的障害者総合施設のぞみの園があります。

　これらの施設が、保育実習Ⅰ(必修科目)4単位のうちの施設における実習2単位の実習先となります。いずれも、実習生を指導できる保育士が所属していることが前提です。

児童養護施設、乳児院での実習の注意点とポイント ▶▶▶▶▶▶▶▶▶▶▶

◆家庭代わりの場であることを配慮して
施設は子どもにとって家庭代わりの場です。子どもが大人の保護のもとで、健康で安全に暮らせるように、大きな愛情を持って接するようにしましょう。

◆子どものプライバシーを守る
子どもは様々な家庭の事情を抱えて暮らしています。親身になることは大切ですが、子どもの個人情報を外部にうっかりもらしてしまわないように、十分な注意が必要です。

◆わからないことは一人で解決しない
子どもへの対応でわからないことがあったときは、一人で解決しようとせず、周りの職員の方に相談しましょう。

◆体調管理に注意して
実習では子どもと寝食を共にします。体調管理に気をつけ、風邪などの病気にならないように注意しましょう。

◆目的、テーマを明確に
実習には、毎日目的やテーマを持って臨むようにします。

児童自立支援施設での実習の注意点とポイント ▶▶▶▶▶▶▶▶▶▶▶▶

◆守秘義務を果たす
実習中はもちろん、実習後も、家族、友人などに子どものプライバシーに関わることを絶対に話さないようにしましょう。

◆子どもに生育歴や地元の話を聞かない
入所している子どもは、生育歴に問題を抱えている場合が多いので、実習生のほうから生まれや友人との関係などを子どもに問わないようにしましょう。

◆個人の情報を教えない
実習生を含む、個人の住所や氏名、電話番号を子どもに教えないようにしましょう。

◆判断に迷うときは、離れた場所で
子どもの言動で判断に迷う場合は、側で職員に

指示をあおぐのではなく、離れた場所で聞くようにします。

◆職員の指示に従って接する
子どもへの接し方は、自分で判断せず、職員の指示に従うようにします。

◆子どもと共に生活する
観察や指導をするのではなく、「共に生活を送る」という心構えを持って実習しましょう。

◆安全面を第一に
子どもの安全に対する配慮を、常に最優先します。

◆目的、テーマを明確に
実習には、毎日目的やテーマを持って臨むようにします。

障害者支援施設での実習の注意点とポイント ▶▶▶▶▶▶▶▶▶▶▶▶

◆障害の内容を把握する
施設では様々な障害のある方が暮らしています。障害の度合いや内容について、指導者の方に尋ねるなどしてあらかじめ把握し、実習に臨みましょう。

◆ハンディキャップに配慮する
障害によって生活上大きなハンディキャップを背負っていることを頭に置き、健常者との接し方とは異なる言葉掛けや配慮をするようにしましょう。

◆個々の個性や特性を理解する
施設利用者それぞれの個性や特性を受けとめ、そこからどのような関わり方ができるかを考えるようにしましょう。

◆表情の細かな変化を見落とさない
障害者中には、自分の気持ちや体調の変化を、言葉ではうまく表せない方もいます。表情や動作の細かな変化に注意をはらい、見落とさないようにしましょう。

◆目的、テーマを明確に
実習には、毎日目的やテーマを持って臨むようにします。

児童養護施設 ユニットで子ども達を援助

2月12日（水）天気 晴れのち曇り		指導者：矢内誠吉先生	実習生氏名：佐藤美菜美
天馬班　男児： 8 名	女児： 3 名		

実習のねらい	・子ども達全員と関わり、どんな遊びをしているのかを知る。
おもな活動	・絵や外での遊びを楽しむ。

時　間	生活の流れ	職員の援助と関わり	実習生の動きと気づき
6：30	○起床	○子ども達が起き始めるので挨拶をする。 ○朝食の配膳をする。 ○弁当の準備をする。	○朝食の配膳をする。 ・弁当のご飯を詰める。
	○着替えをする	・着替えをするよう促す。❶ ・手を洗うよう促す。	・着替えの援助をする。
7：00	○朝食 ○歯磨きをする	○一緒に食事をする。 ・食べ終わったら歯を磨くよう促す。	○一緒に食事をする。 ・食器を洗う。
7：40	○小学生が登校する	○時間に家を出ることができるよう促す。 ・弁当に食べ物を詰める。 ○子どもが幼稚園に遅れないよう声掛けをする。	○起きた子どもの着替えの援助をする。 ・掃除機をかける。
8：30	○幼稚園に登園する	○子どもを幼稚園に連れて行く。	・床に雑巾をかける。
9：40		・共用部分掃除。	・共用部分の掃き掃除をする。
10：00		・洗濯物を片付ける。	・洗濯物をたたみ、個別に分ける。 ・パジャマを用意する。
11：00			・子どもと絵を描いて一緒に遊ぶ。❷
12：00	○昼食	○昼食の準備をする。 ・お汁を作る。 ・食事の援助をする。 ○一緒に食事をする。	○食事の配膳をする。 ○一緒に食事をする。 ・食器を洗う。
	○午睡	・添い寝をする。	・子どもと一緒に遊ぶ。 ・食器を片付ける。
13：10	○昼礼	○各ユニットの現状報告をする。 ・共用部分の掃除をする。	○話を聞く。❸ ・共用部分の掃除をする。
13：30	○公園に出かける	○公園に子どもを連れて行く。 ・車に気をつけて行くよう促す。	○公園に子どもと一緒に行く。 ・子どもが安全に公園に行けるよう見守る。❹
	○公園で遊ぶ	○子どもが遊んでいるのを見守る。 ・ブランコを押し上げてあげる。	・子どもと一緒に遊んだり見守ったりする。 ・ブランコを押してあげる。❺
14：20	○幼稚園から降園 ・着替えと手洗い	・着替えするよう促す。 ・手を洗うよう促す。	・着替えの援助をする。 ・手洗いを援助する。

時　間	生活の流れ	職員の援助と関わり	実習生の動きと気づき
15：00	○おやつ ・院内保育の子どもがユニットに帰って来る	・おやつの準備をする。 ・洗い物をする。	・洗濯物を片付けたり、パジャマをセットしたりする。 ・子どもと一緒にテレビを見る。
15：30	・小学校から下校	・子どもの宿題をみる。	・子どもと一緒におままごとや電車で遊ぶ。
16：00	○公園から帰園する	・子どもに遊ぶのをやめて帰るように促す。 ・子どもが危ないことをしていたら注意しながら帰る。	・子どもが安全に帰ることができるように見守る。
16：20	○手洗い		・子どもと一緒に、テレビを見たり絵を描いて遊ぶ。 ・子どもと一緒に、外で鬼ごっこや遊具で遊ぶ。
17：00	○お風呂 ・幼稚園児からお風呂に入る	・片付けをするよう促す。 ・お風呂の援助をする。 ・夕食を作る。 ・手を洗うよう促す。	・お風呂に入っていない子どもと一緒にテレビを見る。
18：00	○夕食	・一緒に夕食を食べる。 ・食べ終わったら歯磨きをするよう促す。 ・歯磨きの援助をする。	・一緒に夕食を食べる。 ・食器を洗う。
19：30		・子どもを寝かしつける。	・子どもと一緒に、食器を片付ける。 ・小学生・年長の子どもと一緒に、静かにテレビを見る。
20：00	○幼稚園児就寝	・子ども達に絵本を読み、寝かしつける。	・トイレと洗面台の掃除をする。
20：30	○小学生、年長の子ども就寝	・子どもの隣で横になる。	・子ども達に絵本を読み聞かせる。 ・子どもの隣で横になり、寝つくのを見守る。
20：50			・トイレ掃除の続きをする。

本日の実習から学んだこと、明日への課題	今日は、職員の方がどのように関わっているかを知るために、まず、子ども達の話の聞き方を学ぶことを目標にしました。職員の方は、子どもの一瞬一瞬を大切になさっているのだと感じました。自分が子ども達を見ていないことを痛感しました。テレビを見ていても、その子どもがどう思っているかなどを考えていなかったことも反省点です。そんな中でも職員の方は、子どもの話にあいづちを打って聞いたり、子どもの言葉を繰り返して言ったりしておられました。そうすることで、子ども達は話を聞いてもらっているという安心感が出るのだと、次回へのいましめになりました。

指導者からの所見

普段あまりゆっくりと一対一で話をする時間を持ちにくいので、職員はせめて話をしっかり聞いていることを相手に伝えるようにしています。施設生活の中で、話を聞いてくれる人が誰もいないことは、とても心細いことです。「ただ話を聞くだけ」というのも、大事な援助技法の1つかと思っています。子どもは、一緒に過ごす中で、トラブルなくおだやかに過ごすことができると安心します。なので、職員は無駄なトラブルを回避できるようにいろいろと気を配っています。普通の生活を送ることが、子どもにとって一番大切な時間ではないかと思います。

総合評価 ★★★☆

133

1 職員の言葉掛けをチェックする

職員の方が子ども達にどのような言葉掛けをしているか、注意深く見ることも大事です。幼児から小学生まで、一つのグループとして生活する児童養護施設では、それぞれの対応が必要です。

改善例

「一人でできる人は、着替えて朝ごはんを食べようね」と言葉掛けをする。

2 何歳の子どもなのか

異年齢保育が行われているのですから、「子ども」が何歳なのかを記してもよいでしょう。入所児童のプライバシーを漏らさないことは第一ですが、日誌にはどのような遊びで援助したのかを記す必要があります。

改善例

年少の子ども達と「アンパンマン」の絵を歌いながら描いて遊ぶ。

Point!
3 何を感じたかを記すこと

実習例園では「ユニット」という形で、子ども達と日常生活を完結できる運営をしています。その現状報告を実習生として聞いたわけですから、「話を聞く」だけでなく、感じたことや気付きも記すとよいでしょう。

改善例

指導の先生から、異年齢ならではの問題や今後の方針を伺い、深く考えさせられる。

4 職員の指導法も書く

職員の活動を見て、どのように指導していたかも書きましょう。実習は、何をつかみ、自分に取り入れられる能力があるかが分かるときです。

改善例

年長の子どもに、「走らないでゆっくり行こうね」と言葉掛けをして、ほかの子どもが真似をしないように配慮していた。

5 表現と考え方は一緒

「あげる」のでは援助でなくなります。子どもの自発性や自立心を養うために、保育士は子どもと一緒に遊びを「援助」するのです。

改善例

「こうして、体を出してごらん」と、ブランコのこぎ方を援助しながら遊ぶ。

6 テレビを見るだけではダメ

テレビを見ること自体が悪いのではありませんが、日誌の場合はもう少していねいに書いてください。年齢や時間など、考慮する点はいろいろあります。適切な活動としてテレビを活用していることが大事なのです。

改善例

院内保育の子どもや小さな子どもと一緒に、テレビアニメを見て過ごす。

7 実習予定はいろいろある

この日誌では、全日の活動を見て記しています。実際の実習では、朝早い場合は、夕方前頃までのスケジュールで行われます。また、「宿直」もあり、施設で宿泊することもあります。

8 宿直の実習の場合

宿直の実習は、行うべき活動や施設の手伝いなど、様々なことを行わなければなりません。実習日誌に記す事柄も大量になり、記入も大変です。ポイントを要領よくまとめましょう。

児童自立支援施設

子どもの個性と向き合う

2月3日（月）天気　晴れ	指導者：緑川昇平先生	実習生氏名：瓜田舞衣子
B寮　　男児：9 名	女児：0 名	

実習の目標	・職員の子ども達個々に合わせた対応の仕方を学ぶ。 ・子ども達、職員の一日の流れを把握する。

時　間	生活の流れ	職員の援助と関わり	実習生の動きと気づき
8：30	○グランド朝礼 ・寮ごとに整列する。 ・ランニングをする。 ・週番の生徒が挨拶をする。	・職員のみで朝礼をする。 ・生徒と共にランニングをする。	・B寮の最後尾に並ぶ。 ・生徒の後ろについてランニングをする。
9：00	○ホームルーム ・朝の号令を掛けてから小テストをする。	・廊下や教室の前で生徒達の様子を見ておく。	・教室の後ろから授業を見学させていただく。❶
9：05	○1時間目（美術） ・水彩画に取り組む。	・教室全体を見回りながら、一人ひとりにアドバイスをする。	・3年生の美術の授業を見学させていただく。
9：55	○2時間目	・女子統括山田主査の講義。	・講義を受ける。❷
10：45	○3時間目（理科） ・教師と会話をしながら授業を受ける。	・生徒が親しみやすい話題から授業を始め、教室全体を見回りながら生徒それぞれに言葉掛けする。❸ ・一人ひとりのでき具合を確認しながら、生徒7人教師2人体制で授業を進める。	・問題がわからない生徒に、教える手伝いをする。
11：35	○4時間目	・教母さんとケースワーカーの方が、保護者と面談する。 ・教母さんは給食を取りに行く。	・教母さんと共に給食を取りに行く。
12：00	○昼食 ・寮に帰ってきた生徒は、各自手を洗い、昼食準備をする。 ・昼食を食べ終えた子どもから食器洗い、食器拭き、食卓掃除など、自分の役割の仕事をする。	・ごはんをよそったり、昼食準備をする。 ・生徒達の様子を見る。❹	・配膳などを手伝う。 ・食器拭きなどを手伝う。 ・手伝いの仕方で迷う。❺
	○自由時間 ・本を読んだり勉強したり、自由に過ごす。	・子ども達の様子を見る。	・子ども達の様子を見る。❻

❼

時　間	生活の流れ	職員の援助と関わり	実習生の動きと気づき
13：35	○公共作業 ・寮ごとに整列する。 ・山の草刈りを行う。	・生徒達の前で挨拶し、号令を掛ける。 ・生徒達の役割分担を決め、それぞれに声掛けしながら作業を進める。	・5寮の最後尾に並ぶ。 子ども達と共に作業をする。
16：00	○寮掃除 ・決められた掃除の役割を果たす。	・子ども達の様子を見ながら、それぞれに声掛けする。	・子ども達の様子を観察する。
〜〜〜	〜〜〜	〜〜〜	〜〜〜
13：35	○5時間目（技術・家庭） ・積極的に手を挙げて、問題に答える。 ・わからない点は、随時質問する。	・生徒に適宜質問を与えながら授業を進める。	・授業を見学させていただく。
14：50	○クラブ ・陸上部と野球部に分かれて活動する。	・生徒と共に運動しながら指導する。	・野球部の見学をさせていただく。
17：00	○分担 ・寮舎の掃除や犬の散歩など、自分の決められた役割を果たす。	・子ども達全体の様子を見ながら、それぞれに声掛けをする。	・子ども達と共に犬の散歩をしたり、洗濯物をたたんだりする。⑧

本日の実習から学んだこと、明日への課題	自分から何を手伝えばいいのか分からず、立ち往生することはありましたが、生徒達の問い掛けにあまり考えすぎず、少し気楽に返したら、初めて語り掛けてきてくれた生徒もいてうれしかったです。また、全国の児童自立支援施設で、夫婦制をとっている所は半数程度しかないということを初めて知り、交代制のほうが普及しつつあるということに驚きました。実習の中で忘れ物をした子ども達がしかられているのを見て、私自身忘れ物が多いので、これでは示しがつかないなと反省しました。職員の方々は毎日一緒にくらしているので、常に気を張ってなければならないのは、本当に大変だろうなと感じました。

指導者からの所見

指導する者として、子どもに注意することは、自分でもしっかり行えるよう意識しています（もちろん忘れることはありますが……）。自立支援施設の子ども達は、大人の姿をよく見ています。だからこそ、こんな大人になりたいと思わせるような行動を意識するのは、とても大切なのだと思います。それが、子ども達が寄せてくれる安心や信頼にもつながるはずです。失敗して気付くことも沢山あると思いますが、あまり考え過ぎず、思い切っていろいろ行動してみてください。実習とはそういうものだと思います。

総合評価 ★★☆☆

見学した際の気付きも記す

授業の進行や生徒の様子、教師の教え方など、見学した際の気付きも記しましょう。ただ、無反応にいたというのでは、実習の効果はありません。

改善例

教室の後ろから授業を見学。教師が小テストが分からない生徒に、自力で解けるように適切なアドバイスをしている。

Point!
2 講義内容も簡潔に書く

「講義を受ける」だけでは、何の意味もありません。先生方が何をしたのか、伝えようとしていることを、正しく記さなければ日誌として役立ちません。

改善例

当施設の女子について、個々の入所理由や対応の仕方について講義を受ける。

3 気づきは細部に及ぶこと

スペースの余裕があれば、もう少し踏み込んだ表記が望ましい所です。生徒それぞれに、教師の観察力やポイントがどう働いているのかを記せば、実習生の気づきにつながります。

改善例

教室全体を見回り、「なるほどそう考えたか！　でも答えは〇液だったね」というように、間違えた生徒個々に言葉を掛けて、すぐに誤りを否定しない。

4 表記の統一を図る

日誌例では、「生徒」と「子ども」が混在している箇所があります。この施設の場合、生徒で統一したほうがよいでしょう。

5 自分の動きを記すこと

実習生の動きを簡潔に書くことで、「児童と共に生活すること」という施設の理念に近づきます。実習施設以外でも同じことがいえるので、十分に心得ておきましょう。

改善例

実習施設は、それぞれの生徒の役割が決まっており、特定の生徒の手助けをして不平等にならないかと迷う。

6 繰り返し同じ記述はダメ

ここまでで、同じ表記が3回続いています。行っている活動が同じでも、ていねいに観察すると、気付くことが必ずあるはずです。

改善例

反抗心が強い生徒が見受けられ、ほかの生徒とトラブルを起こした。寮長にも反抗的で、実習生としての対応について相談する。

7 日によって施設の活動は違う

施設では、曜日によって児童の活動は違っています。実習施設の別の活動を例に示しておきます。日誌のつけ方も単調にならないように、十分気をつけてください。

8 振り返りが深化につながる

状況の報告としてはこれでよいのですが、実習生としての体験や気づきを記すと、日誌としての完成度が高まります。また、その振り返りが学習の深化にもなります。

改善例

B寮で飼育している犬の散歩を楽しむ。「クッキー」という名だと教えられ、心を許し始めていることを感じた。

障害者支援施設 障害の背景への理解を深める

3月 1日（水）天気　晴れ	指導者：千葉国光先生	実習生氏名：神崎景依子
なでしこ寮　　　男：0 名	女：13 名	

実習のねらい	・利用者の名前を覚え、呼び掛けながらコミュニケーションをとる。
おもな活動	・日中活動の支援をスムーズに行う。

時　間	生活の流れ	職員の援助と関わり	実習生の動きと気づき
9：00	○ミーティング〈なでしこ寮〉	・連絡会の内容や利用者の様子について、確認、共有する。	
9：20	・移動〈活動棟〉	・移動支援。 ・利用者の行える範囲、歩行のペースに合わせて行う。	・移動支援。 ・日中活動班が同じAさんと、活動棟へ行く。
9：30	○日中活動〈活動棟〉 ・歩行活動を行ったり、音楽を聴いてゆっくり過ごしたりする。 ・お茶を飲む。 ・利用者に合わせて、とろみをつけたものを飲んでもらう。 ・湯のみを取りに行く。返却を手伝う。 ・移動〈なでしこ寮〉	・利用者の歩行活動を支援する。活動が楽しく感じられるよう会話をしながら利用者の体力、運動量に合わせて行う。 ・湯飲みを取りに行くことに。利用者を誘って一緒に行く。 ・「いただきます」「ごちそうさま」の挨拶を大切にする。 ・移動支援。 ・寮に戻って来られた人を、順にトイレ誘導を行う。	・Aさんと身体的コミュニケーションをとったり、着替えを見守る。 ・Bさん、Cさん、Dさんと歩行活動を行う。 ・手を持つのではなく、利用者にひじ下あたりを持ってもらうということを知る。❶ ・声を掛けながら、手渡しでお茶を渡す。 ・Eさんと、ねじをはめる作業を行う。ねじを手渡す。 ・移動支援。 ・利用者と会話したりする。 ・食堂の席に座るように促す。
11：00	・排泄 ・排泄、手洗いが済んだ人は食堂で席について待つ。 ・マッサージ（Fさん） （上半身・下半身・指先の順） ○昼食 ・献立を読み上げ、「いただきます」の挨拶をする。	・排泄、手洗い介助を行い、一人で行ける人は食堂まで行くよう声を掛ける。 ・マッサージを行う。 ・配膳を行う。	・配膳を行う。
11：40	・喉を潤して嚥下しやすくするために、必要な人は始めにお茶を1杯飲む。❷ ・エプロンをつける人もいる。 ・一人ひとりに合った食事形態のものを食べる。 ・食事が終わり次第、歯磨きをする。 ・歯磨きが終わった人は、ホールでゆっくり過ごす。	・おかずやフルーツを必要に応じて、1口大にカットする。 ・一人ひとりに合わせた食事介護を行う。 ・Hさんの食事介護（ごはんやおかずを別の器に小分けにして渡す）。 ・1つのものばかり食べてしまわないよう気をつける。バランスよく食べられるようときにはほかの器を手渡す。 ・歯磨き介助、トイレ介助を行う。 ・歯磨きを一人で行える人には、まず自分でやってもらい、仕上げを行う。	・好みや、食べやすさを考慮して配膳することに気づく。❸ ・量を小分けにすることを手伝う。❹ ・実習生、休憩。 ・体を休憩の次の活動に備える。
13：30	・移動 ○日中活動〈活動棟〉 ・各自の運動量、体力に合わせて歩行活動を行う。	・移動支援。 ・楽しみながら活動を行えるように、会話をしながら行う。 ・歩行活動に対して積極的になれない利用者	・移動支援。 ・歩行活動を行う。❺ ・実習生に驚く利用者には、落ち着いて過ごせるように、無理に話し掛けない。

時　間	生活の流れ	職員の援助と関わり	実習生の動きと気づき
	・音楽を聴いて、リズムに乗って楽しむ。	には、ほかの活動に誘いかけたりする。	
14：30	・おやつ	・お菓子の量や硬さも考慮して手渡す。	・食べやすいよう1口大にちぎって手渡す。
	・おやつを食べ、お茶を飲む。		・食べ終えた人にはお茶を手渡す。
	・一気に食べる利用者もいる。	・喉に詰まらせないように気を配る。	・自分のペースで食べるために、お菓子を全て渡すことがよい場合と、一気に食べて喉に詰まらせないために嚥下したことを確認してから手渡すことがよい場合があることに気づく。6
		・日中活動中の利用者の様子を寮ごとのファイルに記録し、情報を共有し、引き継ぐ。	
15：00	・移動。	・移動支援。	・移動支援。
	・入浴の日のため直接浴場へ向かう（なでしこ寮）。	・入浴介助を行う。	・入浴介助を行う。
	○入浴	・自分で洗う意欲がある人には、泡をつける所まで支援し、自分で洗ったという満足感を得てもらってから、不足していた部分の仕上げを行う。	・名前を呼び掛けながら、次はどの部分を洗うか、シャワーをするかなど伝えていく。
	・トイレに行きたい人は、各自トイレへ行く。		・頭にシャワーをかけることを伝えながら、驚かないように手にかけ、準備をしてもらえるようにする。
	・入浴を終えた人は順に寮へ戻る（なでしこ寮）。	・湯船まで手引きをし、体調も考慮して長湯にならないよう見守り、声を掛けたりする。	・体をふく介助を行う。
16：00	○余暇時間	・利用者の様子を全体的に見て、必要に応じてすぐに介助に向かったり、利用者と関わったりする。	・タオルを一度手渡し、利用者が自らふき始めたら見守り、手が止まれば介助を行う。
	・一人ひとりが自由にゆったりと過ごす。		・Dさん、Eさんのそばに行き、話し掛けながら手をにぎると、強くにぎり返され、反応を感じることができた。
		・職員会議（16：30～）。	
	○排泄	・トイレ介助、手洗い介助。	・Dさん、Eさんと指先や手を動かしつつ、触れあって過ごす。
	・排泄を済ませた人は食堂へ移動する。		・手洗い介助、食堂への誘導。
	・席に座って待つ。		
17：40	○夕食	・配膳を行う。	・配膳を行う。
	・一人ひとりに合った食事形態で食べる。	・食事介助を行う（口に運ぶ、おかずを寄せてすくいやすいようにする、など）。	・Bさんの食事介助。7
	・エプロンを着ける人もいる。	・歯磨き誘導、介助。	・歯磨きの介助を行う。
	・食べ終え、薬も飲み終わった人は歯磨きをする。	・トイレ介助。	・椅子に座ってもらって行うことで、安定し、磨きやすいだけでなく、ふらつきが少なく安全でもあるということに気付く。
	・歯磨きを終えたらホールに戻り、自由な時間を過ごしたり、歩行活動を行ったりする。	・歩行活動を行う人には上着を手渡し、誘いかける。	・Bさんと歩行活動を行う。
		・着替え介助。	・夕食をとる（19：00～19：30）。
	○就寝準備	・就寝前にお茶を飲む人の分を用意し、あることを伝える。	・着替えについて教えていただく。
	・着替えをし、順次布団に入るなどする。		
20：00	○就寝	・職員室にて待機する。	・実習や介助についてお話を伺ったり、教えていただく。8

本日の実習から学んだこと、明日への課題	本日の実習を終えて、利用者の様子、体調を細かくしっかり把握し、それを正確に伝えることの大切さを知りました。特に、精神科など表面的には分からないものは、初めて利用者と接した人に伝えるために、正しい知識と理解が重要であることを学びました。さらに、食事介護の際の細やかな配慮について学ぶことができました。少しでも嚥下しやすいように、始めにお茶を飲んで喉を潤したり、おかずを小分けにするときにはお茶碗のほうを持ってもらい、その感覚を感じるようにするなど、多くの配慮をし、おいしく食べられる工夫をしていると知りました。

指導者からの所見

利用者の表情や様子を細かく観察して、ていねいに接していた様子に感心しました。考察する力もあり、私達職員から利用者支援を学ぼうとする姿勢も見られて、一生懸命に取り組んでおられた実習態度は大変よかったと思います。利用者本人の状態を把握することは難しいことですが、私達職員も、表情や食べ方（むせ、せき込みなど）、どれくらい食事の時間がかかったかなど、普段と違った様子が見られた場合は、職員間で話し合いながら、利用者の状態に合わせた提供方法を考えています。そして、統一した支援ができるように心掛けています。

総合評価 ★★★☆

1 小さな気づきが大きな学びに

この例のように、支援の中での気づきを記すことは、大事なポイントです。必要なら小さなメモ帳に「ひじ下」というように、キーワードやポイントを書いておくと、日誌整理に役立ちます。

 ## 2 支援のポイントと意味合いを

例園のような施設の場合、食事の際に、嚥下機能が弱い利用者は少なくありません。日誌例のように、細やかな観察が学習の深度を高めてくれます。単に「食事前にお茶を飲む」では、大切な事実を見落としていると思われるでしょう。

 ## 3 例を挙げるとより効果的

配膳のポイントや、対応の仕方に気づいた点は評価されます。具体的にどのような対応をしたのか、どのような反応があったのかを記しましょう。

改善例

好みや食べやすさを考慮し、Gさんの食事では、好物を最後に食べて、次の活動へ機嫌よく移れるように配膳するとよいことに気付く。

4 手伝うことの意味は

なぜ小分けにするのか、疑問を持つことが大切です。利用者のためにできることを、実習者として考えましょう。

改善例

量をそれぞれ小分けにして、器を持ってもらい、お茶碗などの感触を直に感じてもらう大切さを学ぶ。

 ## 5 積極的な働き掛けをする

職員の援助にもあるように、積極的でない利用者には、ほかの工夫をして働き掛ける必要があります。その工夫を記すことが、実習生の成長につながります。

改善例

Aさんの歩行ペースに合わせて歩行活動を行う。Aさんが楽しめるように、音楽を聴きながら行う。

 ## Point! 6 各種状況や個性への気づき

職員の活動から、利用者への対応に、実習生自らが気づいたことを記しています。このような分析力は、保育を志す人には不可欠です。高く評価される日誌記入例といえるでしょう。

7 実習予定はいろいろある

スペースに余裕があれば、職員の援助での気づきを、できるだけ書きとめるとよいでしょう。観察力と理解力の判断にもなります。

改善例

毎日繰り返される坦坦とした介助を、少しでも楽しくまたおいしく感じてもらえるよう、言葉掛けや食事の出し方などを工夫した介助の違いに気付いた。

8 次のステップにつなぐ

実習例は遅番の日です。実習生の1日は、活動を終えておしまいではありません。待機時間中も、先輩職員に体験を伺ったり、指導を受けることが重要な学びになります。そのことを記し、次の学習の目安を設けることも大切です。

障害者
支援施設

活動を見守り関わりを深める

2月20日（木）天気　雨/曇り		指導者：前田範夫先生	実習生氏名：堀井翔亜

療育班	男子：12 名	女子：9 名	

実習のねらい	・施設での活動内容を理解し、職員の利用者への関わり方に注目する。
おもな活動	・入浴など外実習でのポイントを学び、次回に生かす。

時　間	生活の流れ	職員の援助と関わり	実習生の動きと気づき
9：50	○ラジオ体操 ・雨のため、ホールで行う。 ・流れる音楽に合わせてラジオ体操を行う。	・利用者さんに声を掛けながら、ラジオ体操を行う。また、利用者の方が誤って遠くへ行ったりしないよう、全体に注意を向ける。	○朝の体操を行うことで、体が目覚め、これから1日が始まるという切り替えができる。① ・利用者の方の後ろで、全体を見ながら体操をする。
10：00	○午前の日中活動（のぞみ） ・部屋内で一人ひとり自分が好きな所へ座り、職員の方と話す。 ○運動 ・順番に一人ひとりマット、フラフープ、輪っかくぐり、トランポリン、椅子で作った平均台、荷台での建物内1周を順に行い、日頃あまり動かさない筋肉を動かし、刺激を与える。	・座る場所や過ごし方を強要せず、利用者さんの所へ職員から話し掛け、その人の体調や今日の状態などを確認する。 ・利用者の方を一人ずつ、職員の方全員で名前を呼び、活動に誘う。その人に合った援助を行いながら、競技を行っていく。また、一つひとつの競技のでき具合や競技をこなしていくスピードから、利用者さんの今日の状況を全員で把握し、共有する。	○全体を見回し、利用者さん一人ひとりがどのような過ごし方をされているのかを確認する。 ・職員の方が利用者さんにどのように接されているのかを一人ひとり注意深く見る。 ・職員の方の援助を見させていただきながら、声掛けや拍手などを行う。② ○荷台を押すスピードを変えるだけでも。利用者さんの反応は変わり、その変化を職員の方はすぐに気づき、利用者の方の新たな一面としてとらえられていることに気づく。③
11：00	○午前の日中活動（作業工房・ふじ） ・機織り、アイロンビーズ、カンつぶしなど、自分のやりたいこと、得意なことを行う。 ・カン回収に出かける。 ・4か所を回り、カンを集める。	・利用者の方がスムーズに作業できるよう、糸の用意をしたり、手伝ったりする。 ・利用者の方とカンを集め、一緒にお店に挨拶する。	・利用者の方が作ったぞうきんに、印を縫っていく。 ・カン回収の様子を見学し、職員の方がなぜカン回収をするのかという意図を説明していただく。
12：00	○昼食（のぞみ） ・席に着きスプーンや箸を使い食事を行う。食中または食後に薬が必要な方は、それぞれ服用する。	・通常状態のご飯、または細かくきざまれたご飯（おかず）を確認しながら、利用者の方へ配膳する。 ・利用者の方の食べるスピードを大切にしながらも、喉に詰まらせたり、食べにくそうにしている方へ援助を行う。 ・名前や量を間違えないよう気をつけながら、服薬の援助を行う。	・配膳を工夫している。④ ・スプーンですくいにくそうにしている利用者の方に、おかずをすくって手渡すなどの支援を行う。 ・食べ終わった食器を回収する。 ・利用者に言葉掛けをして、楽しく食べられるよう工夫する。⑤

時　間	生活の流れ	職員の援助と関わり	実習生の動きと気づき
13：00	○午後の日中活動（のぞみ） ・歯を磨く。	・衛生面に気をつけるため手袋を着用し、利用者の方の歯を磨く。磨き残しで利用者の方が虫歯にならないよう、2本の歯ブラシを使ってていねいに磨く。	・横につき、歯磨きの様子を見せていただく。 ・歯ブラシの持ち方、歯ブラシが2本ある意味など、一つひとつのポイントを確認していく。**6**
	○自由時間 ・椅子に座ったり、寝転んだり、紙で輪っかを作ったりなど、自由に過ごす。 ・順に散歩に出かける。 ・おやつを食べる。	・利用者さん全体の様子を見ながら、話し掛けたり爪を切ったりなど、利用者の方と関わる。 ・なごやかな雰囲気の曲をかける。 ・利用者の方のペースに合わせて歩く。 ・途中、利用者の方の様子を見ながら休憩をとる。 ・お茶とお菓子を用意し、利用者の方へ配っていく。	・全体の様子を見つつ、利用者の方のほうへ近づき、横に座る。 ・歩きながら、感じたことや目に入ったものなどを、利用者の方へ話し掛ける。 ・車やバイクに気をつけながら、利用者の方のペースに合わせて歩いて行く。 ・職員の方にポイントを教えていただきながら、お菓子を食べる援助をする。 ・利用者の方と歌を歌う。
15：30	・今日の日中活動を終了し、今日行ったことをふり返り、歌を歌う。 ・各棟へ帰る。	・今日の活動内容を挙げ、利用者の方と歌を歌う。	
16：20	○入浴 ・順に浴場へ向かい入浴する。 ・呼ばれた順に、入浴セットを持ってお風呂場へ向かう。それまでに排泄を済ませておく。 ・お風呂を待っている間、また帰ってきた後は、夕食まで自由に過ごす。	・利用者の方一人ひとりの特徴を考え、工夫しながら介助を行う。 ・順番に利用者の方を呼び、お風呂場へ行き、排泄が済んでいるかを確認する。 ・帰ってきた利用者の方の髪を、棟に残っている職員の方が乾かす。必要な方には目薬をさす。	・入浴介助の注意点やポイントを職員の方に教えていただきながら、実際に入浴の介助を行う。 ・お風呂へ向かう利用者の方を送り出し、残っている利用者の方とのぞみのリビングで交流する。**7**
18：00	○夕食 ・手を洗い、終わった順に席に着いていく。 ・席に配膳された方から食べ始める。	・順に利用者さんを呼び、手洗いの援助を行う。 ・昼食同様きざみの食事の方、そうでない方を確認しながら、通常の方のおかずをお皿に盛っていく。 ・配膳する。	・手洗いの援助をする。 ・お皿の工夫されている点や、どの方のはほかの方よりこのような工夫がされているなど、食事に関するポイントを教えていただく。**8** ・配膳を間違わないよう、職員の方に確かめながら配膳する。
19：00	○歯磨き ・ほぼ全員が食べ終えたら、順に歯磨きを行う。	・歯を磨くだけでなく、歯茎をマッサージするという意識を持ちながら行う。	・職員の方に横についていただきながら、先ほど教えていただいたポイントを思い出し、実際に歯磨きの支援を行う。

本日の実習から学んだこと、明日への課題	午前中の活動では、マット、フラフープなど様々な道具を使って運動したのですが、一人ひとりに合わせてまったく違う対応をされる、また運動ができるできないではなく、運動のスピードやでき具合から、利用者さんの今日の状態を確認されていることなど、職員の方の利用者の方への関わり方に学ばされました。カン回収作業では、利用者の方が仕事を終えた後に「お疲れさま」「助かったわありがとう」と声を掛けることで、利用者の方の達成感を大切にしていると感じました。

指導者からの所見

療育班のメンバーには障害の程度が重度である方が多く、言葉でのコミュニケーションができる方も少ないので、利用者の動きや表情、体調など、いろいろと観察できるところから、利用者の思いを探っていくことが必要になります。利用者との関わりの中で、利用者の反応、様子を見ながら、利用者の思いをどんどん探ってみてください。本日見ていただいたカン回収は、小さな取り組みではありますが、世間の目が変わるかもしれませんし、大きな意味での支援ではないでしょうか。

総合評価 ★★☆☆

やる気が伝わる日誌に

朝の体操は、利用者のみならず、職員の1日のスタートでもあります。「これから1日が始まる」という、実習生の意気込みが伝わり、好ましい実習態度もうかがえます。

 ## 声掛けをするだけではないはず

この日誌例は初日の例です。職員の活動に対して、自分はどう感じ、どう応じたのかを記してください。日を重ねるうちに、気づきの深度も増してくることが期待されます。

> 改善例
>
> 利用者の方が平均台を渡り終えた際に、職員の方とともに拍手や声掛けを行い、活動を盛り上げることの大切さを知る。

 ## さまざまな活動を行う施設

日誌例の施設は、日中活動として、①野外活動をするグループ、②利用者が主体的に活動できるようにするグループ、③集団的活動ができるグループに分かれています。療育班は②に当たりますが、作業工房の班は別の活動をしています。1例を挙げていますが、実習生はそれぞれの班でも変わらぬ意識を持つことが必要です。

 ## 配膳一つひとつにも意図がある

知的障害者入所施設の利用者には、それぞれ違った個性があります。職員の方がどのような意図で配膳しているのかを、しっかりと認識してください。

> 改善例
>
> 座ったら席から動かない人、座ってもすぐ席を立ててしまう人など、利用者の特徴を考え、配膳を工夫している。

 ## Point! 理解度を示そう

この日誌例でもよいのですが、個々にどのように対応し、働きかけたのかを記すと、より実習生の理解度が分かります。

> 改善例
>
> なかなか昼食を食べようとしないBさんに、大好きなお肉があることをアピール。「Bさん、お肉おいしそうですよ」と声掛けをして、興味を持ってもらえるように対応を行う。

 ## 理由を不明のままにしない

職員の援助をつぶさに観察し、疑問があれば時間を見て意図を確認しましょう。日誌という形で記すとき、不明を不明のままで書くことは、実習生としては失格といえます。この例のように、援助と気付きの関連性を明確にしてください。

 ## 交流だけでは不明瞭

「交流する」と、一言で片付けないことが大切です。実習生自身が、どのように働き掛けたかを示してください。

> 改善例
>
> 利用者の方とふざけて遊んでみたり、口数の少ない方と会話をするなど、積極的に関わるよう意識する。

繰り返し表現は避ける

表現はできるだけ重複をさけ、すっきりとまとめます。いろいろな要素がある日誌の場合、何回か表出する事項もあります。簡潔にまとめ、読みやすくする工夫が大切です。

> 改善例
>
> 夕食での配膳や盛りつけの工夫など、利用者個々に合わせた配慮が重要なことを学ぶ。

実習のまとめと反省例

施設 課題を持って臨む

福祉施設

10日間の実習を通して利用者と関わる中で、支援とはどういうものなのか深く考えることができました。生活リズムの中で、利用者が不穏に感じてしまうことや強いこだわりなどをふまえて、一人ひとりの利用者に対しての関わり方や支援を考え日々よりよく行えるよう努力していく重要性が理解できました。職員の方からていねいにご指導していただいたことで、利用者一人ひとりのニーズやこだわりが分かり、介助を行う中でもコミュニケーションを取ることができました。しかし、利用者個人のこだわりと、施設という集団の輪の調和を難しく感じ、さらに学んでいく必要性を感じました。一人ひとりに合わせ過ぎてしまうと集団として成り立たなくなるため、<u>この難しさは解決しづらいものではないかと感じました。</u>❶

また、コミュニケーションとは言葉だけではないことにも気付くことができました。実習中の食事介助や手の触れ合い、マッサージなどを通しても徐々に利用者との距離は縮まり、表情の変化も分かるようになり、このような方法も関わり方としてあることが理解できました。

行事では実習生も出し物をさせていただきましたが、これは本当によい体験となりました。どのようなものにすれば自然と利用者も楽しめるか、何が好きなのかをよく考え、提供したいという気持ちで取り組みました。実際に発表をしてみて、利用者の楽しそうな様子や笑顔を見ることで私たち自身もとても楽しくなり、幸せな気持ちになりました。利用者の笑顔は人に幸せを与えるものだと感じたときでありました。<u>歌の途中で楽器などを手渡すことで、全体の歌に合わせて自分で音を出し全体の一部となることでより楽しい雰囲気を直に感じ取ってもらえたのではないかと思います。</u>❷

支援する側の気持ちと治わない行動を取られた場合の対応については最後まで自分の中の課題として残ったままとなってしまい、そのことについては実習期間中にできるようにまではならなくとも、もっと他の方法で働きかけなどができればよかったと思います。利用者の気持ちになるといってもまだ考えが浅かったことも実感させられました。

<u>今回の実習では、施設の利用者に対する認識も変わりました。固定観念を捨て、新たな支援の関わり方を学び、自分なりに成長することができたと感じています。</u>❸

10日間、ご指導本当にありがとうございました。

指導者からの所見

利用者の笑顔が私達の幸せを呼ぶ前に、実習生の方達の素敵な笑顔があったから、利用者の笑顔につながったのだと感じます。支援者が心豊かに、表情豊かにいることの大切さを感じていただけたように思います。これからも初心を忘れずに前進してください。

総合評価 ★★☆☆

Point!

❶ 結論が出せないものは…

自分として解決策が見出せなかったものを素直にそうに書くことはいいのですが、結論を急ぐ必要はありません。実習のレポートとしては、今後の学びにつなげる表現にしましょう。

改善例

この齟齬を認めつつ、皆で議論を深めたいと思いました。

❷ 整理して伝わるように

「～ことで」が重複し、少し分かりにくくなっています。実習生の思いを整理して伝えましょう。

改善例

歌の途中で楽器などを手渡すことで、歌に合わせて自ら音を出し盛り上げ、より直接的に参加する喜びを感じてもらえたと思います。

❸ 結論部分は簡潔に

最後のまとめの部分は、自分の認識が変わったこと、学んだことを簡潔に書いてまとめます。

第**5**章

いつでも使える
季節の遊びとおもちゃ

部分実習での指導案に使える遊びとおもちゃのアイデアを、季節ごとにまとめました。実際の演じ方や、やり方も紹介しています。

2歳 指・手形で鯉のぼり作り

ねらい 指や手でスタンピングすることの楽しさを味わうと共に、皆で一つの作品を作ることの面白さを体験する。

材料
鯉のぼりをかたどったロール画用紙（1～1.5メートル）、うろこ状に切った画用紙（人数分）、指絵の具、スタンピング用溶き皿、でんぷんのり

※工具・道具類は記載せず。

作り方・遊び方

①うろこ状の画用紙に、好きな色で子どもたちの手形を取る。

②その周りに、指を使って模様をつける。

③鯉のぼりに、でんぷんのりでスタンピングをしたうろこをつける。

〈完成〉乾かしたら、大きな鯉のぼりが完成！

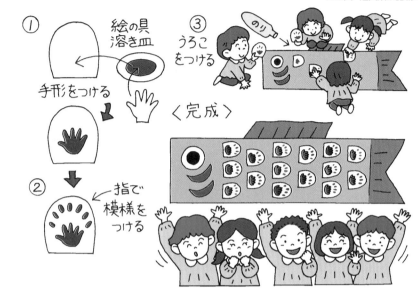

3歳 足形ちょうちょを作ろう

ねらい 足でスタンピングすることの楽しさを味わうと共に、その形を使った見立て遊びに展開する。

材料
画用紙、指絵の具、スタンピング用溶き皿、クレヨンまたはパス

作り方・遊び方

①指絵の具を付けた両足を揃え、画用紙にスタンピングする。

②足形をちょうちょの羽に見立て、触覚や模様などをクレヨンまたはパスで描く（はさみが使用可能であれば、羽の形に切り抜いてもよい）。

〈完成〉ロール画用紙を使って、子どもたち全員で一つの大画面にしても面白い。

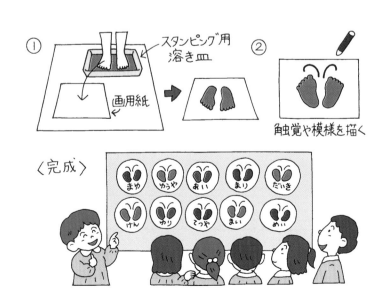

4歳 ぴょんぴょんガエルを作ろう

材料
切り込み線入り紙コップ、輪ゴム、カエルの体用色画用紙、手足や目用色画用紙、装飾用切り紙、土台紙コップ、名前シール、両面テープ、でんぷんのり、マーカー

ねらい 輪ゴムを利用してカエルが跳ぶ仕組みのおもちゃの面白さを味わい、自分なりに装飾表現を工夫する。

作り方・遊び方

①切り込み線入り紙コップにカエルの体用色画用紙を両面テープで貼る。

②紙コップに書かれた線に沿って、4か所切り込みを入れる。

③色画用紙を貼ったり、描いたりして顔のパーツや手足を作り、カエルを仕上げる。

④土台となる紙コップの装飾をする。

⑤カエルの切り込みに輪ゴムを引っかけて、名前シールを貼ったら完成。

〈遊び方〉どのようにしたらよく跳ぶかを考えながら、仲間と点数を競い合いコミュニケーションを取る。

① 両面テープ
② 切り込みを入れる
③ 目や手足をつける
④ 土台となる紙コップに絵を描く
⑤ 輪ゴムを交差させてつける
名前シール
〈遊び方〉ピョ〜ン
ぎゅっ
パッ

5歳 シャボン玉アートを楽しもう

材料
シャボン玉液、シャボン玉液を入れる容器、ストロー（人数分）、絵の具（5色ぐらい）、八つ切り画用紙（白、人数分）、新聞紙、水

ねらい シャボン玉の新しい遊び方を知って楽しむと共に、偶然できる模様の面白さに気づく。

作り方・遊び方

①画用紙とストローを一人ずつに配り、シャボン玉液と水を各グループごとに取りに来てもらう。

②絵の具をシャボン玉液に溶かして、色をつける。

③色々な色のシャボン玉を膨らませて、それを画用紙の上に落とす。

※シャボン玉液を吸い込まないように注意する。

④さまざまな色や大きさの模様を、画用紙の上に表現し、偶然できる模様の面白さに気づく。

〈完成〉画用紙を乾かしたら完成！

① ストロー / 画用紙 / シャボン玉液はグループごと
② 絵の具皿 / シャボン玉液にまぜて色をつける
③ 膨ませて画用紙に落とす
④ 模様をつける / 乾かして完成！

2歳 水でお絵描きをしよう

材料
大きなダンボール、大きめの筆、水入れ

※工具・道具類は記載せず。

ねらい 水に濡らすだけで絵が描ける楽しさを体験すると共に、乾くとまた描けるので自由に思いっきり楽しめる。

作り方・遊び方

①乾いたダンボールに水のついた筆で絵を描く。

②濡れている間は絵になるが、乾くと消え、また描くことができる。

外遊びの一つとして、またはプールの活動前に実践するとよいでしょう。最初は「○○を描いてみましょう」と声掛けを行い、次第に慣れてきたら子ども達の自由に任せます。筆でたっぷりと自由に描くことで、新しい水遊びを体で楽しめます。

ダンボール　太めの筆　① 水で描く

水入れ

② きえてるよ！

3歳 カタツムリの貼り絵

材料
画用紙、色画用紙、折り紙、クレヨン、でんぷんのり

ねらい 描いたり、色紙をちぎって貼ったりして、カタツムリ作りを楽しむ。雨が大好きな生き物に興味を持つ。

作り方・遊び方

①画用紙にカタツムリの体を描いておく。

②子ども達に絵を配り、目と口をクレヨンで描いてもらう。

③カタツムリのおうちは、色画用紙を円形に切っておく。

④おうちをのりで貼る。その上に折り紙をちぎって貼り、模様をつける。

〈完成〉できあがったカタツムリは壁面に貼って、皆で鑑賞する。

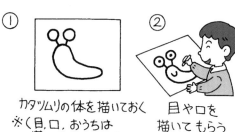

① カタツムリの体を描いておく ※（目，口，おうちは描いておかない）

② 目や口を描いてもらう

③ ここはマジックで おうちは色画用紙で円形に切っておく

④ のりづける 折り紙をちぎって貼る

〈完成〉

4歳 染め紙で朝顔を作ろう

材料
和紙、水彩絵の具、画用紙、溶き皿、折り紙、クレヨンまたはパス

ねらい 和紙を染めて、にじみながら色が着く楽しさを体験すると共に、それを使って創造する楽しさを知る。

作り方・遊び方

①和紙を折りたたみ、花の形になるようにはさみで切る。十分な水で溶いた水彩絵の具（2〜3色）に浸し、ひらいて乾かす。

②植木鉢を折り紙で作り画用紙に貼り、茎と葉をクレヨンまたはパスで描く。

〈完成〉植木鉢を貼った画用紙に乾いた花を貼ったら完成。

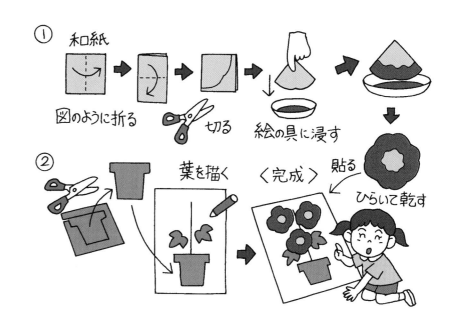

① 和紙
図のように折る → 切る → 絵の具に浸す → ひらいて乾す

② 葉を描く 〈完成〉 貼る

5歳 七夕飾りの織り姫と彦星

材料
丸型の折り紙（ピンク、水色）、織り姫と彦星の顔となる色紙（小丸型、白）星形の折り紙（金、銀）、こより、クレヨン、でんぷんのり

ねらい 七夕への興味・関心を深めるため、織り姫様と彦星様の話を知り、願いを込めて飾りを作る。

作り方・遊び方

①丸型の折り紙（ピンクと水色）を各1枚ずつ配る。ピンクは織り姫、水色は彦星にする。

②丸型の折り紙を、それぞれ真ん中で半分に折る。着物の袖となる部分を折ってのりづけし、体を完成させる。

③顔となる白色の色紙に、クレヨンで、織り姫と彦星の顔を描く。

④顔と体をのりでつけて完成させる。

⑤織り姫と彦星に、金・銀の星とこよりをのりづけする。

〈完成〉こよりで竹の枝に飾る。

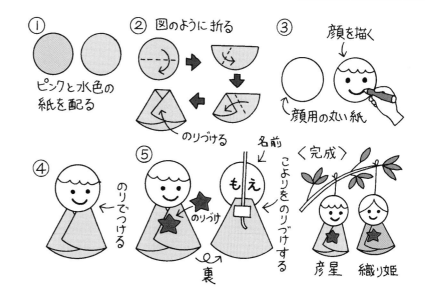

① ピンクと水色の紙を配る

② 図のように折る のりづける

③ 顔を描く 顔用の丸い紙

④ のりでつける

⑤ 名前 もえ のりづけ こよりをのりづけする 裏

〈完成〉 彦星 織り姫

2歳 もみじを作ろう

材料
お花紙（赤や橙、黄色など）、
画用紙、水のり

※工具・道具類は記載せず。

ねらい お花紙を濡らしたり丸めたりして、その感触を楽しみながら、子どもとコミュニケーションを取る。

作り方・遊び方

①画用紙をもみじの形に切り抜いておく。

②お花紙を水で濡らし、丸めるなどして感触を十分に楽しむ。

③画用紙の上に切り抜いた型紙を置いて、水のりをつけたお花紙を貼っていき、貼り終えたら型をはずす。

〈完成〉色とりどりの紅葉が完成！グループで大きなもみじを作っても楽しいでしょう。

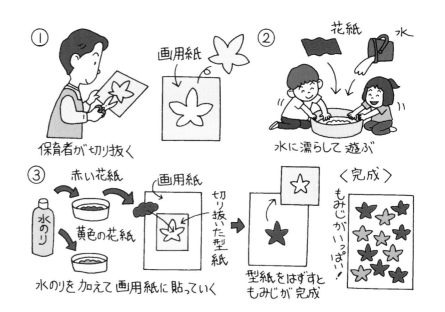

① 画用紙 保育者が切抜く
② 花紙 水 水に濡らして遊ぶ
③ 赤い花紙 黄色の花紙 水のり 画用紙 切り抜いた型紙 水のりを加えて画用紙に貼っていく 型紙をはずすともみじが完成 〈完成〉もみじがいっぱい！

3歳 みのむしを作ろう

材料
紙コップ、半紙、紙テープ（数色）、穴あけパンチで作った目（黒画用紙）、でんぷんのり、両面テープ

ねらい 紙テープをちぎったり、半紙を丸めたり、十分手を使ってみのむし作りを楽しみ、みのむしの仕組みを知る。

作り方・遊び方

①逆さまにした紙コップに紙テープをちぎったものをでんぷんのりで貼っていく。

②半紙を丸める。

③丸めた半紙を紙コップの底に両面テープでとめ、穴あけパンチで作った目（黒画用紙）をつける。

〈完成〉紙テープの部分に、クレヨンやパスで思い思いに色をつけても面白いでしょう。

① のり 紙テープ 紙テープを貼る 穴あけパンチ 黒画用紙
② 半紙 丸める
③ 両面テープ 〈完成〉

4歳 秋風を描こう

ねらい 秋風をテーマに、実際に絵を描きながら、音を聴かせたり体や声などでも表現し、イメージを形にする。

材料
クレヨンまたはパス、ロール画用紙または模造紙をのりで貼り合わせたもの

作り方・遊び方

①ロール画用紙や模造紙をのりで貼り合わせ、大きな画面を用意する。

②秋風が吹く「音」を聴き、吹いている様子をイメージする。

③体と声（ぴゅーぴゅー、ごうごうなど）を使って、秋風のイメージを体で表現する。

④一つの大きな画面に、子ども達全員がクレヨンまたはパスを持ち、秋風の吹いているイメージを描いて表現する。

① 大きな画面を用意。

② 音を聴かせてイメージをふくらませる

③ イメージを体で表現

④ 絵に描く

5歳 落ち葉のお面作り

ねらい お面に落ち葉や木の実、枝などを貼りつけることで、自然のものの形の面白さを知りイメージを高める。

材料
落ち葉、どんぐり、画用紙、でんぷんのり、木工用接着剤、クレヨンまたはパス、輪ゴム、ステープラー

作り方・遊び方

①保育者があらかじめ、目をくり抜いたお面型の画用紙を用意しておく。子ども達は画用紙にでんぷんのりを使って落ち葉を貼っていく。

②画用紙で帯を2枚作り、輪ゴムを通して顔につけられるよう、お面にステープラーで固定する。

③木工用接着剤を使い、どんぐりや枝などで飾りつける。クレヨンやパスで飾りつけてもよい。

〈完成〉テーマ（例えばハロウィンや動物など）を設定してイメージを高め、作ったお面を使って、劇やごっこ遊びに展開してもよいでしょう。

① 画用紙

保育者があらかじめ用意する

のりで落ち葉を貼っていく

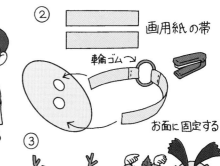

② 画用紙の帯

輪ゴム

お面に固定する

③ ドングリや枝も面白いよ

2歳 綿棒を使って雪を降らせよう

材料
黒画用紙、綿棒2本、パレット、白・黒の絵の具、丸く切り抜いた白画用紙（大・小）、バケツの形に切った色画用紙、でんぷんのり

※工具・道具類は記載せず。

ねらい 色画用紙を使って雪だるまを作り、それを貼った黒画用紙に、綿棒で雪をたくさん降らせて遊ぶ。

作り方・遊び方

①丸く切り抜いた白画用紙（大・小）、バケツの形に切った色画用紙を使って雪だるまを作る。黒画用紙にでんぷんのりで貼る。

②綿棒を使って、黒の絵の具で雪だるまの目を描く。

③黒画用紙に、白の絵の具と綿棒を使って雪を沢山降らせる。

「ゆきやこんこ」を歌いながらすると気分が盛り上がります。

① 色画用紙　白画用紙　小　大　のり　黒画用紙　保育者があらかじめ貼る。

② 目を描く

③ 雪を描く　ゆーきやこんこ

3歳 クリスマスツリーを作ろう

材料
ツリーの形状に作ったダンボール、リリアン糸、シール（丸や三角などの形状にしたもの）

ねらい ダンボールのクリスマスツリーに、皆で色々な飾り付けをしながら、コミュニケーション能力を養う。

作り方・遊び方

①クリスマスツリーの形状にしたダンボール（色画用紙または絵の具で緑色にする）に等間隔またはランダムにリリアン糸が通る穴をあける（保育者が準備）。

②リリアン糸を順番に複数の穴に通し、シールを使って飾りつけする（子ども達）。

〈完成〉皆でコミュニケーションを図りながら、クラスに1つだけのデザインのクリスマスツリーを作りましょう。

① ツリーの形のダンボール

② リリアン糸

シール　〈完成〉

4歳 卒園メダルを作ろう

材料

厚紙、画用紙、クレヨンまたはパス、折り紙、リボン、でんぷんのり、ステープラー

ねらい 絵とメッセージを入れて卒園メダルを作り、日頃の感謝の気持ちを込めて5歳時に贈る。

作り方・遊び方

①直径10cm程度に厚紙を丸く切り、その厚紙よりもひと回り小さな画用紙を切る。

②画用紙にスクラッチ技法を使って絵とメッセージを描く。

③スクラッチで描いた画用紙を厚紙の真ん中に貼り、その周りをちぎった折り紙で装飾する。

④上部にステープラーを使ってリボンをとめる（ステープラーでとめた芯は折り紙でかくす）。

〈完成〉5歳児クラスへの日頃の感謝を込めて、4歳児との対面式を行いましょう。

① 厚紙で丸く切る
10cm でひと回り小さい画用紙

② スクラッチで絵を描く
白い画用紙にクレヨンで色をランダムにぬる
上から別の色をぬる
割りばしなどを鉛筆のように削り画面をひっかいて描く

③ ちぎった折り紙

④ ステープラーでとめた芯を折り紙でかくす
おめでとう

5歳 長靴のプレゼント入れ

材料

牛乳パック、折り紙、綿、モール、木工用接着剤、セロハンテープ

ねらい 牛乳パックに色々な飾りつけをして、手作りの長靴を作り、サンタさんを待つ気持ちを盛り上げる。

作り方・遊び方

①1リットル牛乳パックを、上から10cmで切る（あらかじめ保育者が用意しておく）。

②切った上の部分を横にして長靴の先面とし、下部にセロハンテープで固定し、長靴の形を作る。

③折り紙をちぎり、木工用接着剤で貼っていく。

④綿やモールを使って飾りつける。

〈完成〉サンタさんを待つ気持ちを皆で盛り上げましょう。

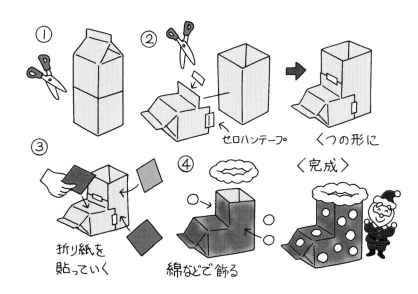

① ② セロハンテープ くつの形に
③ 折り紙を貼っていく ④ 綿などで飾る 〈完成〉

2歳 身近な材料でお弁当を作ろう

材料

使い捨ての弁当容器、半紙、スポンジ（黄）、折り紙（赤）、画用紙（黒）

※工具・道具類は記載せず。

ねらい 身近にある色々な材料で、きれいにお弁当を作り楽しむ。皆で意見交換し、仲よくなる。

作り方・遊び方

①半紙を丸めておにぎりの形にして、黒の画用紙で海苔をつける。

②スポンジをたまごやきに見立てたり、赤い折り紙を細く丸めてウィンナーにするなど食材を作る。

③弁当容器にきれいに飾りつける。〈完成〉ペアになり、好きな食べ物などを聞き取るなど、コミュニケーションを図りながら、相手のお弁当を作ってもよいでしょう。

① 半紙　黒の画用紙　② 黄色いスポンジ　赤い折り紙

おにぎりのできあがり　たまごやき　細長く丸める　ウィンナー

③ めしあがれ　お弁当に飾りつけ！　おいしそう！

2歳 おばけになるぞ！

材料

すずらんテープ、輪ゴム

ねらい すずらんテープと輪ゴムでおばけを作って遊ぶ。すずらんテープを細かく裂くことで、手の巧緻性を養う。

作り方・遊び方

①50cmぐらいに切ったすずらんテープ（子ども一人10本程度）の端を輪ゴムで結ぶ。

②輪ゴムで結んだ反対側のすずらんテープを、できるだけ細かく裂く。

③頭にかぶっておばけになる。〈完成〉皆でおばけのオニごっこをしても楽しいでしょう。

① すずらんテープ　50cmくらい　輪ゴム　10本くらいを たばねる

② 細かく裂く

③ かぶっておばけになる　〈おばけごっこ〉キャ〜

3歳 しっぽ取りゲーム

材料
新聞紙

ねらい 新聞紙でしっぽを作り、皆で見せ合って遊ぶ。しっぽ取りゲームをして、敏捷性を養う。

作り方・遊び方

①見開きの新聞紙を大きく破り、丸めたりねじったり、クシャクシャにしたりして細長い状態にする。

②できるだけいろいろなしっぽができあがるように、保育者が支援する。

③それぞれのよさを褒めながら、しっぽのつけ方（ズボンのベルト部分などにつける）を見せる。

④子ども達を2チームに分け、しっぽを取り合う（1セット30秒程度）。

⑤しっぽを取られた子どもは、その場でしゃがむ。しっぽを取った数の多いチームが勝ち。

3歳 キラキラスコープを作ろう

材料
ビー玉、アルミつきの画用紙、色画用紙、折り紙、糸、ビーズ、鉛筆

ねらい 難しい作業に対して、説明を聞いて自分で考えることで、積極的に取り組む姿勢を育む。

作り方・遊び方

①あらかじめ作っておいたアルミつき画用紙の大きさを、色画用紙に鉛筆で写し取り、はさみで切って貼りつける。

②ビー玉を乗せ、画用紙を巻き込むように丸める。ビー玉が落ちないよう注意する。スコープのできあがり。

③スコープとビーズを糸に通して、飾り付けを楽しむ。

④折り紙を貼って飾りつける。

〈完成〉スコープから見える、色や景色を楽しみましょう。

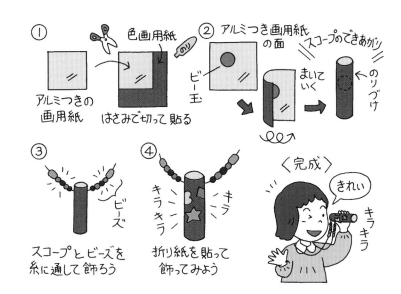

4歳 ふーふーロケットを作ろう

ねらい 身近な材料でおもちゃを作ることの面白さを知り、自分だけのものを作る楽しさを味わう。

材料
割りばし袋、ストロー、でんぷんのり、色画用紙、クレヨンまたはパス

※工具・道具類は記載せず。

作り方・遊び方

①割りばし袋の点線部分を折る。

②色画用紙を半分に折り、好きなロケットの羽根の形を描いて切る。

③羽根をのりで割りばし袋に貼りつけ、クレヨンなどで自由に絵や模様を描く。

〈遊び方〉以下の事項に注意しながら遊びましょう。

・ストローをくわえたまま歩かない。

・人に向かって飛ばさない。

・優しく扱う。

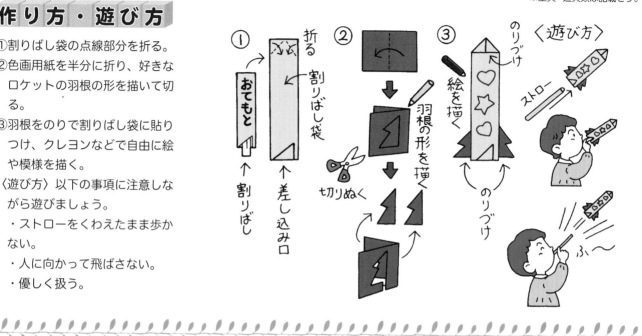

① 折る　割りばし袋　おてもと　←割りばし　←差し込み口

② 羽根の形を描く　切りぬく

③ のりづけ　絵を描く　のりづけ

〈遊び方〉　ストロー　ふ〜

4歳 せんたく屋さんになろう！

ねらい 一人ひとりの個性を生かした活動をすると共に、皆での生活を楽しむ。

材料
色画用紙、クレヨンまたはパス、毛糸、モール、白の厚紙

作り方・遊び方

①あらかじめ用意した3種類の形に切っておいた厚紙（上部に穴を開けておく）に、クレヨンで自由に絵を描いてもらう。

②厚紙に開けられている穴の部分にモールを通し、ねじってフックの形にする。

〈完成〉毛糸を通した色画用紙（用意しておく）に、フックをかける。保育者が順番に干すよう、声を掛けて楽しみましょう。

① シャツ、ズボン、オニの赤ちゃんの形に切った白の厚紙を用意

自由に絵を描いてもらう

② モールをねじってかけられるようにフックのような形にする

〈完成〉毛糸（白）
モール（赤、青、黄）　色画用紙（水色）

〈遊び方〉

保育者が「では シャツを干しましょう」と 順に 指定する

5歳 文字文字段ボールレース

材料

横に長い段ボール、画用紙（クイズの問題を書いておく）、ラインテープ

ねらい ゲームを遊びながら文字（ひらがな）に親しみ、言葉への関心を高める。

作り方・遊び方

〈作り方〉段ボールを開き、長方形にしておく。
画用紙にクイズの問題を書いておく。

〈遊び方〉
❶ペアになってスタートラインに並び、段ボールに乗って進行方向に移動していく。
❷椅子まで来てタッチしたら、保育者は画用紙を見せる。
❸画用紙に書かれた文字を並べ替えて、正しい言葉にする。
❹正解したら、来たコースを同じように段ボールを使って戻る。スタートラインまで戻ったら、次のペアにタッチ。グループ対抗戦で、早く終了したチームの勝ち。

〈移動のしかた〉
①スタートラインで、ペアで床にある段ボールに乗る。
②もう１枚の手に持っている段ボールを進行方向へ敷き、そこに２人で乗り移る。
③ペアで移動したら、空いた段ボールを進行方向へ敷き、さらに乗り移る。
④これを繰り返す。

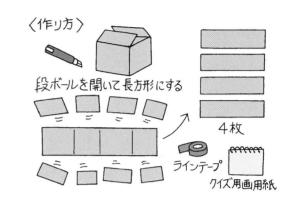

〈作り方〉

段ボールを開いて長方形にする

4枚

ラインテープ

クイズ用画用紙

〈ゲームのアレンジ〉
◆２グループの間隔を広く取り、二つのグループの間にラインテープなどを引いておくことで、そこから横に行かないようにすると進行がスムーズ。
◆並べ替え問題を、椅子に置いておく方法もある。
◆段ボールから落ちて、床に着いてしまった場合のペナルティは、スタートラインまで戻ってやり直しだが、厳し過ぎて守られないので、その場で10数えて続行など、もっと軽いものにしたほうがよい。

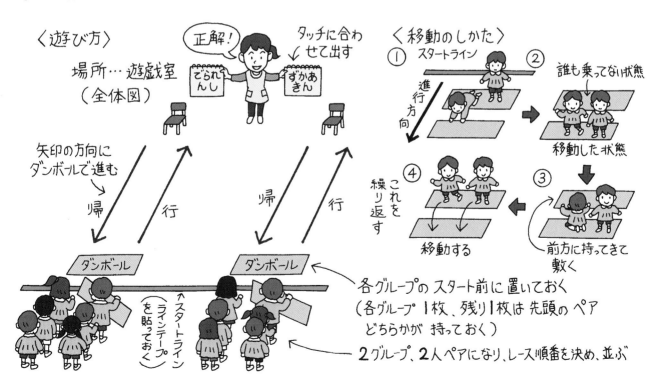

〈遊び方〉

正解！

タッチに合わせて出す

場所…遊戯室（全体図）

矢印の方向にダンボールで進む

帰　行　帰　行

ダンボール　ダンボール

スタートライン（ラインテープを貼っておく）

〈移動のしかた〉
① スタートライン
進行方向
② 誰も乗ってない状態
移動した状態
③ 前方に持ってきて敷く
④ これを繰り返す
移動する

各グループのスタート前に置いておく（各グループ１枚、残り１枚は先頭のペアどちらかが持っておく）

２グループ、２人ペアになり、レース順番を決め、並ぶ

練習用 実習日誌

*コピーして
お使いください。

月　日（　）天気	指導者：	先生	実習生氏名：

歳児　　組　男児：　　名　　女児：　　名　計　名　　　欠席　名

実習のねらい	
保育のねらいとおもな活動	

時　間	環 境 構 成	子どもの活動	保育者の援助と配慮	実習生の動きと気づき

本日の実習から学んだこと、明日への課題	

指導者からの所見	

指導者検印

月　　日（　　）日案・時案	指導者：	先生	実習生氏名：

| 　　　歳児　　　　組　男児：　　名　　　　　　　女児：　　名　　　　　　計　　名 |||||

子どもの姿		ねらい		活動内容	

時　間	保育の流れと環境構成	予想される子どもの姿	援助活動および指導上の留意点

反省と評価、考察	

指導者からの所見		指導者検印

● 監 修

矢野 真（やの まこと）　京都女子大学教授

　東京芸術大学大学院美術研究科修了。専門は立体造形・幼児造形。日本美術家連盟、美術科教育学会、日本保育学会会員。第23回損保ジャパン美術財団選抜奨励展新作優秀賞など、展覧会の多数出品。保育現場の造形指導などにも力を入れている。

上月智晴（こうづき　ともはる）　京都女子大学准教授

　明星大学大学院人文学研究科教育学専攻修了。元京都市公立保育園保育士。専門は保育学・幼児教育論。日本保育学会、日本子ども学会、日本発達心理学会会員。2005年日本保育学会保育学文献賞受賞。保育実習の現場に詳しく、多数の学生を送り出している。

松崎行代（まつざき　ゆきよ）　京都女子大学准教授

　京都女子大学大学院発達教育学研究科修了。専門は児童文化学、幼児教育学。日本保育学会、日本子ども社会学会、日本児童文学学会、絵本学会会員。著書に、『子どもの生活と児童文化』（共著　創元社）など。豊富な経験に基づく、的確な教育実習の指導に定評がある。

● デザイン
石渡早苗・(有) 1ミリ／古谷 聡

● イラスト
今井明則・遠野冬子・内田 綾

● 編集協力
(有) エディッシュ／白井春江・三笠暁子・水野昌彦・高梨恵一

実例でわかる 実習の日誌&指導案作成マニュアル

監　修　矢野 真　上月智晴　松崎行代

発行者　深見公子

発行所　成美堂出版
　　　　〒162-8445　東京都新宿区新小川町1-7
　　　　電話(03)5206-8151 FAX(03)5206-8159

印　刷　広研印刷株式会社

©SEIBIDO SHUPPAN 2020 PRINTED IN JAPAN
ISBN978-4-415-32812-6
落丁・乱丁などの不良本はお取り替えします
定価はカバーに表示してあります